기독교문서선교회 (Christian Literature Center: 약칭 CLC)는 1941년 영국 콜체스터에서 켄 아담스에 의해 시작되었으며 국제 본부는 미국 필라델피아에 있습니다.
국제 CLC는 59개 나라에서 180개의 본부를 두고, 약 650여 명의 선교사들이 이동도서차량 40대를 이용하여 문서 보급에 힘쓰고 있으며 이메일 주문을 통해 130여 국으로 책을 공급하고 있습니다. 한국 CLC는 청교도적 복음주의 신학과 신앙 서적을 출판하는 문서선교기관으로서, 한 영혼이라도 구원되길 소망하면서 주님이 오시는 그날까지 최선을 다할 것입니다.

추천사

이 재 서 박사
총신대학교 총장

  오늘날 장애인 복지는 이전과 비교할 수 없을 정도로 장애인의 삶의 질을 향상시켰고, 실용적인 측면에서 큰 진부를 이루었습니다. 하지만 늘 아쉽고 안타까운 점은 다양한 환경과 서로 다른 형편과 처지에 놓여 있는 장애인들에 대한 개별적인 이해가 부족하고, 지역 사회와 개인들이 장애인을 인격적인 존재로 수용하고 포용하는 능력이 약하다는 데 있습니다. 저마다 장애인은 부족과 결핍을 경험하고 살아갑니다. 그러나 장애인의 크고 소박한 소망은 지역 사회에서 소외되지 않고 사회적 관계를 형성하고 유기적인 연합을 이루며 살아가는 것일 겁니다.

  장애는 특정 한 개인에게 국한되는 연약의 경험이 아니라 인간이 세상에 살면서 누구나 경험해야 하는 보편적인 경험입니다. 따라서 우리 사회가 장애와 장애문제를 다룬다는 것은 인간을 둘러싼 사회적, 경제적, 정치적 문제를 해결함으로 누구든 인간다운 삶으로 회복되는 것입니다.

  성경은 인간 실존으로 표현되는 장애의 수용을 강조하고 있습니다. 성경은 장애로 인해 겪게 되는 정서-심리적, 사회적, 직업적, 종교적 장벽을 허물도록 격려합니다. 바울은 갈라디아에서 복음이 만들어 낼 포용적인 교회 공동체를 선언합니다.

너희는 유대인이나 헬라인이나 종이나 자유인이나 남자나 여자나 다 그리스도 예수 안에서 하나이니라(갈 3:28).

예수가 선포한 하나님의 나라는 사회적 약자를 수용하고 통합합니다. 구약의 계명과 정신이 예수의 하나님 나라 선포에 수렴되며, 이는 하나님과 이웃을 사랑하는 것에 집중합니다. 특히 하나님 나라의 복음 선포를 다루는 신약성경 복음서 중 15%가 직접적으로 장애와 관련된 것을 볼 때, 교회는 종말의 백성 공동체로 장애를 비롯한 다양한 사회적 약자를 광범위하게 포함할 사회적 책임과 의무가 있는 것입니다.

이 책을 번역하여 장애에 대한 문화적 이해를 역사적으로 이해시키는 노력과 수고를 보여 준 두 역자에게 심심한 감사의 표현을 드립니다. 이 두 역자는 대학에서부터 장애인 선교에 헌신한 분들이기에 더욱 그렇습니다. 「꾸밈없는 사람들」은 영아 살해, 유기, 방치, 길거리의 구걸 생존, 매춘, 도급과 노예 계약 등 장애 관련한 자료들을 확인시켜 주며, 당시 문화적으로 어떻게 장애가 인식되었는지 보여 줍니다.

독자들이 이 책을 읽고 장애가 무엇인지, 장애인으로 산다는 것이 무엇을 의미하는지 생각하며, 장애를 수용하는 능력이 확장되길 바랍니다.

꾸밈없는 사람들
성경과 고대 자료들 속 정신적 장애를 가진 사람들

Der Schutz der Einfältigen:
Menschen mit einer geistigen Behinderung in der Bibel und in weiteren Quellen
Written by Edgar Kellenberger
Translated by MinSu Oh, OkGi Kim

Copyright ©2011 Edgar Kellenberger
Originally published in German under the title
Der Schutz der Einfältigen:
Menschen mit einer geistigen Behinderung in der Bibel und in weiteren Quellen
by THEOLOGISCHER VERLAG ZURICH
Badenerstrasse 73, CH-8004 Zurich
All rights reserved.

Translated and printed by permission of THEOLOGISCHER VERLAG ZURICH.
Korean Edition Copyright © 2021 by Christian Literature Center, Seoul, Korea

이 한국어판 저작권은 THEOLOGISCHER VERLAG ZURICH와(과) 독점 계약한 (사)기독교문서선교회가 소유합니다. 신저작권법에 의하여 한국 내에서 보호를 받는 저작물이므로 무단 전재와 무단 복제를 금합니다.

꾸밈없는 사람들
성경과 고대 자료들 속 정신적 장애를 가진 사람들

2021년 2월 15일 초판 발행

지 은 이 | 에드가 켈렌베르거
옮 긴 이 | 오민수, 김옥기

편 집 | 정재원, 구부회
디 자 인 | 김현진
펴 낸 곳 | (사)기독교문서선교회
등 록 | 제16-25호(1980.1.18.)
주 소 | 서울특별시 서초구 방배로 68
전 화 | 02-586-8761~3(본사) 031-942-8761(영업부)
팩 스 | 02-523-0131(본사) 031-942-8763(영업부)
이 메 일 | clckor@gmail.com
홈페이지 | www.clcbook.com
송금계좌 | 기업은행 073-000308-04-020 (사)기독교문서선교회
일련번호 | 2021-3

ISBN 978-89-341-2231-9(93230)

이 도서의 국립중앙도서관 출판예정도서목록(CIP)은 서지정보유통지원시스템 홈페이지(http://seoji.nl.go.kr)와 국가자료공동목록시스템(http://www.nl.go.kr/kolisnet)에서 이용하실 수 있습니다. (CIP제어번호: CIP2020051589)

꾸밈없는 사람들

성경과 고대 자료들 속 정신적 장애를 가진 사람들

에드가 켈렌베르거 지음
오민수, 김옥기 옮김

CLC

차례

추천사	1
이 재 서 박사 | 총신대학교 총장	
저자 서문	9
역자 서문	11
제1장 본서의 진행과 목표	13
제2장 성경 속의 정신적 장애들	20
1. 탐색의 어려움	20
2. 입증은 가능하다	24
3. 정신적 장애와 정상지성	27
4. 구약성경 속의 새로운 궤적	30
5. 성경과 오늘의 범주 구별	32
6. 현대 의학의 두 얼굴	32
7. 고대 근동 의학의 여러 얼굴들	36
8. 예수: 치료자와 어루만지는 이	41
9. 신약성경의 "귀먹고 어눌한 자"	44
10. 구약성경 더 들여다보기	48

제3장 정신적 장애인들은 성경으로부터 무엇을 길어오는가?   53
   1. 성경 이해에 있어서 정신적 장애를 가진 사람들의 기여   53
   2. 종교적 사회화의 가능성과 한계   55
   3. 롤프 N. 의 예   56
   4. 베른하르트 K. 의 예   59
   5. 독자적이고 진지한 성경 해설자들   61
   6. 오늘을 위한 결론   66
   7. 성경 시대 생활상으로 역추론   68
   8. 성경신학을 위한 아이디어   71

제4장 정신적 장애를 가진 이들에게 가능한 운명들   73
   1. 방법론적인 사전 공지   73
   2. 영아 사망과 생존 가능성들   77
   3. 이목을 끄는 출생들   85
   4. 유아 살해   94
   5. 장애아들은 희생 제물이 아니었다   102
   6. 신생아 유기   103
   7. 방치   113
   8. 길거리 아이   115
   9. 구걸 생존   118
   10. 경시, 조롱과 도구화   120
   11. 매춘   135
   12. 도급 계약과 입양 관계   138
   13. 신전 헌상(獻上)   145
   14. 부양   154
   15. 지파 내에서 통합   156
   16. 신앙 공동체를 통한 통합   166
   17. 교회사에서의 파급력: 아우구스티누스와 루터의 과한 언사   177
   18. 사회 내의 통합 가능성들   183

제5장 오늘을 위한 교훈들 · 199
1. 삶의 그림책 · 199
2. 사람들을 범주로 구분한다? · 202
3. 유일신 종교들의 목소리 · 205
4. 현대 시대의 진보와 쇠퇴 · 207
5. "아래로부터의 안락사" · 212
6. 사람됨의 기본 전제: 필요 요구 · 214
7. 미래적 발전과 도전들 · 215
8. 선물로서의 생 · 218

참고문헌 · 221

부록 에드가 켈렌베르거의 아들, 베른후르트 양육기 · 223

저자 서문

에드가 켈렌베르거(Edgar Kellenberger) 박사

    본서의 제목(원제: *Der Schutz der Einfältigen*)은 시편 기도의 어법(여호와께서는 순진한 자들을 지키시나니, 시 116:6)에 기대어 지어졌으며, 여러 방향으로 사고를 이끌어갈 수 있도록 의도적으로 열어두었다.

    본서는 한편으로 지금까지 연구되지 않은 영역을 소개할 뿐만 아니라, 다른 한편으로 장애인들과 이 분야에 관심을 가지고 있는 폭넓은 대중을 향하고 있다. 두 독자층을 위한 이러한 이중적 방향 설정은 상호 간의 참작을 요구하고 있다. 전문 서적 속의 논의들은 각주에 남겨두어 독자들이 평이하게 독서할 수 있도록 하였다. 히브리어나 고대어에 대한 전문적인 식견이 없는 사람들을 위해, 고대어들은 읽고 발음할 수 있도록 표기했으며, 다음과 같은 특수 기호를 사용한다.

    $ḥ$: ch(독어 Bach)
    q : 불어 comme
    $š$: sch(독어 Busch)
    $ṭ$: 불어 *tête*
    ’ : 연음(독어 ’Ur’ahn)
    ‘ : 경음
    $ē$: 고전그리스어 ä, 그밖에 긴 e

ĕ : 지나치는 음(불어 *le*)

ă : 짧은 a

일반 규칙: 라틴어와 바벨론어는 전종음절이 강세를 가지는 반면, 히브리어는 종음절에 강세를 가진다(본서에 있는 빈번한 예외: *pētî*는 *ē*에 강세가 온다). 그러나 그리스어에는 이러한 일반 규칙이 없다.

성경 본문의 번역은 원문에 예속적이기보다는 2007년 취리히성경을 사용한다. 나는 성경에 관주가 없이는 그렇게 번역할 수 없는 극단적인 번역도 시도하였다.

여러 문화권을 포괄하는 프로젝트는 전문적인 교육이 필요한 전공의 영역에 대한 지식을 요구한다. 나는 이러한 전문 지식이 없지만, 내 원고의 여러 부분을 비평적으로 읽어 주었던 전문가들에게 감사를 표하는 바이다. 그들은 의학박사 베리나 마이어(Verena Meier), 의학박사 한스 페터 폰토벨(Hans-Peter Vontobel), 의학박사 페터 프루티거(Peter Frutiger), 신학박사 크리티안 투오르(Chritian Tuor, 신약신학), 특수 교육사 심리학자 밥스 놀 이리트 치르(Babs Noll Irit Szir), 유전학과 윤리에 대해 마르쿠스 크리스티안(Markus Christian), 철학사에 대해 철학박사 게하르트 그라프(Gehard Graf)이다. 본서를 집필하는 과정 중, 여기에 이름이 거론되지 않은 많은 사람이 그들의 경험적 영역으로부터 고마운 제안들을 해 주며 본서에 기여하였다.

당연히 모든 것을 적절한 전후 맥락 속에 구현시키는 최종적인 책임은 저자인 나일 것이다. 마찬가지로 강독자인 사무엘 아르네트(Samuel Arnet)는 독자들의 독서 편의를 위해 언어 표현들을 개선해 주었다. 아르네트와 출판 담당한 분들의 세심하고 넘치는 노고에 감사드린다.

역자 서문

오민수, 김옥기 박사

본서의 저자 에드가 켈렌베르거(Edgar Kellenberger)는 스위스 바젤대학교 구약학 박사로, 구약과 고대 오리엔트라는 주제로 여러 출판물을 출간하였다. 그는 학위 취득 이후 연구와 함께 목회를 하였고, 다운증후군 아동을 입양하여 키웠으며 현재는 은퇴 목사로 쉼을 누리며 대학과 단체에서 강연활동을 하고 있다.

구약의 세계 속에는 장애라는 주제도 흔하지 않을 뿐만 아니라 장애인도 그리 잘 언급되지 않는다. 책의 저자는 고대 오리엔트의 쐐기 문자 문학과 이집트 문헌 연구 그리고 그리스-로마 시대, 중세 시대 기독교에 이르기까지 장애인에 대한 흔적들을 두루 다루고 있다. 장애아들의 출생과 성장, 생활에 대한 문헌적인 증언을 바탕으로 그들의 실생활을 추적하고, 구약 속에 용해된 장애인에 대한 여러 언급을 재유추하고 있다. 그는 탁월한 언어적 감각으로 특별히 정신적인 장애를 겪었던 사람들을 살펴보고 있다.

본서는 한편으로 미개척지인 학문의 분야에 도달한다. 또 다른 한편으로 본서의 장점은 학문적 질문과 더불어 장애 아동 교육과 세례 문답, 예배 참여 그리고 가정사의 면면들을 함께 기록하고 있다. 특별히 정신적 장애가 있는 사람들을 상담한 예들을 언급하며, 고대 세계 속에 장애인에 대한 이해를 더욱 명쾌하게 해 주고 있다.

저자는 장애인들이 성경을 어떻게 인지하고, 성경을 대하는 태도는 어떠한지 그리고 어떻게 진지하고 독창적으로 이해하고 있는지를 관찰한다. 이러한 두 면모로 인하여, 본서는 수필이면서도 고문화사나 역사 탐구서와 같은 맛을 자아내기도 한다.

역자가 처음 스위스 취리히대학교 국제 학술 대회에서 본서를 접하게 되었을 때의 감격은 이루 말할 수 없다. 한국에서 그간의 장애인에 관한 여러 연구가 장애 인식을 긍정으로 교정하는 기능을 했다면, 본서는 당시 생활세계를 유물과 문헌을 증거로 조명해 주며, 특별히 장애에 대한 개념과 무관하다고 여겼던 고대 오리엔트와 성경의 지혜 문헌이나 시가(詩家)의 영역도 장애 흔적 탐구에 활용할 수 있다.

본서가 완역되어, 현장 종사자들과 학계에 소개되어 역자로서 반가울 따름이다. 우선 본서는 현장 종사자들에게 읽기 수월하게 장애 아동 상담 일지나 관찰 기록을 읽으며 공감할 뿐만 아니라 더 나아가 문화와 역사, 신학까지 탐구할 수 있게 된다. 그리고 학문하는 사람들에게는 그간 빛을 보지 못했던 고대 문헌들의 장애 진단과 처방 그리고 그들의 운명과 처지를 피부에 닿게 살펴볼 기회가 될 것이다. 본서의 장점은 책 내에서 서로 조우하고 있는 학문과 현장이 오늘날의 독자에게도 그대로 전이되어 풍성함을 준다는 것이다.

마지막으로, 본서의 출간을 위해 수고해 주신 기독교문서선교회(CLC)와 완역할 수 있도록 시기적절한 지원을 아끼지 않은 사단법인 밀알복지재단 '밀알디아코니아 연구회'에 깊은 감사를 표한다.

제1장

본서의 진행과 목표

———— ••• ————

본서는 다음과 같은 세 가지 질문을 다룬다.

① 성경과 그 이웃 문화권의 자료들에는 정신적 장애를 가진 사람들을 언급하고 있는가?
② 우리는 그들의 운명을 어떻게 소개해야 하는가?
③ 이러한 지식들을 오늘날 우리의 현실적인 문제에 비추어 우리는 무엇을 배울 수 있는가?

성경학은 지금까지 첫 번째 질문을 돌아보지 못하였고, 두 번째와 세 번째 질문 역시도 신대륙에 발을 딛는 것과 같다. 이러한 프로젝트를 수행하기 위해 우리는 먼저 예비 질문을 해 보아야 할 것이다.

우리가 제시한 주제에 대해 역사적인 과거로부터 무엇인가 도움이 될 만한 것들을 배우는 것이 가능한 일인가?

지금과 비교해 본다면 당시는 근본적으로 모든 것이 다르지는 않았겠는가?

당시는 오늘날과 같은 특수 치료나 의학적인 공로, 예를 들어 태아 검진과 같은 것들이 부재하였다. 그러나 전적으로 달랐다고 할 수 없음을 다음과 같은 예들을 통해 알 수 있다.

몇 해 전, 미디어는 이전 시대에 있었던 수도원 '암자구호소'(Spital Einsiedeln)[1]에 '유아 창구'(Babyklappe)가 설립된 것을—이 기관이 수천 년 역사를 가지고 있다는 것을 전혀 의식하지도 못한 채—하나의 획기적인 사건으로 보도하였다.

이미 고대 이집트 시대로부터 "그들은 그를(또는 그 소녀를) XY 신 앞에 두었습니다(직역: 내버렸다)"[2]라는 뜻의 인명이 알려져 있다. 이로써 양육할 수 없거나 또는 양육을 원치 않았던 아이를 신전 문지방에 두었음을 분명히 알 수 있다. 장애를 입은 아이들이—정신적 장애를 가진 아이들도 마찬가지로—이러한 운명을 맞이했음을 우리는 본서에서 계속 다룰 것이다.

우리는 수천 년 동안 동일한 방식으로 시행되었던 현상을 만나게 된다. 그 배후에 놓여 있는 '영원한' 문제는 항상 동일한 방안으로 해결되었음은 명백한 사실이다. 이러한 현상에 대해 저명한 프랑스 역사가 페리디낭 브로델(Ferdinand Braudel)은 '장기 지속'(*longue durée*)이라는 표현을 역사 속에 남겼다.

물론 이전 시대에 무엇인가 다른 것들이 있었다. 기술적으로 행해지는 임신중절은 오늘날보다 훨씬 제한적이었다. 그 대신 최소한 두 가지 대안이 존재했는데, 그것은 **유아 유기**와 **유아 살해**이다. 이 두 가지 대안이 오늘날에는 비인간적으로 생각된다. 그러나 추측해 보건데 이전 세대들은 그들에게 가능만 했다면, '임상적으로 깔끔한' 유산을 했을 것이다.

이와 마찬가지로 그때 당시 장애인으로 태어나면 경우에 따라 죽였고, 오늘날에는 태아 검진 기술이 장애로 판명된 태아를 수술로 제거할 수 있는 가능성을 주고 있다면, 과연 '그때 당시나 지금이나 장애로 판명된 유아를 대하는 태도'에 근본적인 차이가 있는지 우리는 질문해 볼 수 있다.

---

1 www.babyfenster.ch/frame.html.
2 H. Ranke, *Die ägyptischen Personennamen* Bd. 2, Glückstadt 1953, S. 244: 비교. S. 227, 323.380.

성경 곁에 있는 또 다른 자료들

성경은 잠깐 보아서는 정신적 장애에 대해 그 어떤 것도 말해 주고 있지 않는 것 같다. 그러므로 우리는 단지 신약성경과 구약성경만을 참고할 것이 아니라 그 이웃하고 있었던 문화인 이집트, 메소포타미아, 그리스와 라틴의 고대 시대, 때에 따라 그 이후 이어지는 중세까지의 기독교 문화와 코란도 살펴보아야 할 것이다.

쐐기 문자 문헌들은 당시 일상생활에 대한 정보에 있어서 폭넓은 스펙트럼을 제공하고 있기에, 이러한 조사 영역의 확대는 성공적인 결과를 약속할 것이다. 고고학적 작업은 공적인 문서나 문학적인 작품으로써 보도할 만한 가치가 없다고 여길 수 있겠으나 뜻밖에도 많은 기록 문헌들과 계약서, 협약서, 개인적인 편지와 영수증들을 발굴하였다.

이와 달리 구약성경은 자료적인 측면에서 볼 때 일종의 공문서 모음집으로 종교적이고 교훈적인 관심에 의해 한정된 본문들을 가지고 있다. 고대 세계의 풍성한 기록 문헌들은 우리 성경에서는 흐릿하게 남아 있어 쉽게 간과되었던 부분들에 대한 시야를 열어 줄 수 있다. 이웃 문화들로의 우회를 통해 성경 속 정신적 장애를 가진 자들의 모습은 드러날 것이며, 이와 동시에 성경은 우리 주제에 대해 본질적임을 보여줄 것이다.

그렇지만 이 모든 문화들을 단숨에 나란히 열거할 수 있을까?

시간적, 지리적인 엄청난 간격은 연구에 있어서 얼마나 결정적인 작용을 할까?

당연히 그러한 차이들에도 불구하고 놀랄 만한 공통점들이 드러나고 있다. 예를 들어 유아를 유기하는 것은 "내버리다"(fortwerfen)라는 의미를 지닌 동작적인 단어들로 표현하고 있다. 이러한 의미로는 이집트어에서는 "하"(ḥaʿ), 아카드어에서는 "나두"(nadû)와 "나사쿠"(nasāku), 그리스어에서는 "리프테인"(rhiptein, 경우에 따라 aporrhiptein), 라틴어에서는 "프로이체

레"(*proiicere*) 그리고 독일 법령에서는 "베어팬"(*werfen*)³이 있다. 구약성경 역시도 히브리어로 "히슐리크"(*hišlîk*)로 이 단어의 행렬에 참가하고 있다.

위에 언급된 언어들은 저마다 동일한 내용을 지닌 단어를 사용하고 있다. 따라서 "포르트배어펜"(fortwerfen, 내다버리다)이란 용어에는 공통적 이미지가 있다는 것이 분명하다. 그 이미지가 무엇인지에 대해 본서가 진행됨에 따라 더욱 자세히 소개될 것이다.

사람은 자기가 돌보고 싶지 않는 것들을 내다버린다. 이 개념 자체로서 볼 때 그것은—내다버려진 대상이나 내다버리는 사람에 대한—부정적으로 평가하는 수법(touch)을 함의하고 있다. 예를 들어 독일어에서 "압-쉬벤"(abschieben, 밀쳐내다)과 비슷하다. 만일 "벡-베어펜"(wegwerfen, 던져버리다)에 해당하는 라틴어 프로이체레(*proiicere*)가 어린이 유기뿐만 아니라 어떤 수도원으로 한 아이를 밀어 넣는 것을 의미한다는 것⁴은 우연만이 아닐 것이다.

우리는 당시 이런 행위 배후에 있는 여러 동기들과 이에 대한 평가의 배경에 대해 고대 문헌에 문의하게 될 것이다. 여기서 우리가 다루는 것은 전근대 문명에서 생산된 문헌들뿐이라는 사실에 주목해야 할 것이다. 우리는 그 시대적, 문화적 구렁텅이를 성급히 뛰어넘지 않을 것이다. 그리고 고고학적 유물들이 우리가 다루고자 하는 주제에 무언가 기여하는 한, 나의 관찰은 때때로 오늘날 제3세계의 전근대 문화뿐만 아니라 그 이전 선사 시대 문화들까지 확장될 것이다.

출토가 가능한 것들은 단지 뼈들이지 영과 혼이 아니다. 그러나 31번째 염색체 이상(다운증후군[Down's syndrome])을 가진 사람의 두개골은 특유한 형태를 하고 있기 때문에 대체로 선사 시대 이래 이런 이상증후군은 증명

---

3   증거 자료, bei J. Boswell, *Kindness*, S. 304. 326. 이 관념이 여러 다른 종교에서 만나게 된다는 것은 문화를 망라하고 나타나는 공통된 현상이다(로마 종교에 관해, 예를 들어 Livinius, ab urbe condita XXVII 37,6를 보라.).
4   증거 자료, J. Boswell, S. 298-299.

될 수 있다.⁵ 우리가 항상 주목해야 할 것은 고고학적 자료들은 오늘날 우리들의 (주관적인!) 해석을 통해야 뭔가를 말해 주는 "말 못하는" 증인들이라는 것이다.

정신적 장애의 정의들

마지막으로 본서에서 '정신적 장애'(geistige Behinderung)⁶라는 범주를 '정확히 어떻게 이해하고 있느냐' 라는 해명이 필요하다. 나는 옛날에는 적합하지 않았을 '현대적인' 질문을 의학적으로 고대 문헌에 던지고 있는 것이다. 나는 '정신적 장애'라는 개념을 우선적으로는 무비평적이고 통상적인 의미로 사용하여, 연구의 과정 중에 이전에 문화권에서는 정신적 장애를 어떻게 다르게 인식하고 오늘날과는 다른 차원에서 어떻게 구별 지었는지에 대해 실증해 보려고 한다.⁷

---

5   아랫글, "어린이 사망과 생존 가능성들"(제4장 2.).
6   "geistige Behinderung"(가이스티히게 베힌더룽)은 본서에서 자폐와 지적 장애를 주로 말하고 있다. 하지만 정신 장애도 일부 포함되어 있다. 현행의 장애 분류에 대해서 보건복지부 국립재활원의 '장애인 건강 및 재활 포털'(http://www.nrc.go.kr/portal/html/content.do?depth=td&menu_cd=04_01_03)을 참고하기 바란다.
    1) 자폐
    소아기 자폐증, 비전형적 자폐증에 따른 언어, 신체표현, 자기 조절, 사회 적응 기능 및 능력의 장애로 인하여 일상생활이나 사회생활에 상당한 제약을 받아 다른 사람의 도움이 필요한 사람.
    2) 지적
    정신 발육이 항구적으로 지체되어 지적 능력의 발달이 불충분하거나 불완전하고 자신의 일을 처리하는 것과 사회생활에 적응하는 것이 상당히 곤란한 사람
    3) 정신
    지소적인 양극성 정통 장애(여러 현실 상황에서 부적절한 정서 반응을 보이는 장애), 조현병, 조현 정통 장애 및 재발성 우울 장애에 따른 감정 조절, 행동, 사고 기능 및 능력의 장애로 인하여 일상생활이나 사회생활에 상당한 제약을 받아 다른 사람의 도움이 필요한 사람, 정신 발육이 항구적으로 지체되어 지적 능력의 발달이 불충분하거나 불완전하고 자신의 일을 처리하는 것과 사회생활에 적응하는 것이 상당히 곤란한 사람(출처: 장애인복지법 시행령 제2조 장애의 종류 및 기준에 따른 장애인)-역주.
7   체계적인 서술은 애초에 의식적으로 거부한다. 말하지만, 시간이 지나서야 얻을 수 있

본서의 정신적 장애는—1960년과 1990년 사이에—특수 학교에 다니는 모든 학생들을 대상으로 하는 넓은 스펙트럼에서 출발하고 있다. 가능한 한 많은 아동을 일반학교의 보통 학급으로 통합해야 한다는 강한 소원이 증가하고 있는 흥미로운 현상은 산업화 이전 시대의 시민 사회의 추세와 가깝다. 통합 교육이 현대 사회 속에서 하나의 성공적인 모델이 될 것이냐는 질문은 한 세기가 지난 다음인 당시 취학 아동들이 학교 졸업 이후에 직장 세계로 들어가는 길을 발견할 때 평가받게 될 것이다.

장애를 비장애로부터 또는 다른 종류의 장애로부터 구분 짓는 것은 어렵다. 이는 우리가 역사적인 자료들을 손에 들고 그때 당시 다른 전제로부터 관찰되었던 장애에 대한 이미지를 그려볼 때도 역시 마찬가지이다. 다음의 실례가 이러한 문제성을 생생히 조망해 준다.

중세 콘스탄티노플에서 활동했던 보통교사(Universalgelehrte) 미하엘 프셀로스(Michael Psellos, A.D. 약 1050년경)는 야수적인 시선[8]을 지닌 기묘한 젊은이에 대해 보도하고 있다.[9] 이 젊은이는 다른 젊은 남자들과 접촉(사냥, 스포츠, 공놀이, 땀욕)을 피하였다. 그 대신 그는 물레를 돌리며 천을 짜는 것을 사랑하고, 인형들과 놀며 인형집과 같은 곳에서 신랑과 신부가 되어 임신과 출산을 준비하였다고 한다.

당시 사회에서 이 젊은이를 "계집애 같다"(weibisch)라고 평하였다. 그런 행동을 오늘날 약 15-20세 청소년이 할 경우 미숙아(infantil)라고 할 것이

는 "전체적인 개관"을 하기 위한 "아래쪽에서의 시선"을 위해. 그렇기 때문에, 제2장의 접근로는 사실적으로 "감지된다." 이와 동일한 방식으로 장애를 가진 사람들뿐만 아니라 표준 재능인들도 세상을 배운다.

8 문장 *tōn ommatōn agrion*은 아마도 야생적인 시선 보다는 고정되거나 멍한 시선을 의미한다.
9 R. Volk, *Der medizinische Inhalt der Schrift Michael Psellos*, München 1990, S. 120-124. 이 단편문의 표지는 다음과 같다. "어찌 한편 사람들은 지력이 있으며 다른 편 사람들은 우준한지(*mōroi*)." Textausgaben: D. O'Meara, *Philosophica monora* II, Leipzig 1989, S. 88-92; 번역과 주석, O. Auburger, Michael Psellos. *Die Entstehung von Intelligenz und Schwachsinn*, Diss. TU München 1978.

다. 추가 정보는 그 젊은이에게 정신적 장애가 있었다는 것을 알려 주는데, 그의 이러한 이상한 행동의 원인은 과대한 크기의 그의 머리에 있었다는 것이다. 그 남자는 거의 황소 머리와 같은 그의 머리 크기 때문에 정신적인 능력의 움직임이 약해졌고, 느리고 무력한 지적능력을 가지고 있었다고 한다.

그렇다면 그는 정신적 장애에 자주 수반되는 뇌수종(hydrocephalus) 환자였던 것일까?

이런 추측은 그럼직하다. 프셀로스(Michael Psellos)는 각별히 이러한 사람들을 "꼴사납고, 무디고, 무력하고, 기억상실증"이 있는 것으로 묘사하고 있다. 물론 이 고대 문헌은 그 성격상, 어떤 의학적 증거를 제시할 수 있도록 해 주지는 않는다. 역사가는 이러한 불확정성과 함께 살아야 한다.

주된 당사자들의 기여

정신적 장애에 관한 이미지와 고대 자료들로부터 획득될 수 있는 이러한 사람들에 대한 처우는 다중적 형태이며 미묘한 차이들이 많다. 이러한 사람들의 삶은 오늘날 역시도 그 때와 비슷하게 다중적 형태를 띠고 있다 (어려운 시절 속에 끊임없는 삶의 기쁨과 함께).

수십 년간 나는 아버지로서 우리 아들 베른하르트(Bernhard)에게서 통찰력을 얻었고, 해가 지남에 따라 내 아들을 통해 알게 된 것들 덕분에 많은 사람에 대한 또 다른 안목을 가지게 되었다. 이러한 경험들은 나에게 강한 인상을 주었고, 나는 고대 역사 자료와의 대화를 위해 과거뿐만 아니라 오늘날 우리의 현대적 삶의 실제에 대한 새로운 질문을 가지게 하였다.[10] 그러한 질문들뿐만 아니라 가능한 대답들이 본서의 내용들을 이루고 있다.

---

10 학문적인 진리 발견은 개인 당사자와 "연구 대상"과의 충분한 거리 균형을 요한다. 내 아내와 나는 생물학적인 부모가 아니며, 우리 아들을 입양했다는 점은 이 균형감에 상당한 도움을 준다.

제2장

성경 속의 정신적 장애들

―――――――――― • • • ――――――――――

1. 탐색의 어려움

   정신적 장애에 대한 성경의 언급을 탐색하고자 하는 사람은 정확하고 끈질긴 시선이 필요하다.[1] 왜냐하면, 이는 신체적 장애들, 예컨대 시각이나 청각의 지체적 부자유가 있는 사람들에 대한 치유기사와는 근본적으로 다르기 때문이다.

   그러나 정신적 장애는 어떠한가?

   구약성경에서 우리는 왕 사울을 숙고해 볼 수 있다(삼상 16:14-23).

   그리고 블레셋 사람들 앞에서 미친 사람처럼 행동했던 다윗 이야기는 본서의 연구 범위 밖에 있는[2] 어떤 심리학적 현상을 다루고 있지는 않을까?

―――――――――――――――

[1] 다음 세 편의 도서는 거의 배타적으로 신체 장애만을 다루고 있는데, 그 폭넓은 성경신학적인 서술은 우리의 주제를 위해 비옥하다. H.-G. Schmidt (Ed.), *In der Schwäche ist Kraft: Behinderte Menschen im Alten und Neuen Testament*, Hamburg 1979; H. R. Herbst, *Behinderte Menscchen in Kirche und Gesellschaft*, Stuttgart 1999. 더 주목할 만한 것은 페터젠(N. Petersen)의 디아코니아학 박사학위 논문 *Geistigbehinderte Menschen*이다.

[2] 이에 더해 S. M. Olyan, *Disablity*, S. 66ff를 보라. 영어에서 "정신 불능"(mental disability)은 심적인 문제에 비중을 두고 있다. 반면 (나면서부터) 정신 장애는―이에 대해 올리안의 책은 전혀 관여하지 않지만―"정신 지체"(mental retardation)나 "지력 불일치"(intellectual disparity)를 지칭한다.

그리고 우리는 신약성경에서 우선적으로 (어떤 귀신, 또는 더러운 한 영에) "잡힌 자"(besessen)를 생각해 볼 수 있다. 오늘날 우리의 심리학적 범주로 들여다볼 때, 복음서들은 심리학적 질병의 특이성을 나타내는 사람들을 묘사하고 있다. 예수께서 권능의 말씀으로 무덤굴에 거처하며 들에 돌아다니는 귀신 들린 자를 치유하시자, 그는 품위 있는 얌전한 사람으로, "옷을 입고 정신이 온전[한]"(막 5:15) 사람이 되었다.

여기에 '정신이 온전한'에 해당하는 그리스어 "쇼프로네인"(sōphronein)은 지성(Intelligenz)이나 이성(Vernunft)에 초점이 있는 것이 아니라 베드로전서 4:7에서는 "건전함"(Nüchternheit, 개역: 근신)이란 맥락에서, 고린도후서 5:13에서는 "황홀경"(Ekstase, 개역: 미침)과 대립되는 개념으로 사용되고 있다.

우리는 마가복음 9:7-20에서 예수께서 한 소년을 치료하시는 기사를 보게 된다. 그 소년의 증상에 대한 묘사는 간질병적 발작을 말하고 있다.[3] 일부 정신적 장애의 형태들은 간질을 수반하는 것으로 잘 알려져 있다. 성경 구절에서뿐만 아니라 다른 어떤 곳에서도 정식적 장애에 대해서 언급하지 않고 있다. 그 대신 오늘날 우리에게는 불편한 부분이지만 간질이 "달"(Mond)[4] 또는 "더러운 귀신" 또는 "귀먹는 귀신"(막 9:25 외)의 영향과 연결되어 나타나고 있다.

이것을 구식적 설명이라고 웃어넘기려고 하는 사람은 적어도 사람의 인체에 미치는 달의 영향에 대한 믿음이 오늘날 "계몽된" 시대까지 어떻게 살아남았고 어떻게 점차적으로 증가하였는지에 대해 대답해야 할 것이다.[5] 귀신의 존재에 대한 믿음은 비디오 게임 속의 청소년 문화에까지도

---

3   H. I. Toensing, *Living among the Tombs: Society*, Mental Illness and Self-Destruction in Mark 5:1-20, in: H. Avalos 외, *This Abled Body*, 2007, S. 131-143.
4   마태복음에 따르면, 아버지는 그의 아들의 상태를 "몽유병"(Mondsüchtigkeit)이라고 서술하고 있다(*selēniazesthai*, 마 17:15; 비교. 마 4:24).
5   해변에서 밀물과 썰물로 나타나는 달의 강한 인력을 관찰한다면, 그것은 – 입증되지는 않을 지라도 – 이 힘이 충분히 인체에도 작용할 수 있다고 생각해 볼 수 있다.

들어와 있음을 관찰하게 된다.

첫째, 우리가 분명히 짚고 넘어가야 할 사실은 다양한 의학적인 사고 체계가 존재하고 있으며 그것이 오늘날에도 병존하고 있다는 것이다.

둘째, 오늘날 전통적인 의학의 설명방식은 성경 시대뿐만 아니라 다른 이전 문명에서도 낯선 것이었다(이것은 당시에는 심도 있는 의학적 관찰이 전혀 없었다는 것을 말하지는 않는다!).

우리는 오늘날의 전통 의학의 사고 범주들이 성경 속에 나타난 정신적 장애를 탐색하려는 우리의 작업을 어렵게 만들고 있지 않는지 질문해 본다. 이미 A.D. 16세기, 다양한 의학적인 사고 체계들 사이의 분기점에 서 있던 저명한 의사 파라셀수스(Paracelsus)는 예수께서 지적 장애를 가진 사람들을 단 한 번도 고치지 않았다는 사실을 확인해야 한다는 것이 그에게는 의아스럽고 불편스러웠다[6](파라셀수스 스스로도 이것을 완전히 확인할 수는 없었다. 그는 그의 논문에서 적어도 어떠한 이유에서 이러한 장애들이 존재하는지 신화론적 설명을 시도할 뿐이었다).

왜 변변치 않는 자료들만 있는가?

성서학적인 측면에서 크게 재고해 보지 않고 의견을 개진해 본다면, 대체로 정신적 장애들은 성경에 단 한 번도 언급되지 않았다고 할 것이다. 왜 이러한 주장이 가능한지에 대해 여러 추측이 가능하다.

---

[6] Paracelsus, Sämtliche Werke, Abt.I, Band 14, München 1933, S. 73-74. "De generatione stultorum Liber Theophrasti"라는 제목의 독일어(!) 단편 논문은 파라셀수스의 것이 아닌 것(alias Theophrast v. Hohenheim)으로 언급되고 있다. 이에 대해, C. F. Goodey, "Foolishness" in Early Modern Medicine and the Concept of Intellectual Disability, in: Medical History 48, 2004, S. 289-310 을 보라.

- 생활 조건의 험난함이 살아남는 것을 허용하지 않았다.
- 가시적인 장애를 가진 아이들은 장애가 발견되자마자 죽였다. 또는 장애를 가진 아이들은 유기시켰는데, 이것은 죽게 만드는 평상적인 방법이었다.
- 성경 본문은 삶의 총체적인 영역, 그들 중에 특별히 정신적 장애에 대해 관심이 없었다.

지금까지 성서학은 이러한 사려들을 근거로 하여 정신적 장애를 가진 사람들에 대한 언급을 전혀 탐색하지 못하였다.

그럼에도 다음과 같은 사려들을 점검해 봄직하다.

- 지금까지 성서학이 장애라는 히브리어나 헬라어 어휘들의 의미 내용에 대한 완전한 이해가 없었더라도 성경 속에 정신적 장애에 대한 지표들이 있는가?
- 오늘날의 "정신 장애"라는 범주는 고대의 사고와 일치하는가, 아니면 단지 근대 사회가 고안해 낸 범주인가?
  오늘날 우리가 '장애'라고 분류하여 명명하듯, 당시에도 그렇게 분류했었는가?
  예를 들어 20세기까지 심리학적이고 정신적인 독특성을 일정 부분 구별하지 않고 있었듯이 당시에도 그러했는가?[7]
- 정신적 장애를 가진 사람들은 산업 사회 이전 농경 사회에서 아무런 문제없이 근로 현장에 통합되어 일반인들의 눈에 띄는 일이 적었기 때문에 고대 문헌들에서는 그들이 극히 드물게 언급되었거나 전혀 언급되지 않았던 것은 아닌가?

---

[7] 이 차이의 정당성과 한계는 아랫글, "현대 의학의 두 얼굴"(제2장 6.)과 "사람들을 범주로 구분한다?"(제5장 2.)를 보라.

- 기본적으로 각각의 종류의 장애들을 "사회적 구조물"로 지칭하는 사례들이 더 존재할 수 있는데, 사회마다 그들 자신의 관심사에 너무나 방해되어 그 사회 속에 통합하고 싶지 않았던 것들을 모두 "장애"라고 정의한다고 한다[8]—몇 해 전 독일의 한 투쟁적인 장애인 단체의 플랜카드는 "장애인은 없고 장애를 겪는 사람은 있다!"(Behindert ist man nicht, Behindert wird man)라고 말한다.

우리 부모들은 더 원리적이고 더 세련된 논제가 작성되어지면 될수록—원래 신체적 장애뿐만 아니라 또한 정신적 장애에 대해—실용적인 결과에 대해 더욱 염려한다. 정신적 장애가 있는 우리의 아들과 딸들에게 부여된 제한된 자율권은—영리하게도 그들은 스스로 이것을 좀 더 확장하기도 하는데—항상 믿을 만하고 사랑이 넘치는 보호 아래 의존해 있어야 한다. 신체적 장애를 가진 사람들과는 달리 그들은 스스로 이런 보호를 만들어 낼 수 없기에 우리 부모들은 그들의 자리에 의무감을 느끼고 있다.

2. 입증은 가능하다

정신적 장애에 대해 고대 문헌들이 증언하는지 아니면 단지 가려진 체로 나타내는지에 대한 대답은 고대 근동 문헌들 덕분에 쉬워졌다. 정신적 장애를 가진 사람이 살아남았다는 것을 상세하게 기록한 앗시리아 텍스트의 발견은 순전한 행운이다. 그 본문은 메소포타미아의 '길가메쉬 서사시'에서 유래된다.

---

8   그런 논제들에 대한 상세한 재현과 비평적인 토론을 A. Young, *Theology and Down Syndrome*, 2007, S. 76-116에서 찾을 수 있다. 리츠만(I. Ritzmann, Sorgenkinder, S. 121-124)의 의학사 교수직위논문(Habilitationschrift)도 마찬가지로 비평적으로 언표하고 있다.

이 서사시는 B.C. 3,000년에서 2,000년대에 만들어진 크고 작은 쐐기 문자 서판으로, 파편적으로 보존되어 있다. 이 서판들은 때로는 바벨론어나 앗시리아 방언으로, 때로는 더 오래된 수메르어로 기록되어 있다. 길가메쉬 서사는 메소포타미아 이외에 나라들뿐만 아니라 가나안에서도 널리 유포되었다. 쿰란 필사본들 역시 상고 시절 한 인물인 길가메쉬를 기억하고 있다.

B.C. 7세기 길가메쉬 한 서판은 정신적 장애의 특징이 분명한 인상적인 한 인물에 대해 약 10구절을 기술하고 있다. 거기에 묘사된 사람은 주변 사람들로부터 질 낮은 음식을 제공받았는데, 그는 [버터 대신] 맥주찌꺼기(Biersatz)와 [제대로 된 밀 대신] 떨어진 곡식(Getreideabfall)을 먹었다. 그는 그 사람 외에는 아무도 걸치지 않는, 거친 첫 조각의 옷을 입었고, 혁대 대신에 평범한 끈을 사용했다. 현명하며 특전을 누리던 길가메쉬와는 달리 그에게는 그 어떤 조언자도 없었고 자신 역시 다른 사람에게 조언을 해 줄 수 없었다.[9]

우리는 고대 근동의 정신적 장애를 가진 사람의 [정말로 볼품없는!] 삶이 이와 마찬가지였음을 상상해 볼 수 있다. 이 보도의 문맥은 같은 방식의 운명을 맞이하고 있을 전형적인 무엇인가를 묘사해 보여 주고 있다. 더 나아가 우리는 여기서 중요한 한 가지 사항을 주목해 볼 필요가 있는데,

---

[9] 열 번째 서판, 270-278째 줄. 독일어 번역본을 예로 들면, W. Rölling, *Das Gilgamesch-Epos*, Stuttgart 2009, S. 105 나 "Texte aus der Umwelt des Alten Testaments," Band 3, S. 726에서 찾아 볼 수 있다. 더 옛날 번역본들은 불완전성의 위험을 동반하는데, 이것은 이미 알려진 텍스트를 보충하는 [대체로 작은] 파편 점토판들이 거듭해서 발견되고 있기 때문이다. 그럼에도 불구하고, 그 서사시의 대부분은 미지의 영역이다. - 뢸잉(W. Rölling)의 번역은 개별적인 몇 부분들이 조금 다르게 이해되고 있다(줄 272-278; 불확실한 것은 **볼드체**[원서는 이탤릭체-역주]로 인쇄되어 있다): "한 어리석은 자(바보)에게 **달콤한** 크림 대신 맥주 효모가 주어졌다. **케이크와 빵** 대신에 쓰레기(Kehricht)나 겨(Kleie), 그는 **외투** 대신에 **갈대 치마**를 입고 있고, **허리끈** 대신 **새끼줄**로 동이고 **있었다**. [그는] 이렇게 [하고 있다]. 왜냐하면, **자신에게** 조언해 주는 이가 아무도 없고, 그 어떤 **훌륭한** 충고도 받지 못하기 때문이다. **길가메쉬**! 나는 **왕의 의무라도** 되듯 나는 너를 염려하고 있다."

영양이 부족한 식물이 그에게 "주어졌다"는 것이다.[10] 분명 그 사람은 다른 사람들처럼 자기 손으로 먹을 것을 조달할 수 없었다.[11] 그는 구걸해서 살았든가 아니면 다른 친척들이 그를 부양했을 것이다. 그것도 아니라면 다른 사람들처럼 적어도 그는 자신의 일에 대한 합당한 급료를 받지 못할 만큼 무력했을 것이다.

그러므로 이 앗시리아 텍스트는 우리의 주제에 주요증거 자료가 된다.

첫째, 이 텍스트는 정신적 장애를 가진 사람이 아주 위험했을 어린나이를 넘어서 생존할 수 있었다는 것과 그들이 처해진 운명은 전형적인 것[12]이라는 점에서 정신적 장애를 가진 사람들의 생존은 충분히 가능하였음을 알려 준다.

둘째, 이 텍스트는 이러한 사람을 앗시리아어 단어로 "릴루"(*lillu*, 그림 1.)[13]라고 지칭한다는 것이다. 이러한 명칭은 우리로 하여금 (지금까지) 보존된 수많은 쐐기문자 문헌의 정보 창고에서 "릴루"가 나

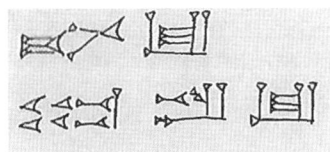

그림 1. 릴루(Lillu)의 아카드어 표기

---

10 여기에 사용된 동사 *nadānu*는 빈번한 히브리어 어휘 *nātan*과 일치한다.
11 이 관찰은 그 밖에 선호되고 있는 마울(S. Maul, *Das Gilgamesch-Epos: neu übersetzt und kommentiert*, München 4. Aufl. 2008)이 출판한 독일어 번역제안에 반한다. 마울은 이 세부구절에서 *lillu*를 "보통 사람"으로 이해하고 싶어 한다. 비록 의미상동인 단어 *saklu* (SAA X 28,3)가 부분적으로 그렇게 사용되어 있다 하더라도, 이 제안은 전문가 단체 내에서 상당히 고적한 것이다. 한 바벨론의 주석은 "결단능력이 없는" 것으로 *lillu*를 해설하고 있다(W. G. Lambert, *Babylonian Wisdom*, S. 78; *lillu*가 정신병자를 지칭할 수 있을는지 하는 물음에 대해, S. 21, 각주 19를 보라.)
12 또 다른 텍스트는 이를 입증한다. 그 텍스트는 어떤 한 장소에 장애를 가진 (남녀) 사람들의 유무를 (길하거나 흉한) 징조로 표시하고 있다. 수많은 장애의 종류들 중에, 같은 말인 *lillu*가 등장한다(S. Freedman, *If a City*, Tafel I, 줄 87-88).
13 쐐기 문자 텍스트를 저작할 때, 철필이 닿는 끝이 연한 점토 상태에서 찍힌다. 우리에게 친숙한 대략 24개의 기호가 있는 알파벳 문자와는 달리, 여기서의 관건은 백여 가지 기호를 포함하는 모음문자이다. 이들 문자들은 왼쪽에서 오른쪽으로 읽게 되어 있다. 그 단어는 *lillu*를 *lil-lu*(위의 예), 또는 *li-il-lu*(아래의 예)로 쓰게 될 수 있다.

타나는 곳을 찾을 수 있도록 한다. 추측하건데, "릴루"는 독일어 "랄렌"(lallen, '뜻 없이 옹알거리며 말하다')처럼, 의성어(擬聲語)였을 것이다. 그렇다면 릴루는 원래는 "랄러"(Laller, '옹알거리는 사람')**14**를 의미할 것이다.

남성형 릴루와 마찬가지로 여성형인 "릴라투"(*lillatu*)는 더욱 많이 발견된다. 이러한 명칭들 중, 거의 3분의 2가—또한 의미가 유사한 개념들이 추가되어야 하지만—우리를 도와서 추가적인 정보에 도달하게 한다. 여기에 눈여겨볼 만한 관찰 결과가 있는데, 그것은 일부 증거 자료에서 이런 명칭들은 정신적 장애를 가진 사람들을 지칭한다는 것이다. 이런 자료들은 후에 본서에서 감정해 볼 것이다.

그럼에도 릴루는 소위 "표준 지능인"(normalintelligente Menschen)이거나 어떤 구체적인 순간에 "멍청한 행태"(dummes Verhalten)를 보이는 사람을 지칭하고 있다. 사람들은 때때로 자신에 대해서, "내가 참 **멍청하게 행동했네**!"(dumm handelte)**15**라고 말한다.

3. 정신적 장애와 정상지성

이미 거론되었던 길가메쉬 서사시에서 릴루는 이중적인 의미로 사용되고 있다. 그러므로 위에 말한 구절을 내용적인 문맥 속에서 더 정확하게 보는 것은 가치 있는 일일 것이다. 길가메쉬는 자기 친구였던 엔키두(Enkidu)가 예기치 않게 죽는 것에 소스라치게 놀라서 우트나파쉬팀(Utna-paschtim)에게로 가는 긴 여정을 시작한다. 이를 통해 사람이 어떻게 자기

---

14 W. von Soden, *Akkadisches Handwörterbuch*, Band I, S. 553. 그는 *lillu* 를 "얼간이, 백치, 멍텅구리"(Tölpel, Idiot, Dummkopf)로 번역하고 있다.
15 예를 들어 이른 2세기의 한 편지에서, "나는 멍청한 일을 하여 그 *Šunšija*를 믿고 비밀을 부탁했습니다"(J. Eidem, *The Shemshara Archive: I The Letters*, Kopenhagen 2001: Briefe Nr. 70,7.12; 4,5.12).

죽음을 방비하고 불사에 도달할 수 있는지 경험하려고 한다.

우트나파쉬팀은 대홍수에서 살아남은 유일한 사람이고, 그 이후에 그는 신들로부터 불사(不死)라는 선물을 받았다. 길가메쉬에게 건넨 우트나파쉬팀의 조언은 그를 미몽에서 깨어나도록 하였다. 우울한 마음과 홀쭉한 뺨으로 불멸을 찾아 방황하는 대신 집으로 돌아가 거기서 훌륭한 왕으로 활동하며 릴루를 돌보라는 것이다.[16]

이 조언에서 인용된 '릴루-상(想)'은 길가메쉬 서사시에서는 미묘하고 알쏭달쏭한 모습으로 나타난다.[17] 한편으로 우리는 대립적인 면을 발견하는데, 특권자이며 현명한 왕 길가메쉬와 보잘것없이 살아가는 릴루이다. 또 다른 한편, 길가메쉬가 온 세상을 방랑하며 영원한 생명에 대한 공상(空想)을 찾아다녔다면, 그 스스로가 어리석은 자로 행동한 것이 된다.

좋은 문학 작품마다 좋은 구도를 가지는데, 우리가 이미 릴루라는 말을 서사시 전반부에서 만나게 되었다는 사실은 실로 놀랄 일이 아니다. 전반부에서 우리는 길가메쉬가 그의 친구 엔키두와 함께 원방 나라들에서 감행했던 영웅적 업적을 경험하게 된다. 그리고 그 두 사람은 백양목 숲에 사는 거인 슘바바(Chumbaba)에게로 가게 되었다. 이 거인은 엔키두의 도발적인 행동이 자신을 어지럽게 했다고 느끼고는 길가메쉬에게 역정을 내며 말한다.

"릴루-사람들이 이 야만인(엔키두)과 상담해야 할 것이다! 너는 왜 나에게 왔느냐?"[18]

여기서 릴루는 분명 모욕하는 말로 사용되었다. 즉 길가메쉬는 너무나 멍청해서 엔키두와 연루될 만큼 되어서는 안 된다는 것이다.

길가메쉬 서사시 이외에 쐐기 문자 문헌에서도 릴루는 모욕하는 말로 사용되고 있다.[19] 이와 마찬가지로 다른 많은 언어들에서도 "백치"(Idiot)

16　278째 줄.

17　A. R. George, *The Babylonian Gilgamesh Ephic. Introduction: critical edition and cuneiform texts*, Oxford 2003, Bd. II, S. 504.

18　다섯 번째 서판, 줄 86 (비교. *Texte aus der Umwelt des Alten Testaments*, Band 3, S. 695).

19　Belege in *The Assyrian Dictionary of the Orient Institute of the University of Chicago*, Band L.,

라는 뜻을 가진 단어들이 발견된다. 그러니까 우리는 여기서 여러 문화권을 망라한 현상 하나를 만나게 되는데, 20세기에 들어와서 우리 땅에도 역시 그런 현상의 정신 장애를 가진 사람을 백치들이라고 표현한다는 것이다. 심지어 19세기 의료 전문 용어에서 "백치"는 그런 사람들에 대한 공식적이고 학문적인 표현 중에 하나였고, 이러한 의료계의 입장은 20세기에 접어들어서까지 이어지고 있었다. 이러한 표현을 명백하게 금기시한 것은 고작 수십 년 전부터이다―"정치적 올바름"(political correctness)의 세대에 그런 표현을 입에 담게 되면 완전히 외각으로 몰리게 될 것이다.

오늘날의 언어 규정이 진보했다는 것은 논란성이 없어 보인다. 그럼에도 이러한 진보는 질문해 봄직하다.

정신적 장애를 가진 사람들에게는 불리한 발전이 이룩되지는 않았는가?

오늘날 우리가 (자연적으로 경우에 따라서) 멍청한 것과 나면서부터 정신적 장애를 가진 사람을 정교하고 깔끔하게 구분한다면 그 귀결점은 사실상 무엇이겠는가?

이것은 오늘날 정당하게 추진되는 통합사회에 대해 유용한 것인가 아니면 반대로 사람을 "정확한"(korrekt) 카테고리로 분류해 놓는 것을 빌미로 더욱 강력한 분리화를 야기하고 있는가?

이를 역으로 질문해 보면, 몇 년 전까지 그러한 사람들을 "백치"(Idiötli)나 "멍청이"(Dummerli)로 불렀다는 것은 정말 부정적이었는가, 아니면 그러한 문제성 있는 지칭들 속에는 일정한 친근함과 온정의 어조가 어울려져 있었던 것은 아닌가?

그 반대로 오늘날 우리들의 가치 기준의 "중립적"(neutral)인 지칭들은 정서적으로 살균하려는 경향은 아닐까?

Chicago 1973, S. 189-190. 원칙적인 번역: "바보, 얼간이"(fool, moron). - 물론 문화를 비교하는 관찰에서, 오늘날과 같이 수천 년의 이전 시대 동안 정신 장애와 심리 질병 사이를 날카롭게 분리하는 것이 쉽지 않음을 염두해 두어야 할 것이다. 그럼에도 대부분의 텍스트 모음집의 증거 자료들은 오늘날 우리들이 정신 장애가 명명하는 것을 강력하게 지지한다.

오늘날 다운증후군 아들을 가진 부모들 중 어떤 이들은—그 어떤 "정치적 올바름" 없이—자신의 아이들에게 아주 사랑스럽게 "우리 몽골이"(unsere Mönggi, 몽고인종[mongoloid]의 축소형)라며 말하고 있다는 것은 의미심장하다.

4. 구약성경 속의 새로운 궤적

릴루(*lillu*)가 이중적인 의미로—"우매한 자"(Tor)와 동시에 "정신 지체 장애인"(geistig Behinderter)—사용되는 것은 문화권을 망라한 하나의 현상이라는 관찰에서 출발해 본다면, 구약성경의 탐색의 폭 역시 넓어져야 한다.

구약성경에는 "우매한 자들"(Toren)과 "우매"(Torheit)에 대한 수많은 언급들이 있다. 우리는 무엇보다도 잠언에서 "지혜"(Weisheit)를 일깨우고 "우매"(Torheit)를 경계하는 많은 권고와 격언들을 만나게 된다. 물론 그러한 진술들은 지혜를 추구하고 미련한 행동을 피하는 것에 관심이 있는 소위 '[규범에 소질 있는] 정상 재능인들'[20]을 수신자로 전해진 것이다. 그렇지만 우매를 이중적으로 이해하게 만드는 구절들도 발견된다.

> 미련한 자(Dummkopf, 멍청이)를 낳는 자는 근심을 당하나니
> 미련한 자(Tor, 바보)의 아비는 낙이 없느니라(잠 17:21; 비교, 17:25).

여기서 눈에 띄는 언어적인 형식이 관찰된다. 그것은 어떻게 사람이 멍청이(*kěsîl*)를 "낳는가"(zeugen)라는 것이다. 이것과 비교될 만한 구절이 벤

---

[20] "정상 재능"(normalbegabt)이라는 언어적 표현은 정상적인 것은 당연히 모든 사람에게 알기 쉬운 것이라는 그릇된 인상을 불러일으킬 수도 있다. 이러한 이유로 나는 이어지는 다음의 장에서 이 표현 대신 "표준 재능"(normbegabt)이라는 표현을 사용할 것이다. 나는 이런 "걸림돌"로 하나의 표준이 특정한 한 사회의 구조물이지 항상 자연적으로 주어진 것이 아니라는 의식을 깨우기 원한다.

시락의 그리스어판에 나타난다.

> 버릇없는 아들(학습 불능자, *apaideutos*)은 아비의 수치/창피이고
> 되지 못한 딸은 손해를 끼친다(시락 22:3, 공동 번역).

우리가 내용적으로 이 구절을 심도 있게 살펴보기 전에 우리의 주의를 깜짝 놀라게 하는 언어적인 표현 "낳다"에 초점을 맞춰 보자. 잠언은 젊은 이들을 가능한 한 포괄적으로 양육하는 데 관심을 기울이고 있는 소위 지혜문학에 속한다. 양육에는 품성 형성도 포함된다. 양육의 노력들이 늘 성공이란 면류관으로 보답하는 것이 아님은 분명하다. 사람들은 비록 실패일지라도 "출산"(Zeugung)에 대해서 어렵사리 말할 수 있다.

메소포타미아나 고대에서도 낙태에 대한 유비적 진술이 나타난다.[21] 그래서 이러한 표현들은 품성 교육의 결여를 의미하기보다는 지금까지 성경학에서 간과되었던 정신적 장애에 관한 실제적인 진술임을 알 수 있다.

위에서 인용된 잠언들에는 이차적인 것이 눈에 띈다. 우리는 여기서 상의하나 비슷한 의미를 지닌 세 가지 지칭을 만나게 되는데, "멍청이," "우매한 자," "무학습자"가 그것이다. 이와 동일한 의미를 지닌 히브리어와 그리스어의 개념들은 성경의 다른 본문들에도 발견되나, 신기한 점은 이러한 유사 개념들 사이에 더 정확한 차이를 규정하기란 어렵다는 것이다. 이것은 히브리어나 독일어 역시도 마찬가지이다. 우리는 여기서도 또한 문화권을 망라한 현상을 관찰하게 된다.

이것을 어떻게 해석해야 할까?

지적 결함(결핍)의 현실은 다양한 측면의 범주로 구분하기가 어렵다는 것이 아닐까?

---

21 증거 자료, "방법론적인 사전 공지"(제4장 1.), 각주: "아우구스티누스와 루터의 과한 언사"(제4장 17.), 각주: *lillu*(또는 *fatuus*[천치])로 태어나게 됨.

5. 성경과 오늘의 범주 구별

지난 두 세기 동안 서로 역방향으로 흘러가는 두 가지 경향이 있다. 하나는 장애의 종류를 예리하게 구분하여 차이를 나타내고자 하는 현대 의학적이고 교육학적인 노력이다. 그 결과 이에 해당되는 사람들의 삶은 많은 부분에서 유목적적으로 증진되고 경감되고 풍족하게 되었다. 이와 동시에 반대적인 경향이 관찰되는데, 장애 정도가 아주 다양한 어린이들이 소위 비장애 어린이들과 동일한 교실에서 함께 수업하게 하려는 통합 교육의 시도이다. 구별하는 카테고리를 포기하는 것은 우리가 농업 사회에서나 성경 본문에서 그리고 그 밖에 다른 곳에서 관찰할 수 있다.

현대의 표준 의학적인 지식이 알려져 있지 않던 시절에 오늘날과 같은 그런 카테고리화는 나타날 수 없었다. 오늘날 발생하는 엄청나게 부정적인 귀결과 비교해 본다면, 그것은 무지일지라도 일정한 유익을 가져다 주었다. 사람들이 정신적인 병과 정신적 장애를 구분하지 못했을 경우 이것은 해당되는 사람의 고통을 숙명적으로 가중시킬 수 있었다.

그러므로 이전에 문화를 이상적으로 상상하는 것은 순진한 것이라 할 수 있을 것이다. 그럼에도 불구하고 오늘날의 문명이 현대적 삶의 편리에 대한 대가로 삶의 질 중 어떠한 부분을 상실했는가를 질문해 보는 것은 유익한 것이다.

6. 현대 의학의 두 얼굴

2007년 다운증후군에 대한 대단히 탁월하고 근본적인 책이 발간되었다.[22] 저자인 A. 영(A. Yong)은 북아메리카에 오순절적 경향을 가진 신학 교

---

22 A. Yong, *Theology and Down Syndrome*. A. 영은 창의적인 교리학자이지만, 주석가는 아

수이다. "21번째 염색체 변이"(Trisomie 21)를 가지고 있던 형과 함께 자랐고, 그의 이러한 강력한 개인적인 경험이 자연스럽게 그의 신학적 사상 속에 녹아들게 되었다. 그의 역사적이고 사회학적이고, 특히 교의학적인 새로운 고찰은 넓은 지평을 펼쳐 주었고 쉽게 간과될 수 있는 여러 측면들을 드러내 주었다. 후자의 것은 정신적 장애를 가진 사람들을 위한 현대 의학의 승리행진에 대한 그의 고찰이다.[23]

전적으로 자연과학의 축복들 덕분으로—이것이 없었다면 그의 형제는 절대로 생후 1개월을 넘기지 못했을 것이다—그는 학문적인 지식 나무에 달린 총체적인 열매를 바라 보며 비평적인 분석을 할 수 있었다. 그는 정신적 장애에 대한 근본적이며 좋은 결과를 약속하는 "의학 문화"(Medikalisierung)에 관해 언급하며 "21번째 염색체 변이"를 그 예로 나타낸다.

19세기 들어서야 의학에 초점을 맞춘 시선은 영어권의 "실수한 의사"(Irren-Arzt) 존 다윈(John L. Down)을 통해 이 현상을 "발견"(Entdeckung)하고 학문적으로 서술하도록 하였다. 이 사람의 이름을 따라 오늘날 우리는 다운증후군(Down's syndrome, 그 발견자 스스로는 인종학적인 근거로 '몽골리즘'[Mongolismus]이라는 단어를 선택했다)이라고 부른다.

약 150년 전의 이 발견은 초기 산업 사회 때 이루어졌다. 초기 산업 사회에서 알코올 중독, 매춘과 범죄 등은 놀랍게도 "지능이 약한 사람들"('별 의미 없는 사람들'[Schwachsinnige]) 가운데 무시무시할 정도로 증가하였고, 이에 대한 방책들이 있었다. 경찰력 동원이 별다른 성과가 없었다는 것은 이상한 일이 아니었을 것이다. 사람들은 의학적이고(사회위생학적 관심으로 시발된, 긍정적인 의미에서) 우생학적인 방침이 성공적이기를 소원했다. "측량 가능한" 진실에 대한 신념은 최초의 지능 검사를 시도하게 하였다.

니다. 그러한 까닭에, 그의 성경주해적이고 교회사적인 수확물들은 가냘프다. 그의 책은 매우 상이한 다른 영역의 (절대적으로 영어권) 전문 서적들을 평가하고 정리하고 있다.

23 윗글, S. 45-77.

이 발전의 결실은 다층적이었다. "지능이 약한 사람들" 중에 많은 사람의 형편은 두드러지게 개선되었다. 가족의 부담은 눈의 띄게 줄어들었고, 의학적이고 사회적인 전문 인력들의 진영은 성큼성큼 자라났다. 이에 더해 우생학적인 노력들은 피임으로 이어졌다(우선적으로는 '지능이 약한 매춘부'로부터 시작하여, 그런 다음에는 다른 장애를 입은 사람들에게까지). 이런 모든 작업들은 사회 속에 '지능이 약한 아이들'이 범람하는 것을 막아야 한다는 근심으로부터 생겨났다.

그러나 판도라의 상자는 1916년부터 더욱 넓게 열렸다. 미국에서는 기형이(소위 '부적격 어린이'[unfits]) 유전되는 것을 피하기 위해 그들을 죽였다. 의료인들은 이와 같은 광적인 대체에 대해 찬성과 반대로 양분되었다. 심지어 스위스에는 좀 더 이른 시기에 저명한 뇌 연구자이자 사회위생학자인 아우구스트 포렐(August Forel, 그의 초상화는 20세기 말까지도 스위스 지폐에서 눈부신 자리를 차지하였다. 물론 그의 다른 공로 때문에)에 의해 확대되었다. 그 다음 국가사회주의자들이 나타났다. 그런 광분이 제3제국 폐막 이후에도 여전했다는 것은 말할 필요도 없다. 이것이 얼마나 오랫동안 지속되었던가.

새로운 경향

오늘날에도 수레바퀴는 계속 돌아가고 있다. 그러는 동안 우리는 21번째 염색체 변이의 원인이 유전적이라는 것을 알게 되었다. 의학이 이 장애를 치료하는 것은 불가능하기에 태아기 진찰과 그 이후 이어지는 임신중절로써 최소한 이런 아이들의 출생을 예방할 수 있다는 전망은 유혹적이다. 영(A. Yong)의 미국 통계 자료에 따르면, 그럭저럭 하는 동안 이러한 태아들 중 70-80%는 낙태된다는 것이다.[24] 이러한 것들이 사람을 돕고 고통

---

24 http://www.smw.ch/docs/2000_38/2000-38-081.PDF. 스위스의 높은 분포에 관해서, 로잔대학교의 한 연구를 보라.

을 막아주는 의학의 의도로 생겨나고 있다.

고통당하는 것은 누구인가?

21번째 염색체 변이를 가진 어린이들이 다른 어린이들이 겪게 되는 고통보다 평균 이상의 고통을 겪는 경우는 절대로 없다. 그런 어린이들을 양육하는 부모들은 이러지도 저러지도 못했던 첫 번째 충격 이후, 결과적으로 부담은 적게 느끼며 오히려 더 많은 풍족함을 얻었다고 자주 이야기한다. 부모들은 모든 것을 전적으로 홀로 견뎌내야 했던 것은 아니었다. 공적인 재정 지원이 있었으며, 그들의 오른편에는 사회교육학적이고 의학적인 도움이 있었다.

그렇다면 장래의 부모들의 이러한 출생의 충격은 어떤 비용을 감수하고서라도 예방되어야 하며, 우리는 그들이 그러한 출생을 통해 얻게 되는 미래 긍정적인 경험을 그들로부터 빼앗아야 하는가?

여기에는 도덕적인 규정들(한편에서 또는 다른 한편에서)에 대한 문제성이 있다. 반면 공공분야에 있어서 높은 수준의 재정소비는 논란의 여지가 없다.

그렇다면 의료적 수단은 소위 "사회를 치료해야" 하는 것이 아닌가?

다시 말하면 적어도 사회에 재정적인 부담은 줄여 주어야 하는 것이 아닌가?

그럼에도 이 분야에서 지출되는 비용은 높다. 최후에는 한 사람의 삶의 권리가 결과적으로 재정적인 "비용 대 이용"(Kosten-Nutzen-Rechnung)이라는 계산에 의존한다. 그러한 것들은 오늘날 서구 문명에서 많이 관찰되는 현상과도 일치한다. 우리 현존의 점점 더 많은 영역들이 급속히 경제화되어간다. 다시 말하면, '투자된 비용이 "유용"한가? 새로운 이익으로 상환시킬 수 있는가?'란 시각에서 결정된다.

의료적 제공 혜택이 이러한 목적으로 도구화된다면, 우리 사회는 어디에선가는 끝날 것이 아닌가?

노령의 인구분포가 증가하는 상황에 직면하여 이미 시작된 의료적 해결에 대한 논의들은 정신적 장애를 가진 사람들만을 바라 보아도 숙명적인 결과를 예감하게 한다. 무엇이 추동하는 힘인지, 무엇이 추동되는 힘인지 대체로 분명하지는 않다. 그 이외에 정신적 장애를 가진 사람들이 점차적으로 노년화되는 것에 대한 논의는 전혀 시작되지도 않았다.[25]

이 지점 역시 안락사의 해법이 있어야 할까?

7. 고대 근동 의학의 여러 얼굴들

이미 이전 시대에서도 의학은 하나 이상의 얼굴을 가지고 있었다. 이스라엘의 의료 사고는 불완전하게 기록되어 있으나 우리는 더 잘 기록된 메소포타미아 의학을 통해 그 의미를 읽을 수 있다. 수많은 쐐기 문자 문헌들 중에 널리 유포되었던 "진단 편람"(diagnostisches Handbuch)은 특별히 시사해 주는 바가 크다. 그것은 40개의 점토판 분량이고, 각 점토판 마다 평균적으로 100개 구절들로 이루어져 있다.[26]

여기에는 머리에서 발끝까지 인체에 대한 세심한 의료적 관찰들이 충분히 일람되어 있다. 이 편람에는 몇 가지 질병군을 특별하게 다루고 있는데, 예를 들어 여러 간질 증세, 부인학적인 질병 또는 어린이 질병 등이다. 이렇게 잘 분류된 메소포타미아 의학은 우리에게 동정적인 표정을 짓는다.

---

25 A. 영(A. Yong, S. 74)은 트리소미 21을 가진 사람들이 평균 이상으로 일찍 알츠하이머에 걸린다는 것을 주목하게 한다. 유럽의 빈도, bei G. Theunissen, *Geistig behindert und dement: Überlegungen und Anregungen aus pädagogischer Sicht*, in: Geistige Behinderung Jg. 2, 1999, S. 165-178를 보라.

26 번역과 또 다른 부분의 주석은 N.P. Heessel, Diagnostik 참조. 편람은 대략 B.C. 1000년경의 고대 전통들을 모아서 새롭게 편찬한 것이었다 - 야노브스키(B. Janowski 외, "Texte zur Heilkunde,″ *Texte aus der Umwelt des Alten Testaments*, Neue Folge, Band 5, Gütersloh 2010)는 고대 근동의 의학 문헌을 통한 교훈적인 횡단면을 제공하고 있다.

그런데 그 동일한 편람에는 우리에게 아주 낯선 두 얼굴이 있다. 병 자체의 진단과 그의 따른 치료 부분이다. 한편, 진단에 있어서 치료 가능한 질병과 치명적인 결과로 추정되는 그러한 질병을 구분하는 것은 우리에게 친숙한 것이다. 다른 한편, 이미 어떤 질병에 대한 원인이 보고되어 있다는 것은 우리를 고민하게 한다("신 X의 손"[Hand der Gottheit X]). 이 어구는 신체기관에 발병되는 질병에 적지 않게 등장한다.

이와 마찬가지로 대부분의 치료술들은 우리에게 낯설기만 하다. 신의 손에 의해 야기된 질병일 경우 주문이나 복잡한 의식이 자주 행해진다. 치료제도 덧붙여 언급되고 있다. 우리 귀에는 이러한 서술들이 마치 제3세계의 의료인의 처방처럼 들린다.

물론 우리가 여기에 언급된 표현들, 예를 들어 거북이 페니스와 같은 것들을 '문자 그대로 이해해도 되는가'에 대해서는 의문이다. 오늘날 고대 근동 학자들은 대체로 질병을 암호화하여 기록하고, 그것에 대한 올바른 치료약 역시도 비밀로 하고 있다고 강하게 의심해 보고 있다—이러한 비밀시약은 [단지 구두적으로만 전달되었던] "영업상의 비밀"(Geschäftsgeheimnis)이었다.[27]

우리는 고대 근동 의학에서 오늘날 우리를 밝혀 주는 요소들과 우리에게 낯선 것들의 협연을 만나게 된다. 그렇다고 우리의 이해력과 일치하지 않는 측면들은 따로 분리되지 않는다.[28] 즉 메소포타미아에서 의사는 관찰하는 의학자이자 동시에 신에 대해서 제사장적 매개자였다. 우리는 오늘날의 의학도 이와 비슷한 두 가지 기능을 하고 있지 않는지 질문해야 할 것이다.

---

27 나의 청소년기에 의사들은 처방전을 읽을 수 없는 문자로 썼는데, 그것 역시 비밀 코드로 이루어져 있었다. 물론 오역의 위험은 상존하였다.
28 이에 대한 원론적인 이해 시도, S. Maul, "Die Lösung vom Bann." Überlegungen zu altorientalischen Konzeptionen von Krankheit und Heilkund, in: Studies in Ancient Medicine, Band 27, Leiden, 2004, S. 79-75을 참조.

의학은 그 어떤 기능 장애가 없는 (그리고 정신적 장애가 없는) 세계를 주장함으로써 땅 위에 파라다이스라는 세속화된 종교 유토피아를 만들고 있다. 오늘날의 약품도 일부 환자들에게는 표준 의학이나 자연 요법이 의약품을 처방하고 있는가에 상관없이 "마법적인" 방식으로 효과를 나타내고 있다(플라시보 효과).

정신적 장애

메소포타미아의 문헌 중에 우리는 또한 정신적 장애에 대한 명명을 알아 볼 수 있다. 우선적으로, 릴루(*lillu*)와 같이 분명히 그러한 장애를 지시하는 개념이 순수 의학 문헌에는 빠져있다는 것이 눈에 띈다.[29] 그럼에도 "21번째 염색체 변이"(Trisomie 21)를 지시해 주는 문구인 "밖으로 내걸린"(heraushängend) 혀에 대한 자료들은 발견된다[30](맥 빠진 설근은 도로 밖의 간판처럼 보이는 전형적인 혀의 모습이다).

월과 해에 따라 판별되는 장애의 종류(의학 문서)에는, 뇌성마비, 근기능 쇠퇴, "혈압강하증"(floppy baby syndrome), "헌팅턴운동이상증"(morbus Huntington), 발달성 장애(Autismus)[31] 등이 있다. 물론 이런 문서들은 유감스럽게도 파편적인 상태로 우리에게 전달되어 있기에 분류가 분명한 것은 아니다. 더구나 전혀 다른 개념의 세계라는 것을 주목하지 않고 고대 문헌

---

29 그럼에도 우리는 그런 장애 지칭들 중 많은 것들을 기형아 출생의 카탈로그에서 발견한다. 기형은 흉한 징조로 간주되었고, 그 숙명적인 파급력을 가능한 멈추어야 했다. 더 자세한 것은 아랫글, "메소포타미아의 의례들"(제4장 3.)에서.

30 J. Scurlock 외, *Diagnose*, S. 424: "If his tongue hangs out and he is not in full possession of his faculties."

31 J. Scurlock 외, S. 331-336.407. 그 밖에 수메르-바벨론 단어 목록에서 단어의 순서가 의미적으로 비슷한 순서로 배열되었다는 부분을 주목해 볼만하다. 여기에 릴루(*lillu*)와 직접 연결되어, "침을 떨어뜨리는, 또는 침을 흘리는" 사람에 대한 두 지칭이 이어진다 (Materialien zum sumerischen Lexikon 12, S. 201). 통제되지 않는 침의 흐름은 대뇌피질 손상에서 관찰된다. 대뇌피질 손상은 입과 입술 근육의 정상적 제어를 불능하게 한다.

들을 곧바로 오늘날의 의학적 진단으로 끌어오는 것은 문제가 있다.³²

그 다음 다중 정신지체 장애를 기대해 보자면, 간질을 생각해 보아야 한다. 놀랍게도 여기에 대해 "편람"(Handbuch)과 다른 쐐기 문자 문헌에는 여러 다양한 지칭과 부분적으로는 치료를 전망하게 하는 다양한 치료법들이 수십 편 발견된다.

유감스럽게도 오늘날의 언어학은 아직 이러한 [아마도 서로 구분이 가능한] 간질병들의 정확한 의미를 정의하지 못하고 있다. 우리에게는 감추어진 이러한 구별들은 메소포타미아 의학이 그들 나름대로 체계를 알고 있었다는 것을 입증한다. 심지어 간질의 경우 어느 연령대에 처음 발병했는지를 구분하고, 그에 따라 진단과 치료를 각각 달리하였다.

의사와 환자

당시 사람들이 어떻게 이러한 의료의 결실을 누릴 수 있었는가에 대한 질문은 적지만, 여러 지표들을 통해 그 대답은 할 수 있다. 오늘날의 많은 전문의와는 달리 의료의 선구자인 메소포타미아 의사들은 환자가 있는 집으로 방문하였다. 그들은 환자의 집으로 가는 도중 이미 정신적으로 준비하였는데, 무엇보다도 도중 만나는 길조와 흉조를 주목해 보았다. 집에 도착하면 시진이 시작되었는데, 이런 진찰은 앞에 언급된 "편람"에 따라 세분화될 수 있었다. 이후에 이어지는 치료상담은 상당히 오랜 시간에 걸쳐 진행되었다.

치료에 동반되는 희생 제물은 상당히 비쌌고, 더 빈궁한 자들을 위한 "기름 뺀"(abgespeckt) 방법이 있었는지 우리는 알 수 없다. 왜냐하면, 출토

---

[32] 의학 역사가 레븐(K.-H. Leven, "At Times These Ancient Facts Seem to Lie before me like a Patient on a Hospital Bed." *Retrospective Diagnosis and Ancient Medical History*, in H. Horstmannhoff 외, Magic and Rationality in Ancient Near East und Graeco-Roman Medicine, Leiden 2004, S. 371-386)의 회의를 보라.

된 물건과 문서들은 상류층이라야 감당할 수 있는 것들이기 때문이다. 문헌에는 부유한 사람들에 대한 언급들이 더 많을 뿐만 아니라 그들의 유물들은 굴러가고 있는 시간의 톱니바퀴를 거역할 수 있었다. 그렇다고 노골적인 "2급 의료"(Zweiklassenmedizin)를 생각해 보기는 어렵다.

우리는 만일 "편람"이 "그는 사망할 것이다"(Er wird sterben)라고 한다면, 의사가 그 환자를 위해 어떠한 의료적 행위를 했는지 알 수 없는 것과 마찬가지로 장애를 가진 사람이 어떠한 의료적 성공을 고대하는지도 알 수 없다. 누군가가 불치병에 걸린 환자라고 여겨졌다면, 그 사람은 의사로부터 기대하는 바가 적거나 또는 그를 위한 어떠한 처치도 없었을 것이다.

"편람"은 신생아가 장애아인 경우 곧 바로 죽여서 가족 전체가 파탄나지 않도록 가르치고 있다(자세한 사항은 "제4장 정신적 장애를 지닌 사람들의 운명"에서 다룰 것이다).[33] 그럼에도 이러한 경우는 특수한 조건하에—특별히 극단적인 간질병의 경우—이루어지는 아주 드문 예외적인 사례에 해당된다. 그러니까 이러한 지침을 보편적이라고 이해하지 말아야 할 것이다.

이집트의 건조한 기후는 다른 곳보다 삶의 흔적을 더 잘 보존해 줌으로, 우리는 이집트의 빈곤층의 사람들이 받은 의료적 혜택에 관하여 알 수 있다. 데이르 엘 메디네(Deir el-Medineh)의 일꾼이나 장인들 중에 "파트타임 의사들"에 대한 언급이 파피루스뿐만 아니라 점토 조각—오늘날의 메모 종이와 상응한다[34]—에 기록되어 있다.

이 치료사는 정해진 날이 되면, 인근에 있던 왕곡(王谷)의 파라오 무덤에서의 작업 이외에 다른 일들을 일체 중단하고 고을로 가서 그곳에 있던 병자들을 돌보고 약품을 생산하였다. 그 치료 방법들은 우리가 메소포타미아에서 알았던 방법들과 근본적으로 다른 것이 아니었으며, 마술적인 치료뿐만 아니라 의료적 치료도 포괄하는 것이었다. 일부 약품 목록이 보

---

[33] J. Scurlock 외, S. 331-332. 335-336; N. Hessel, *Diagnostik*, S. 324-338.
[34] 이어지는 내용은, A. G. McDowell, Village "Life in Ancient Egypt" *Laundry Lists and Love Songs*, Oxford 1999, S. 52-59. 219-220을 보라.

존되어 남아 있는데, 예를 들어 탈장의 경우 꿀과 거위 지방을 그 부분에 집어넣는 것이다. 더욱이 우리는 이 문헌들로부터 의사들의 수당 지급에 관해 흥미로운 결과를 읽을 수 있다. 그들의 수당은 집단에 의해 이루어졌고, 아주 가끔 해당 가족이 담당하였다.

8. 예수: 치료자와 어루만지는 이

메소포타미아와 이집트에서 갈릴리와 유대에 살았던 예수께로 곧바로 뛰어넘는 것은 사람들이 생각하는 것과 같이 그리 큰일 날 것은 아닐 것이다. 우리는 예수께서도 서로 다른 두 가지 방식을 묶어서 사용하심을 관찰할 수 있다. 그 한 가지는 하늘의 아버지를 "우러러 보시고[35] 한숨지으시는 것"(Aufschauen und Seufzen)이며, 다른 한 가지는 구체적인 치료 시술로, 대중적인 요법과 흡사하다.[36]

예수께서는 치료를 위해 침[37]을 여러 번 사용하셨다. 그분은 자신의 침으로 귀먹고 벙어리 된 자의 혀를 감촉하셨다(막 7:33). 그러하기에 예수의 치료 행위를 메소포타미아의 시술과 유비적으로 바라볼 수 있다.[38]

특별히 우리의 흥미를 끄는 것은 예수께서 어떻게 정신적 장애를 가진 사람들을 만나셨느냐는 것이다. 그러한 치료 이야기가 복음서에는 없는

---

[35] 막 7:34. 복음서에서 종종 이전에 눈이 멀었던 사람이 새롭게 보는 것을, 같은 단어 *anablepein* 으로 지칭하는 것은 우연일까?

[36] 두 행태 모두, 마가복음 7장 33-34절에서 이야기 되고 있다 – 이와 비교될 수 있는 것이 구약성경의 인물들인 엘리야, 엘리사와 이사야에게도 찾을 수 있다. 이사야는 병든 왕 히스기야에게 하나님의 결의를 선포하고, 동반자로 그의 영혼을 돌보며 한 뭉치 무화과 케익으로 그의 종처에 바른다(사 38:21).

[37] 막 7:33; 8:32; 추측컨대, 요 9:6-11도 역시.

[38] 각양 다채로운 고려들의 모음집, bei W. Stegemann 외, *Jesus in neuen Kontexten*, Stuttgart 2002.

듯³⁹하지만, 나는 복음서에 자주 언급되었던 예수님의 전형적인 행동 방식을 주목하고자 한다. 즉 예수께서는 사람을 신체적으로 강력하게 감촉하셨다. "그가 그를/그녀를 감촉하셨다(만지셨다)"라는 표현은 복음서에서 몇십 회 이야기되고 있다.⁴⁰ 그렇지만 사람들 또한 예수님을 감촉하기(만지기)를 원했다.⁴¹

나는 장애아를 둔 아버지로서 신체적인 접촉이 얼마나 훌륭한 의사소통의 기본 방법인지를 고백한다. 장애를 입은 사람들은 한 번의 신체적인 접촉을 통해 중개되는 본질적인 "소식"에 대한 어떤 정밀한 감각을 지니고 있다. 특별히 상호간의 감촉(만짐)은 사람에게 중요한데, 이런 접촉은 언어를 넘어서 의사소통을 할 수 있게 한다. 내가 아는 한 어머니는 언어적으로 자신의 의사를 표시할 수 없는 아들에게 저녁마다 규칙적으로 마사지를 하면서 상호 이해할 수 있는 또 다른 "언어"를 발견하였다고 한다.

어루만짐의 결과들

이러한 맥락에서 예수께서 단지 병자를 치료하시는 중에 누군가를 어루만졌다는 관찰은 중요하다. 예수님은 제자들이 변화산의 기적으로 놀랐을 때 그들을 어루만져 주셨다. 이를 통해 제자들은 다시 변화산 아래로 내려가 일상으로 되돌아 올 수 있는 새로운 용기를 얻었다(마 17:7).

예수님의 강렬한 신체적 접촉이 항상 우리가 일반적으로 평가하는 "치유"를 일으키지는 않았다. 그것은 도리어 기초적인 일상생활을 할 수 있도록 전적으로 도와주었다. 그리고 만일 예수께서 한센병자를 어루만지

39　윗글, "탐색의 어려움"(제2장 1.)에서 파라셀수스의 관찰을 보라.
40　막 1:41; 7:33; 8:22; 10:13; 이에 더하여, 마 17:7; 20:34; 눅 6:19; 22:51; 비교. 눅 7:14. 이어지는 언급에서와 같이, 이 모든 구절에서 같은 단어 *haptein* 이 사용되고 있다 – 또한, 예수께서 사람을 자신의 편에서 "손으로 붙드시는"(bei der Hand ergreift," *kratein*)이라는 구절들을 언급할 수 있다(막 1:31; 5:41; 9:27).
41　막 3:10; 5:27-31; 6:56; 이에 더하여, 눅 7:39; 비교. 요 20:17.

셨을 경우(막 1:41), 그분은 그것으로 그 당시에 [그리고 오늘날에?] "정결"과 "불결" 사이의 자명한 경계를 깨트리셨던 것이다. 그분은 (소위 자연적인) 역겨움을 극복하셨다.

이러한 관찰은 "어린이들을 축복하시는 예수"(Jesus segnet die Kinder)라는 이미 알려진 이야기에 새로운 질문을 개시한다. 물론 이 전통적인 표제는 부분적으로는 정당하다. 왜냐하면, 마가만이 축복을 언급하고 있는(막 10:13-16) 반면, 마태와 누가는 예수님의 "어루만지심"에 대해서만 말하고 있기 때문이다(마 19:13-15; 눅 18:15-17).

이 이야기의 주요 무게는 바로 그 부분에 기운다. 공관복음서는 구체적으로 보도하기를 '예수께서 손을 그 아들의 머리 위에 두셨다'라고 한다. 마가는 예수께서 그 아들을 먼저 자신의 팔위에, 또는 "자신의 팔 안으로 안으셨다"(in seinen Arm nimmt)[42]고 더욱 상세하게 이야기한다. 이것은 고대에는 가장 가까운 친척이나 친구에게 다가가는 방식이었기에, 예수의 행동은 그 사회적으로 승인된 틀로부터 벗어난 것이다.

예수께 이 아이들을 "어루만져" 달라고 부탁한 것은 어떠한 의도가 있는가?

만일 사람들이—예컨대 그 부모가—이런 강한 부탁을 하려고 어린이들을 예수께 "데려왔다"면, 그들은 무엇을 기대하며 무엇이 성취되기를 바랐을까?

그리고 사람들이 바로 그때 장애를 겪는 어린이들도 예수께 데려왔다고 할 수도 있을까?

후자의 가능성을 보여 주는 대목은 제자들이 노여워하고 꾸짖으면서 이런 어린이들을 [그들의 부모와 함께?] 쫓아내려고 했다는 것이다.[43] 성경

---

42 포옹에 대한 더 정확한 의미는 아래, "부양"(제4장 14.)을 보라.
43 이와 비교될 만한 반응행동(동일한 그리스 단어, *epitimān*["명예를 실추시키다, 호통치다"])이 시각 장애인을 몰아내고자 시도하는 사건에서 일어나고 있다. 왜냐하면, 그들이 예수를 방해할 수도 있기 때문이었다(마 30:31).

본문은 이것을 강하게 말하고 있지는 않지만, 장애를 겪는 아동의 부모들은 무엇보다도 이러한 것을 상상해 볼 수 있을 것이다. 정신적 장애를 겪는 한 여인은 이러한 성경 이야기를 자신에게 끌어오고 있다. 예수께서 마무리하시는 말은 종전보다 더 신속하고 역설적이다.

> 누구든지 하나님의 나라를 어린 아이와 같이 받들지 않는 자는 결단코 그 곳에 들어가지 못하리라(막 10:15).

예수님의 치유활동은 너무나 광범위한 활동영역에서 일어나기에, 적어도 그것들 중에 일정한 부분은 오늘날의 우리 역시도 할 수 있는 것들이다. 왜냐하면, 예수님의 격려의 말씀은 약속 아래 있기 때문이다.

> 내가 진실로 진실로 너희게 이르노니 나를 믿는 자는 내가 하는 일을 그도 할 것이요 또한 그보다 큰 일도 하리니 이는 내가 아버지께로 감이라 (요 14:12).

이 말씀은 너무나 도발적인 말이기에 오늘날에도 가끔 인용된다.

9. 신약성경의 "귀먹고 어눌한 자"

"귀머거리"(taubstumm, 그리스어 *kōphos*)란 말은 신약성경에서 '특별한 운명을 가진 사람'이라는 뜻이다. 이들이 태어나면서부터 청력을 상실한 채 살아야 했다면, 삶을 다스리기 위해 중요했던 본질적인 것들을 배울 수 없었다. 여기에는 언어도 포함된다.

이러한 맥락에서 우리는 "말 못하는"(sprachlos, *alalos*)이라는 지칭을 자주 접하게 된다. 번역 성경들은 이러한 단어를 "벙어리"라고 옮긴다. 그럼에도 거의 이해할 수 없는 그들의 발음을 생각해 볼 수 있다. 발음이 분명치 않은 사람은 기능성 의사소통 장애로 인해 "멍한 것"으로 간주된다. 이것은 오늘날에도 다르지 않다.[44]

자신의 환경을 음향적으로 감지할 수 없을 뿐만 아니라, 이를 보상하기 위한 시각적인 감각을 지니지 못했던 사람들은 사실상 정신적인 부분에서 장애를 겪었다. 다른 측면에서도 생각해 볼 수 있는데, 예를 들어 소아 장애로 말을 불분명하게 함으로 언어적인 소통을 할 수 없었던 사람은 비록 다른 사람이 듣고 이해했다고 하더라도, 자동적으로 "멍한 것"(그리고 "벙어리)으로 간주되었다. 또한, 이러한 경우 자신의 주변세계로부터 제대로 된 원조를 받을 수 없었다. 이제 우리는 이러한 관점에서 신약성경의 "귀머거리"에 관한 하나의 이야기를 주목해 보아야 할 것이다.

나는 우리가 오늘날에는 전혀 "귀머거리"와 연관시킬 수 없는 본문의 맥락에서부터 출발할 것이다. 장차 세례 요한의 아버지가 될 고령의 사가랴(Zacharias)가 성전에 있었을 때, 천사는 그에게 한 아들의 출생을 고지하였다. 그런 후 사가랴는 한 달 동안 말을 할 수 없었다(눅 1:22). 놀랍게도 누가복음 기자는 말은 할 수 없음에도 모든 것을 들을 수 있었고 함께 있던 사람들에게 표시로 대답한 사가랴를 "귀머거리"(Taubstumme," *kōphos*)로 지칭한다. 그는 새로 태어난 아들의 이름을 요한(즉 "하나님은 은혜롭게 행하신다)이라고 적은 후에서야 다시 말할 수 있게 되었다.

그렇다면 우리는 "귀머거리" 사가랴를 현대적인 의학적인 범주가 아니라 심리적인 범주에 따라 판단해 볼 수 있다. 우리는 사가랴가 천사의 고지를 믿지 않았기 때문에(눅 1:21), 그가 아마도 죄책감에 의해 장애를 겪었다고 추측해 볼 수 있을 것이다. 그럼에도 신약성경의 의미에서는 심리화된 설명을 포기하고, 그 대신 아주 기본적으로 [더 오랜 기간 동안] 의

---

44 이것은 '두 손으로 붙잡는 것'과 나란히 메소포타미아에도 있다. 이 두 [언어적으로 친족들인] 어휘 *sakku*와 *sukkuku*는 "[양 귀가] 꽉 막힌, 청각 장애"뿐만 아니라 "멍한"것을 의미한다.

사소통의 장애를 겪었다라고 말하는 것이 더 사실적일 것 같다. 이 장애는 단지 평면적으로 '벙어리'라고 설명할 수 있는 것보다 믿음 결핍과 더 깊은 연관성이 있다.[45]

의사소통 장애

"귀머거리"에 관한 또 다른 이야기들은 "의사소통 장애"(Kommunikationsstörung)라는 사고 범주로 이해될 수 있다. 신약성경은 이들과 예수님의 네 번의 만남을 더욱 상세히 이야기하고 있는데,[46] 매번마다 초두에 분명히 말하기를 "그들이 한 귀머거리(kōphos)를 예수께 데리고 왔다"[47]라고 명시한다.

이 사람이 자기 발로 예수께 온 것이 아니라 [구체적으로 누군가의 의해?] "데리고 왔다"라는 것이 눈에 띈다. 그들 중에 한 사람은 최소한 소아는 아니었다(막 9:21).

우리는 이것으로 사람들이 말하는 소통 장애를 암시할 가능성은 있지 않을까?

예수님과의 만남을 이야기하는 세 개의 기사 모두 마지막에는 "귀먹은 자"가 "말하였다."[48] 그러니까 "올바르게"[49] 소통할 수 있었다고 한다. 두

---

45 이에 해당하는 히브리어 동작동사 *heḥĕrīš* 는 대체로 말과 소통의 고의적인(!) 거부를 뜻한다(창 24:21; 34:5; 출 14:14; 민 30:5,8,12,15; 삿 16:2; 18:19; 삼상 7:8; 10:27; 삼하 13:20; 19:11; 왕하 18:36 등등). 시편에서는 하나님께서 "귀머거리 되지 않으시기"(nicht taubstumm sei)—즉 자신의 침묵으로 소통을 거부하지 않으시는 것—를 바라는 청원이 있다(시 28:1; 35:22; 83:2).
46 막 7:32-37; 9:14-29; 마 9:32-34; 12:22-24(평행보도인 눅 11:14-23의 *kōphos*와 차이가 있다. 이 부분에서의 문제는 *typhlos*, 그러니까 귀먹고 눈먼 자이다). 더 나아가 *kōphos* 는 요약적인 열거에도 마찬가지로 등장하고 있다(마 11:5; 15:30-31).
47 마 9:32; 12:33; 막 7:32; 9:17(그 소년을 데리고 온 것이 아비였다는 것은 여기에만 있다)
48 막 7:35; 마 9:33; 12:22. 막 7:37; 9:17, 25의 *alalos*(말 없는)라는 지칭과 막 7:32의 *mogilalos*(전혀 말 못하는, 또는 주의해야 말하는)를 비교하라.
49 막 7:35; *orthōs*.

가지 서로 다른 예수님의 행동이 있었는데, 한번은 예수께서 그의 침을 취하여서 "귀머거리"의 혀에 데셨다. 즉 문자 그대로 이해한다면 어루만지시거나 감촉하신 것이다(막 7:33). 나는 이것을 예수께서 자신과 마주한 사람을 향하신 자애롭고 친밀한 것에 대한 서술로 이해한다.

나머지 세 이야기들은 예수께서 그분의 "부르짖음"(Anschreien)으로 그 "귀머거리"를 장악하고 있었던 "악마를 몰아내신 것"을 보도하고 있다. 이런 강력한 의사소통 방식은 오늘날 우리에게 너무 신경질적이고 위험한 것 같다. 아마도 우리는 이 대목에서 예수님과 그분의 직접적 접촉으로부터 "주의 깊고 조심스러운 치료가"는 어떠한지에 대해 배웠어야 할 것 같다. "귀신 들렸다"라는 신약성경의 말은 오늘날 우리를 오도(誤導)하게 한다.⁵⁰

그럼에도 그 기저에 놓인 현상은 우리에게 낯설지만은 않다. 오늘날 우리 역시도 전혀 다르게 말하기는 하지만 그대로 겪고 있는 바이다. 우리는 오늘날 우리의 수단으로 "들여다보거나"(durchschauen) 제거할 수 없다면, 그것을 의사소통의 장애가 있다고 한다. 그러니까 예를 들어 오늘날의 몽류병 환자들의 설명이 불가능하고 그들의 파괴적인 야간 활동을 이해하는 데 있어서 우리는 무능력하다. 이 현상들이 오늘날 우리가 감수하고 있는 "악마들"인 것이다.

그 밖에 다른 경우 "악마들"과 "귀신들림"은 완벽한 컴퓨터 테크닉이 필름 속에 재현되고 시뮬레이션을 통해 말을 알아듣는데—유감스럽게도 항상 더욱 새롭게 다가오는—이에 대한 이상한 상상을 어쨌든 잊어버려야 한다. 그럼에도 오늘날의 문명의 선하지 못한 발전은 이러한 시뮬레이션 없이도 일어나는데, 사회는 이 현실의 악마에 대해서 어찌할 줄을 모른다.

---

50 그럼에도 미국의 여류 신약신학자 퇴씽(H. Toesing, in: H. Avalos 외, *This Abled Body*, S. 136)은 오늘날 정신병자들의 경험은 신약성경의 귀신 묘사와 아주 근접할 수 있다는 것을 보여 준다.

예수께서 일으키셨던 것은 그 당시에도 오늘날에도 "기적"(Wunder)이다. 이 단어로 정신적 장애를 가진 아이들을 바라 보는 수많은 부모가 가진 뼈아픈 상처들의 한 장면을 접하게 된다. 이와 동일한 예들이 장애를 간직한 채 그대로 살아가야만 했던 수많은 가정들—예수께서 그들에게 찾아가지 못했던—이 예수 시대에도 있었을 것이다.

베데스다 연못가에 있었던 많은 병든 자들과, 마른 자들, 시각과 지체 장애인들은 예수께서 그들 모두가 아닌 단 한 사람만 건강하게 하셨을 때 (요 5:1-9), 그들은 무슨 생각을 했을까?

그들뿐만 아니라 오늘날 우리도 물어볼 수 있다.

왜 예수께서 모든 사람이 아니라 단지 상대적으로 적은 수의 사람들을 "치유"하셨을까?

또는 우리가 "치유"에 대해서 너무 기계적이고 "대단위적으로 생각하는" 관념을 가지고 있다면, 우리의 기대는 다른 방향으로 흘러갈 것인가?

기적에는 우리가 주관할 수 없는 무엇인가가 있다. 그리고 그것은 대체로 우리가 기대하던 바와는 전혀 다르게 일어난다.

예를 들어 "어루만짐"으로 일어날 수 있는 무엇인가는 기적이 아닐까?

10. 구약성경 더 들여다보기

단지 "우매한 자"뿐만 아니라 "정신 지체 장애인"을 의미할 가능성이 있는 히브리어 어휘들을 되살펴 보자!

이들 어휘들 중, 단어 "페티"(*peti*)는 구약성경에서 열여덟 구절에서 나타난다. 이들에게는 지혜와 명철이 결핍되어 있다는 것이 전제되어 있음에도 불구하고, 우매한 행동 때문에 *peti*를 직접적으로 꾸짖는 구절이 전

혀 나오지 않는다는 사실이 눈에 띈다.⁵¹

그 대신 시편에서는 하나님께서 그분의 긍휼하심 속에 이러한 *peti*한 사람을 "보호하신다"는 것을 감사하는 구절을 만나게 된다(시 116:6).⁵² 그리고 그런 후에 곧바로 시편 기도자는 "내가 약할 때/생활이 딱할 때(개역개정: 내가 어려울 때) 나를 구원하셨도다"라고 기도한다.

시구를 반복하는 것(소위 시구의 병렬 기법), 즉 두 번째 부분이 첫 번째 부분에 덧붙여진 것임을 알려 주는 것은 구약성경 내 시문학의 고유한 특징이다. 이것에 해당되는 예는 "당신은 내 생명을 사망에서 구원하셨고, 내 눈을 눈물에서 보존하셨습니다"(시 116:8)이다. 시구의 병렬 기법은 *peti*의 속성을 한 사람의 "허약/궁함"과 나란히 보는 것을 가능하게 한다.

*peti*는 우선적으로 (허)약하고 빈궁하다(생활이 딱하다). 이것은 이 시편을 따라 읽었던 사람도 그와 같았다는 것이다. (그런 결과) 그가 우매하게 행동했을 지라도 그것에 대해 싸우거나 꾸짖는 일이 벌어지지 않는다는 것이다. 다른 성경 구절은 *peti*가 오도될 수 있으며 천진하다는 것에 주의를 기울인다.⁵³

---

51 그리스어 번역은 그 히브리어 단어를 3가지 구별되는 어휘로 보충시키며, 특색 있게 옮기고 있다. "어린이"(*nēphios*), "그 어떤 악도 행치 않는"(*akakos*) 그리고 "비이성적인"(*aphrōn*).
52 메소포타미아 유역의 유비적인 진술은 아랫글, "신의 보호를 구하는 기도들"(제장 16.)을 보라.
53 잠 7:7에서 그는 결심이 굳지 않은 장성한 한 남자이다(문자적, "마음이 결핍된"(mangelnden Herzens), *ḥāser-leb* [개정: "한 지혜 없는 자"]). 그는 성적으로 성숙하고 기혼인 한 여자에 의해 유혹 당할 수 있다. *peti*의 부족함에 대해, 잠 1:4; 8:5; 9:4; 9:16; 14:18; 27:12; 시 19:8; 119:130을 보라. - 쿰란(Quram)의 *peti*는 넓은 의미의 스펙트럼을 가지고 있다(번역: J. Maier, "Die Qumran-Essener". *Die Texte von Toten Meer*, I-III, München 1995-1996): 그는 토라를 안다(1QpHab 12,4-5; 11Q5 18,3-5에서도 긍정 평가); 더구나 *peti*는 제사장이 될 수 있고(침해가 시작되거나 피부병을 식별하는 능력이 부족하거나?), 그가 제사장이기 때문에 피부병에 대한 진단을 내릴 수 있다(CD 13,6). 또 다른 한편, *peti*는 장애로 인하여 총회 참여가 허가되지 않은 사람들 중에 열거되고 있다. 왜냐하면, 총회 가운데 거룩한 천사들도 있기 때문이다(CD 15,15=4Q266 fr.8; 비교. 1QSa 1,19). 비교. S. M. Olyn, *Disability*, S. 112-113.

*peti*는 "모든 말을 믿는다." 반면 영리한 자는 자신의 행보를 미리 비평적으로 점검한다(잠 14:15). 또는 "슬기로운 자는 재앙을 보면 숨어 피하여도, 어리석은 자(*peti*)는 나가다가 해를 받느니라"(잠 22:3), 이런 구절들은 정상지능을 가진 사람과 정신적 장애를 가진 사람을 뜻할 수 있다.[54] 우리가 살펴보았듯이 표준 재능과 정신적 장애 사이의 경계선은 당시 사람들의 의식에서는 오늘날보다 더 자유로웠다.

에스겔서에 독특한 구절(겔 45:18-20)은 우리를 완전히 다른 세상으로 빠뜨리는 듯하다. 예루살렘 성전 건물은 해마다 속죄제로 정결하게 하여 거룩하게 하도록 하고 있다. 더럽혀진 성전은 하나님을 경멸하는 것이고, 드려진 제물에 대한 하나님의 기뻐하심을 위협한다.

그러므로 제사장은 첫째 달 시작에 모든 성전 기둥과 제단 네 모퉁이에 희생 제물의 피를 발라야 한다. 그럼에도 그것으로 충분치 못하여, 각각 그달의 일곱 번째 날[55]에 "과실범[56]과 모르고(*peti*) 범죄한 자를 위하여"(20절) 이 의례를 반복해야 한다. 여기서 성전을 비고의적으로 더럽힐 수 있는―말하자면 성전의 성결케 된 지역을 건드리는―서로 다른 두 그룹이 관계된다. 우리는 *peti*란 누구일까 질문해 볼 수 있다.

첫 번째 그룹의 "실수"(Versehen)와는 구별되게, 지각능력의 결핍으로 무엇인가 성결치 못한 것을 행했던 정신적 장애를 가진 사람이라고 이해하는 것은 전혀 틀린 것은 아니다. 이후 제4장에서 더욱 상세하게 서술되겠지만, 성전에는 보조 인원을 통해 단순한 임무가 수행되었는데, 그 중에 성전에서 돌봐주기를 바라고 넘겨졌던 사람들이 있었다. 무엇보다도 그들은 장애를 입은 사람들로서 스스로 자신의 생을 돌볼 수 없었거나, 그들에게 관심 가져줄 사람이 아무도 없었다.

---

54 비교. S. M. Olyn, *Disability*, S. 112-113.
55 그리스어 역본(Septuaginta)은 다르게 되어 있다. "일곱 번째 달 첫날"
56 *šāgā* "실수로 행하다"에 대해, 비교. 민 15:22-29; 레 5:15-18.

또 다른 히브리어적 표현들

"우매한 자"(Tor," *kĕsîl*)란 의미를 지닌 또 다른 히브리어 단어를 살펴보자! 이 어휘의 의미의 폭을 정확하게 제한시키기란 쉽지 않다.

> 미련한 자(*kĕsîl*)를 낳는 자는 근심을 당하나니 미련한 자의 아비는 낙이 없느니라(잠 17:21).

동일한 히브리어 어간에서 동사, "우매하게 행하다"와 명사 케셀(*kesel*) 그리고 (표준 재능인과 구분되는) "우매"라고 번역될 수 있는 키슬라(*kislâ*)가 파생된다. 아주 놀라운 것은 뒤의 두 명사는 일정 구절에서는 난해(難解)한데, 우매한 소망을 뜻할 수 있는 "신뢰"나 "의지함"으로 번역해야만 한다.[57] 그런데 이런 구절들은 종종 하나님을 향한 긍정적인 신뢰를 말하고 있다는 것에 놀라울 뿐만 아니라 그 시사하는 바가 실로 크다.

> 대저 여호와께서는 내가 의지할(*kesel*) 이시라 네 발을 지켜 걸리지 않게 하시리라(잠 3:26).

그리고 시편 78:7은 하나님께 그들의 "신뢰"를 두고 하나님의 행하신 일을 잊지 않는 사람들에 대해 말하고 있다.

동일한 히브리어 어간이 어떨 때는 '우매'로, 어떨 때는 '[하나님에 대한] 신뢰'를 의미할 수 있다는 이 현저한 현상은 그에 대한 해설이 있어야 하는데, 히브리어 언어학은 아직까지도 이 질문을 해보지 않았거나 대답해보지 않았다. 이것에 대해 감히 나는 정신적 장애를 가진 사람을 감안해

---

[57] 욥 8:14 ('악인의 신뢰는 얇은 실이다': [개정] "그가 믿는 것은 끊어지고); 욥 31:24 ('내가 금을 내 신뢰로 삼았다면': [개정] "만일 내가 내 소망을 금에다 두고); 시 49,14.

야 한다고 개인적인 해설을 시도해 본다. 나의 고찰은 아주 다른 두 관찰에 의존하고 있다.

첫째, 성경 진술을 주목할 수 있다.

> 어리석은 자는 온갖 말을 믿으나 슬기로운 자는 자기 행동을 삼가느니라 (잠 14:15).[58]

둘째, 나는 장애를 가진 많은 사람이 생을—때때로 또한 하나님을—마주하는 깊은 신뢰를 관찰한다. 경험적으로 볼 때, 이 지점에서 그들은 우리 표준 재능인들 보다 월등하다.

오늘날 우리 언어에 뿌리박고 있는 이 사실을 히브리어를 말하던 사람들에게는 왜 일어나지 말아야 하는 현상이겠는가?

---

58 여기서 만나게 되는 단어 *he'ĕmin* 은 많은 다른 구절에서는 "[하나님을] 신뢰하다," "[그분을] 믿다"로 사용된다(예, 사 7:7; 또는 창 16:6의 아브라함).

제3장

정신적 장애인들은 성경으로부터 무엇을 길어오는가?

―――――― · • · ――――――

1. 성경 이해에 있어서 정신적 장애를 가진 사람들의 기여

만일 표준 재능을 가진 한 사람의 관점에서 "정신 지체 장애인들"에 관한 전권을 쓴다고 한다면, 그것은 오만하고 가부장적일 뿐만 아니라 또한 어리석은 것으로 보일 것이다. 왜냐하면, 그를 통해 일생 동안 장애와 살고 있는 주당사자들 스스로가 그들만의 고유한 접근 방법으로 그 주제로 들어가는 기회를 낭비시켜 버릴 것이기 때문이다. 그러하기에 나는 이 질문을 뒤집어서 본다.

정신적 장애를 가지고 있는 사람들은 성경을 어떻게 인식하고 있는가?

그들은 성경으로부터 무엇을 길러 올리는가?

이에 대한 답지가 당장 탁상 위에 있지는 않다. 더욱이 장애를 가진 사람들이 이 주제에 대해 전혀 아무것도 알려 줄 수 없거나, 알려줘도 그 경우가 아주 적을 것이라는 견해가 지배적이다. 여기서 뭔가를 건져내려면 애정 어리면서 정확하고 고집스런 시선이 필요하다. 대답을 다각적으로 인지하고 수용할 수 있기 위해 시선에 모든 감각이 동원되어야 한다. 대답은 예상 밖의 것이고, 무엇보다도 무언의 "언어"로 이루어진 것이다. 그러므로 이번 장에서는 해당된 사람들의 삶으로부터 무엇인가를 이야기하고, 그 밖에 다른 것들은 말이 아니라 우리 눈앞에 회화로써 다가올 것이다. 이를 통해 대답에 대한 접근은 우리 표준 재능인들이 진리를 단편적으로 언어와 정의 속에 가둬두기를 원하는 것보다는 훨씬 넓어질 것이다.

보통과는 다른 이 글은 성경학에 특별한 기회를 열어 줄 것이다. 그 길은 오늘날에 역사학에서 소위 "실험적 고고학"(experimentelle Archäologie)이라고 명명되고 과거에 새로운 종류의 통찰력을 불어넣는 탐구 방법들과 유사하다. 예를 들어 사람들은 석기 시대의 회전굴착기를 오늘날에 재구성하여 제작하고 그것을 사용함으로써 어떻게 돌 안으로 구멍이 뚫리게 되는지를 관찰한다.

사람들은 그러한 실용적인 관찰로부터 모든 것이 일대일 대응이 되는 것은 아니겠지만 당시 일상에 대해 납득이 가는 사실들에 대한 정보를 얻기를 희망한다. 오늘날의 정신적 장애를 가진 사람들이 삶을 이겨내던 구체적인 현실적 사례들은 이전 세기에 살았던 사람들에게도 역시 유효한 설명일 것이다. 당시와 오늘날의 생활 관계를 얼마나 폭넓게 비교할 수 있느냐는 질문 역시 관심사 밖으로 두지는 않을 것이다.

시작에 앞서 또 하나의 다른 제안 사항을 언급해 두고자 한다. 아버지로서 나는 모든 주제를 나의 개인적이고 한정적인 경험의 관점으로부터, 즉 내 아들과 함께 한 체험으로부터의 관찰은 지극히 당연한 것일 것이다.

이것은 아주 일방적인 경험적 접근이다. 물론 머리로는 정신적 장애가 다른 사람들에게 지극히 다른 반향들을 불러일으킨다는 것은 알고 있다. 하지만 나는 실제에 있어서 다방면의 다른 종류의 경험에 대해 눈을 감고 있을 것이다. 그리고 내 아들에 대한 내 시선이 과대평가와 축소평가로부터 자유로울 수도 없을 것이다. 이어질 다음의 내용들에 대해, 다른 아들이나 딸들뿐만 아니라 그들의 부모님이나 교육전문인들의 경험적인 기여들이 나의 관찰의 결손 부분을 줄여줄 수 있을 것이다.

2. 종교적 사회화의 가능성과 한계

정신적 장애를 가진 사람들은 정도의 차이는 있겠지만 어린 시절이나 청소년 시절 종교적이거나 교회적 사회화 과정을 경험하였다. 이런 과정은 그들 스스로 선택할 수 있는 것은 아니고 주변 환경이 그들에게 무엇을 제공하느냐에 의존하였다. 부모의 집이나 학교나 교회의 교육 등 대부분의 경우 그들에게 영향력을 주는 그룹은 그들의 교육 환경에 대한 책임을 나누어 가진다.

교육의 수혜자로서 그들이 무엇을 받아들일 수 있을지의 여부는 별도의 것이었다. 그들이 자신들에게 누락된 부분들을 환경으로부터 만회시키기 위해 자신들의 민감함을 사용하여 길러낼 수 있었던 것은 정말 예측할 수 없는 것이다. 왜냐하면, 그런 누락된 부분들, 그러니까 실제적인 단절은 빈번하였다. 부모님들은 아이의 정신적 장애를 처음 발견했을 때 쇼크를 받게 되고, 그 쇼크는 마음에 남아 트라우마로 작용한다. 하나님의 [정]의에 대한 질문이 그들에게는 늘 있었고, 또한 그들을 아프게 한다.

누가 그들에게 이에 대해 대답할 수 있겠는가?

그들에게 있는 또 다른 암초는 이후에 있을 "세례 입교식 교육"을 신청할 때이다. 십수 년 전에는, 만일 그 교육이 교내에서 이루어진다면 장애를 둔 부모들은 신청하지 않는 사례가 많았다. 부모들은 바로 이 지점에서 더 이상 치유할 수 없는 새로운 상처들을 받았다(그리고 받고 있다).

교회를 지도하는 사람의 망설임과 숙련되지 못함도 여기에는 큰 비중을 차지하고 있다. 그리고 당사자들에게 이것은 교회에 대한 [전체적인] 인상으로 남게끔 한다. 느슨한 국민교회 상황에는 이러한 경우가 발생한 다음 이미 생겨난 인상을 다른 방법으로 다시 상대화시키거나 조명해 줄 수 있는 또 다른 상담자가 부재한 것이 비일비재하다.

이러한 것들이 우리 아들과 딸들에게 어떠한 영향을 주고 있을까?

내 아내뿐만 아니라 내가 학교에서 종교 교육을 하고 있을 때 매번마다 우리는 부정적인 반응을 전혀 인식하지 못하였다. 또한, 세례·입교 교육을 받는 다른 이들은 장애를 가진 대부분의 아이들이 기꺼이 그들에게 오며, 그 아이들이 그들의 마음에 와닿았다고 증언해 주고 있다. 이것은 한 아동이 어렵사리 말을 하거나 전혀 표현할 수 없는 경우에도 마찬가지였다. 그럼에도 우리 종교 교육 인력들은 한 아동이 구체적으로 무엇을 수용해야 하는 것인가에 대해 제대로 파악하지 못한다. 그러한 내용들이 우리의 시야에 전혀 들어오지 않는 경우가 빈번하다.

우리의 관찰이 상대적이라는 것은 성년이 된 두 사람의 예의 구체적인 결실을 볼 때 알 수 있는데, 그들 중 한 사람은 평균 이상의 강한 교회적인 사회화 과정을 경험하였고, 또 다른 한 사람은 평균 이하의 과정을 경험하였다.

3. 롤프 N.의 예

그림 2. 롤프 N.의 회화 그림

롤프 N.의 교회적인 사회화 과정은 불행하게 이루어졌다. 그의 부모님은 교회로부터 깊은 상처를 받았다. 분명 그들은 모든 교회로부터 동떨어진 태도를 가지고 있다. 롤프는 첫 번째 성찬식 때 떡(전병)을 받지 못하였는데, 그 이후 교회와의 접촉은 더 이상 이루어지지 않았다.

학교를 마친 이후 롤프는 계속해서 부모님 댁에 살았고 외부적으로 특수 교육에서 마련한 작업장에서 일하였다. 그곳은 그림 그리는 것에 아주 집중하게 하였는데, 아주 잘 교육

받은 미술치료사 여선생님이 그를 지도하고 있다. 이 인상적인 여선생님은 많은 부분에 있어서 아주 깨어 있고, 로마 가톨릭교회의 신자로 스위스 민족교회 평균에 일치할 정도의 사람으로 교회에는 소속감을 느끼고 있지 않다. 롤프는 이 기관에서 살고 있으며 주말에는 부모님 댁에서 시간을 보낸다.

한 교회가 전시를 위해 공간을 제공하며 전시되어야 할 주제를 "가시덤불 곁의 모세"(Mose am Dornbusch)로 제안했을 때, 그 미술치료사 여선생님이 응하였다. 그녀는 성경 이야기를 낭송해 주었고 장애를 가진 사람들로 하여금 이를 그리도록 하였다. 롤프의 반응은 기대 이상으로 강렬했다. 롤프는 즉각적으로 출애굽 기사의 비중이 있는 부분에서 결론을 찾아내어 아주 작은 목소리로 말하였다

> 이것은 아주 슬픈 이야기예요. … 이제 나는 즉각 떠나야 하기에 슬픈 사람들을 그리려 합니다. 나는 그들에게 긴 밧줄을 주어서 그 분들이 서로 길을 잃지 않도록 하려고 해요.

이렇게 해서 그는 전적으로 자신이 겪은 일로부터 끄집어 내어 그림 한 장을 그렸다. 그림의 주요 부분을 차지하고 있는 것은 붉고 노란색 톤으로 구별되게 색칠한 이글거리는 뜨거운 풍경이다. 그리고 우리는 그림 한가운데 다섯 명의 사람이 한 그룹을 이루고 있는 것을 보게 되는데, 주변 환경으로 봐서는 그들은 이미 길을 잃은 채 움직이고 있다.

다섯 명 모두 무거운 짐을 등에 지고 있으며 고개를 떨구고 있다.

열기 아래서 오랜 방랑으로 이미 기진했던 탓일까?

그렇지 않다면 롤프가 가방을 매고 있는 사람들이 저마다 고개를 숙이고 있다는 것을 일상에서 관찰해서일까?

여하튼 그 다섯 명의 사람들은 작은 걸음걸이로 천천히 그리고 고단하게 앞으로 가고 있는 것처럼 보인다. [아주 고대미술에서나 표현되는] 그

들의 얼굴은 전혀 앞을 보지 않고 있다.

그들은 뒤쪽을 보고 싶은 것일까?

아니면 그림을 감상하고 있는 우리 쪽을 향하고 있는 것일까?

그들 모두 같은 밧줄을 붙잡고 자신을 지탱하고 있다. 가장 어린 친구가 선두에 있다. 그는 절대로 인도자일 수는 없다. 그러나 아마도 밧줄과 그 그룹의 사람들의 협동력은 그 아이에게 절대 필요한 용기를 주고 있다. 그 밧줄은 앞과 뒤로 그려져 있는데, 아마도 또 다른 무리의 사람들이 이 밧줄에 자신들을 지탱하고 있다고 가정해 볼 수 있겠다. 그 밧줄은 앞쪽으로 팽팽하게 당겨져 있지만, 뒤쪽으로는 바닥에 맥 빠진 채 놓여 있다.

그렇다면 여기 그려 넣은 다섯 명의 사람들은 더 큰 무리들의 마지막 빛을 말하고 있는 것일까?

미학적으로 아름다운 정경 속에서의 세심한 디테일들은 롤프가 광야의 여정 속에 자신의 감정을 강렬하게 이입하였음을 분명히 보여 준다. 그는 감정 몰입 중에 위협적인 난관들과 불안정을 염두에 두고 있다. 약 25세인[1] 이 화가는 무엇보다도 현재 불안정한 자기의 삶의 상황을 재현해 내고 있다. 롤프는 이제 막 애정 가득했던 부모님 집에서 나와 스스로 주도하여 특수 교육에서 마련한 작업장으로 들어가려던 때였다. 이 일은 그를 그리고 그의 부모님을 근심스럽게 하였다.

그는 불확정한 미래를 마주보며 어떻게 걸어가야 할까?[2]

이렇게 되어 성경의 이야기는 롤프 자신의 이야기가 되었다.

소아로 자랐던 그는 자신을 다섯 명 중 맨 앞자리에 있는 사람으로 재현하지는 않았을까?

---

1 그 회화 작품은 단지 어린이적인 특징만 나타내는 것이 아니라, 차이를 만들어 주는 그림 조합과 채색을 통해 성인의 작품처럼 보인다는 사실을 주목해야 한다.
2 표정의 고대적 형태는 단지 그들에게 다가오는 난관에 대한 근심뿐만 아니라, 여정의 목적에 대한 즐거운 용기를 읽어내기가 가능하게 한다.

다른 네 명의 사람들은 문자 그대로 그를 "뒷받침"해 주고 있지 않을까?

맨 가운데 사람, 즉 유일하게 행렬에서 약간 오른쪽으로 비켜 나온 중앙의 사람은 전문적으로 돌보는 사람(또는 잘 구비된 "모세")이 아닐까?

여하튼 모두 잡고 있는—성경에는 언급되지 않았지만 롤프가 창안해 낸—밧줄은 불확실한 상황에서의 안정을 가시화해 주고 있다. 롤프는 말하기를, "그들이 서로서로 잃어버리지 않도록" 밧줄이 묶어준다고 한다.

4. 베른하르트 K.의 예

베른하르트는 개신교회에서 사회화된 부모님 댁에서 자라났다. 주일학교와 종교 수업에서 그는 많은 성경 이야기들을 들었다. 그는 지금도 성경 이야기의 일부를 알고 있다. 그러나 이런 이야기들이 그에게 중요하였는지 우리는 알 수 없다. 지금 40세인 그가 암송하고 있는 유일한 성경 구절는 그의 입교 교육 때 받은 구절이다.

"하나님이여, 당신은 나를 즐겁게 하셨습니다."

자신의 차례가 되었을 때 베른하르트는 성경 구절 세 개 중에 그 구절을 뽑았다. 당시 그의 누나가 순간적으로 확신했던 것처럼 그 선택은 그에서 적중하였다. 세례 입교식과 마찬가지로 그의 수업 참여는 산발적이었지만 그에게는 상당히 중요하였다. 그 이후 그는 주말에 부모님 댁에서(기숙사가 아니라) 머물 경우 정기적으로 부모님과 함께 예배에 참석하고 있다. 그는 기꺼이 예배에 참석한다.

축제를 좋아하는 베른하르트에게 예배는 매번마다 하나의 작은 축제였다. 사실상 이것은 정말 놀라운 일이다. 왜냐하면, 전통적인 개혁교회의 예배 속에서의 모든 것은 말씀을 향해 있기 때문이다. 무엇보다도 20분간의 설교는 지적으로 단순한 것이 아니다. 반면 다른 감각(보는 것, 냄새 맡는 것, 신체적 접촉)은 전혀 건드리지 않는다. 내가 출석하는 교회 사람들의 말을 따르자면, 우리 교회는 정신적 장애를 가진 사람들에게 세계적으로 가장 불리한 예배를 제공하고 있다고 한다.

그럼에도 베른하르트는 이런 것 때문에 투쟁하지 않는다. 그는 매번 토요일이면 개신교회에서 나타나는 전형적인 질문을 한다.

"이번 주일에는 누가 강단에서 설교하지요?"

우리는 그가 설교에 대해 무엇을 이해하였는지 알지 못한다. 그는 의무적인 자신의 동반자, 테디베어와 함께—부모님과 교회 사람들이 예배를 잘 드릴 수 있도록—조용히 거기에 앉아 있다. 사람들이 그에게 목사님이 무슨 말씀을 하셨는지 물어보면 베른하르트는 이렇게 대답한다.

"뭔가 꾸밈없이 아름다운 것이죠."

그에게 중요한 것은 진행 절차를 전부 알고 있는 예전이다. "하늘에 계신 우리 아버지여"(주기도문)가 제때에 나오지 않으면 낭패이다! 그렇게 되면 불안해하고 한때는 목사님의 소매를 붙든 적도 있었다.

"언제 '우리 아버지'는 오시나요?"

베른하르트에게 그것은 예배의 중심이었다. 그가 완전히 참여할 수 있는 부분은 이 부분이었다. 그는 함께 기도하고 다른 쪽 장의자에 앉아 있는 사람들도 그의 기도를 듣는다. 그의 기도는 그의 내면에서부터 감동하여 올려지는 것이었다. 그리고 그 이후에 회중석에서 노래되는 화답 "퀴리에 엘레이손"(*Kyrie eleison*, '주여, 불쌍히 여기소서!')이 중요시된다. 베른하르트는 이미 규칙적으로 들은 곡을 찬송시간에 함께 부른다.

또 다른 경우 그는 말하였다.

"우리는('그들은'이 아니라) 노래하였습니다!"

그리고 예배를 마친 후에는 다른 교회 분들과 다음 장소로 가며 선택된 분들(!)에게 커피 마시러 교회 레스토랑으로 가실 것인지 묻는다. 부모님과 함께 하는 커피 한잔만으로는 그에게는 너무 작은 것이 될 것이다.

교회에서 사회화가 이루어지는 가시적인 결과는 흥미롭기만 하다. 베른하르트는 (무엇인가) 비중 있는 것을 선별적이고 자립적으로 자신에게로 가지고 왔다. 그는 즐겨 말하고 그것들을 함께 하는 사람들과 소통을 위해 사용하며, 성경의 말씀뿐만 아니라 교회에 있는 하나님의 말씀들을 조금 다르게 평가하면서 선별된 요소에 집중한다. 그리고 그는 어린 시절 그림을 많이 그렸고 지금도 여전히 그림을 그리지만, 그 그림들 중에는 전혀 성경에 나오는 모티브를 찾을 수 없다.

그러나 다른 한편 규칙적으로 나타나는 예전적 요소들("하늘에 계신 우리 아버지여"와 개개의 노래들)뿐만 아니라 전체 예배 진행은 그에게 없어서는 안 될 필수적인 것이다. 그가 그토록 예전에 집중하는 것은 베른하르트 자신과 관련이 있지, 외부적인 다른 영향을 받은 적이 없었다.

독일어권 스위스의 개혁교회는 전 세계적으로 가장 예전이 빈궁한 교회에 속함에도 불구하고 바로 그 빈약성이 베른하르트에게는 전체 예배의 흐름을 한 눈에 알아보는 하나의 도움이 되었다. 만일 풍성한 예전적 전통에 서 있는 다른 신앙고백에서 예배드렸다면, 이것은 그에게는 과중함이 되었을 가능성도 있을 것이다. 베른하르트는 개인주의화 된 우리 개신교 예배 문화에 반대되는 선택, 즉 공동체성에 대한 적극적인 욕구를 가지고 있다.

5. 독자적이고 진지한 성경 해설자들

롤프와 베른하르트는 성경 본문에 대해 저마다 그 나름대로 방식으로 반응하였다. 그들의 반응은 어떤 다른 사람들이 그들에게 알려 준 것을 복제한 것이 아니라 성경 본문을 독자적이고 개인적인 자기 것으로 만들었다.

광야 여정에 대한 롤프의 회화적 재현은 아주 현실감이 있고 동시에 관습에 얽매이지 않는 것이어서, 그 그림을 처음 보는 사람들은 이것이 이스라엘의 광야 여정을 회화로 그렸다는 생각에 이르지 못한다. 롤프의 그림은 많은 사람이 지나쳐 버린 다른 차원을 지적한다. 종살이에서 풀려난 사람들의 개선적인 행렬이 아니라, 불안한 시점에 놓인 사람들의 위험천만한 길이다.

이러한 관찰은 사실상 구약성경에 기록된 "애굽의 고기 항아리"를 그리워하는 묘사와 일치한다(출 16:3). 그러니까 롤프의 광야 여정의 회화는 바로 이 지점에서 다른 성경 전문가들이나 일부 전문적인 독자들이 이해하는 것보다 더욱 정확하게 파악하고 있다.[3] 이것은 롤프가 교회에서 평균 이하의 사회화 과정을 거쳤다는 점을 감안하여 볼 때 더욱 놀랍다.

베른하르트는 이와 전혀 다른 방식으로 주의 깊은 청자로서 반응한다. 그의 귀는 교회에서 잘 사회화되었는데, 그는 들어오는 성경적인 정보의 풀(Pool)로부터 그에게 아주 중요한 몇 가지 것들을 선별한다. 그는 "우리 아버지"(주기도문)에 집중함으로 예수님에 대한 핵심적인 것들을 받아들일 뿐만 아니라 내면화시킨다.

베른하르트가 어떻게 이러한 "성과"가 가능하게 되었는지에 대해 나는 알지 못한다. 부모님도 학교도 그에게 이것들을 가르쳐 주지 않았다. 어느 날 그의 부모님은 그가 외울 수 있으며, 청원하는 기도의 내용들에 대한 구체적인 개념을 가지고 있다는 것을 발견하고 놀랐다. 베른하르트가 예배에서 청원기도를 자신의 경험의 중심으로 삼고 있다는 것은 그가 그에 상응한 훈계를 받았었다는 것을 의미하지 않는다.

또 다른 인상적인 사건이 있는데, 그것은 19살의 요시아 R.의 이야기이다. 그는 성경을 긴장감이 있는 한 책으로 생각한다. 그는 학교에서 많은 성경 이야기들을 들었지만, 그가 내게 말한 바에 따르면 본인이 모든 것을 이해한 것은 아니었다. 그럼에도 요시아는 몇 개의 이야기들을 자신의 개인적인 체험과 밀착시켜 함께 보는 것이 가능해졌다. 목사님인 그의 삼촌과 이따금씩 함께 보트를 탈 때면 그는 이렇게 말한다.

"[이것은] 성경에 기술된 제자들과 함께하고 예수님 곁에 있는 것과 같아. 그럼, 우리 가끔씩 함께 게네사렛 호수 위로 배타로 가자!"

---

3   출애굽 행렬에서 '하미쉼'(국역, '대열')은 정렬되어 한 눈에 들어오는 5인조(또는 50인씩)를 의미한다. 이와 같이 롤프는 성경학에서 아주 이해가 난해한 히브리어 단어, '하미쉼'에 대한 풀이 해석에 기여하였다.

그는 또한 이렇게 말한다.

"네가[4] 나에게 이야기해 주셨던 것과 똑같이, 나는 약한 사람들의 이야기를 좋아해."

"그 여자[5]와 함께한 이야기, 이 세상에서 모든 것을 할 수 있는 완전한 사람이 살고 있다는 것이 나에게는 그렇게 단순한 것이 아니지."

표현에 능숙하지 못한 사람의 대표로서 요시아는 우리에게 "21번 염색체 변이"(Trisomie 21, 다운증후군-역주)를 가진 사람들에게 가능한 사고를 보여 주고 있다. 덧붙여 말하면 요시아는 구두(口頭)가 아닌 문자판을 이용하여, 자신의 손가락을 번개처럼 빨리 움직여 철자 철자마다 지적함으로써 의사를 표현한다. 이러한 이들이 그렇게 감명 깊게 성경을 이해하고 있다는 사실이 결과적으로 하나의 기적이라 할 것이다. 이러한 기적은 정신적 장애인과 일반인들에게 아주 다양하게 일어나고 있다.

대부분 우리는 이러한 것들을 전혀 의식하지 못하고 있는데, 이것은 우리가 해당되는 사람들의 신호에 대해 주의를 잘 기울이지 못하기 때문이다. 각별히 중증 장애인이나 제한적인 소통 장애가 있는 사람들의 경우 그들의 말을 너무 쉽게 간과해 버린다. 더욱이 이들이 세속화된 현대 사회 속에서 종교적인 것은 점점 더 요원해지고 있다. 그 때문에 뭔가를 전달하기가 어려워지고 있다. 예를 들어 구약성경에서는 자명하게 되었던 접촉 가능성조차 사라지고 있다. 성경을 통한 동기부여가 중간자적 입장에 있는 사람에게 깊이 뿌리박혀 있어 중증 장애인에게 소통의 문을 열어 주도록 해야 한다.

---

4 대화 때 곁에 있었던 삼촌을 뜻한다.
5 예수님의 옷자락을 만졌던 피가 흐르는 여인을 의미한다.

결실이 있는 경우들

내가 아는 지인이나 친구들이 나에게 우연히 알려 준 꽃봉오리 같은 실례들을 다음에 소개하려고 한다. 나는 이러한 실례들이 우리를 즐겁게 함과 동시에 자기만의 성경 이해를 증진한다는 의미에서 다음의 것들을 말하려 한다.

성경 이야기의 참여를 위해 애용되는 수단으로 역할극이 있다. 여러 장애인 보호 시설에서 12월이 되면 각각의 장애 정도와 언어 구사 가능성을 고려한 성탄구유놀이를 한다. 이 놀이는 성경 인물과 자신을 일치시키는 좋은 기회를 제공하는데, 그들은 해마다 정말 기뻐하며 참여한다("나는 다시 천사[또는 목동인데]" 등등).

이런 역할극은 성경 이야기와 자신의 삶을 연결하는 풍부한 가능성을 제공한다. 예를 들어 천사의 역을 하는 한 여자 분은 목동에게 전하는 소식을 다음과 같이 끝맺을 수 있다.

"자! 너희들, 이제 아는구나! 나는 이제 다시 엄마가 있는 천국으로 되돌아간다."

성탄 천사들이 천국에 가신 어머니를 대동했다는 사실은 얼마나 아름다운 고백인가?

매해 천사의 역을 맡았던 한 여자 분의 어머니가 성탄절을 며칠 앞두고 돌아가셨다. 보호 시설에서는 그녀를 배려한다고 그 역을 바꾸려고 했다가 완전히 몰지각에 부딪혔다. 그녀는 무조건 다시금 천사 역을 맡기를 원했다. 그녀는 이번에 황금문을 요구하였다. '왜 그렇게 하려느냐'는 질문에 어머니가 황금문을 통과하여 천국에 입성하는 것을 묘사하고 싶다고 한다. 그리고 성탄축하파티를 할 때 거기에 참석한 모든 사람들에게 그녀는 가장 좋아했던 세 사람(아버지, 대모 그리고 마지막으로 어머니)을 잃어버렸다고 알렸다.

이것은 모든 참석한 이들에게 성탄천사를 이해하는, 그러니까 하늘로 가도록 놓아주는 감동적인 순간이었다. 그는 이것을 하나님에 대한 깊은 신뢰로부터 생각해 낸 것이다.

　다른 성경 이야기들도 역시 역할극에서는 놀라울 정도로 생동감을 띠게 할 수 있다. 골리앗이 중무장으로 인해 움직여지지 않아 무기 드는 두 사람의 도움을 받아야 하는 경우, 그 주변을 뛰어다니는 다윗의 민첩함이 더 또렷이 눈에 들어온다는 것은 더 이상 말할 필요도 없을 것이다.

　성탄구유놀이는 대체적으로 중증 장애인이 있는 보호 시설에서 그 생동감이 더한다. 말할 수도, 몸동작으로 표현할 수도 없지만, 모든 것을 밝게 빛나는 표정으로만 말하는 이들이 마리아의 역할을 만들어 가는 것도 생각해 볼 수 있겠다.

　간호인과 피간호인이 함께 역할을 공유하는 곳이 있다. 간호인은 말하지만, 피간호인은 말하지 못하거나 따라서만 말할 수 있다. 역할 공유는 장면의 주된 인상을 단절시키지 않으면서, 두 입술로 강화하는 효과가 있다.

　안나 G.는 자유교회에 다니는 부모님 품에서 자라났는데, 그녀는 성경 이야기들을 아주 많이 알 뿐만 아니라 오랜 시간 '렘브란트사'에서 출판한 그림성경을 보았기에 이야기를 내면화할 수 있었다. 그녀는 자신이 성경 속에서 경험한 것을 기꺼이 부모님 앞에 연출하기도 하는데, 예를 들면 어린이들을 받아주시고 어린이들을 물리치려는 제자들을 금하시는 예수님에 대한 이야기 말이다. 그럴 때 그녀는 분명한 표정과 온 몸을 움직여서 이 이야기를 연출하며 어린이성경을 붙들고 그녀가 바로 예수님 품 안의 그 어린이라고 해설한다.

　설교자가 주일날 세리 삭개오에 대해 이야기할 때도 역시 안나는 그 즉시 제스처를 취하는데, 그는 두 번째 손가락을 치켜들고서 나무에서 내려오라는 시늉을 하며 예수님과 삭개오를 즐긴다. 이러한 동시 연출은 설교자에게 환영받는 동무와 같다. 안나는 비록 장애 때문에 언어적으로 말할 수는 없지만, 그의 매력으로 사람들의 마음을 점령할 수 있기 때문이다.

다음의 예는 휴가 기간 스페인에서 있었던 일이다. 브리기테는 주일예배를 참석하기를 소망하여 간호인을 대동하고 가톨릭교회 미사에 참석하였다. 수많은 곡들, 아늑하고 시원한 교회 내부 공간, 부드러운 불빛 그리고 다채로운 미사의 순서들은 아름다움을 체험할 수 있게 해 주었다. "우리가 내용을 이해 못했다는 것이 정말 아쉽다!"라고 간호인은 마지막에 말하였는데, 그에 대해 브리기테는 고요하고 굳은 음성으로 대답했다.

"나는 매번마다 모든 말을 이해했어!"

이 대답은 그녀만의 확신이고, 거듭해서 물을 필요가 없다는 뜻이다.

6. 오늘을 위한 결론

원칙적으로 성경은 정신적 장애를 가진 사람들에 대해 패쇄적이지 않다. 오히려 그 반대이다. 이들은 성경의 본질적인 부분들을 길러 올릴 수 있다. 그 본질은 개별 문장들, 그림 또는 모티브들과 예배적인 경험을 통해 알려질 수도 있다. 이런 고무적인 결과들은 이차적인 결과들을 통해 분노케 하는 상황으로 이끈다.

여기서 교회적인 사회화의 범위는 놀랍게도 종속된 역할을 한다. 예를 들어 우리가 이미 보았던 바와 같이 베른하르트는 교회적인 사회화를 통해 수십 번 성경 이야기를 들었지만 성경 이야기를 그린 적은 전혀 없었다. 그가 성경의 주제를 그렸었다면 그 즉시 그의 부모님은 칭찬과 인정으로 그를 지지해 주었을 것이다. 그 대신 베른하르트는 예배적인 예전을 강하게 주목하였고, 그의 부모님들이 신앙의 주안점으로 두지 않았던 흔들리는 종을 가진 교회 종탑들을 스케치하였다.

이것을 긍정적으로 말해 볼 수 있다. 성경 자체가 비옥한 토양에 떨어지기에 아주 충분한 임펄스(Impulse, 충동 또는 자극)를 준다. 이 임펄스는 개인적인 삶으로 통합된 창조적인 습득을 이끌고 있다. 성경 진술들은 그냥 단순히 기계적으로 언급되는 것이 아니라 "이해된다." 게다가 성경은 정신적 장애를 가진 사람들이 성경으로부터 이해한 것들과 함께 다른 사람들을 위한 교사가 될 것이다.[6] 롤프는 바로 그러한 어떤 것을 우리에게 교훈하고 우리로 하여금 성경 이야기들을 아주 사실적으로 보게 하여 개인적 삶을 투영하게 한다.

또한 베른하르트와 같은 정신적 장애를 가진 많은 사람은 우리들에게 기계적인 되풀이로 소진되지 않는 반복의 가치를 발견하도록 가르칠 수 있다. 그러니까 반복은 우리에게 죽을 것 같은 지루함을 넘어서는 그 이상이다. 현재의 경향은 끊임없는 자극과 익살을 통해 사람들의 주의력을 살아 있게 만드는 것이다. 이에 대해 베른하르트와 같은 사람들은 대안적으로 살고 있으며, 우리를 그렇게 살도록 가르치고 있다. 반복은 우리의 현재까지의 이해력을 심화시킬 수 있으며, 그럼으로 우리의 이해력을 풍부하게 하고 우리를 즐겁게 한다.

거듭 말하지만 반복은 가장 독창적인 제과[7]보다 더 많은 양분을 제공하는 매일매일의 빵이다. 그런 경험은 우리 사회에 교훈하는 바가 많다. 성경학에서도 이와 마찬가지이다. 성경학은 성경 자체 속에서 발견되는 수많은 반복들을 긍정적이기보다는 부정적으로 인식하는 경우가 빈번하다. 지성인들의 순정은 항상 (가능한 한 더 독창적이고 예상하지 못하는) 번뜩이는 관념들로 가득하다.

---

[6] 환자들과 그들의 성경 본문 이해가 이와 비견될 수 있다. 그들이 당한 처지 덕택에 그들은 이런 능력을 지니게 된다. 그러므로 성경신학은 환자들을 더욱 신중하게 받아들여야 한다. E. und C. Kellenberg-Sassi, "Psalmen am Krankenbett", in: B. Huwyler 외, *Prophetie und Psalmen* (Festschrift für K. Seybold), Münster 2001, S. 175-181. - 이와 동일한 경우가 Aids 환자와 HIV-양성반응자들에게도 해당된다. 이들은 욥기 주해에 본질적인 기여가 될 것으로 평가된다(G. West und B. Zengele, *Reading Job Positively in the Context of HIV/AIDS in South Africa*, Concilium 4, 2004, S. 112-124).

[7] 교리문답에서의 한 예: 내 아내와 나는 정신적 장애를 가진 성인에게 성경 교습을 하면서 교습을 위한 음악적인 휴지를 주었다. 우리는 여기서 이분들이 이 음악적인 신호를 원하고, 이를 즐거워한다는 사실에 경이감을 배웠다.

오늘날 이를 바꾸어 보려는 우리들의 욕구에 대해 신약성경은 거울을 들고 보여 주고 있다. 누가는 아테네 철학자들을 묘사하기를, '이들은 항상 새로운 것을 다시금 듣기를 원한다'(행 17:21)라고 하며, 사도 바울의 메시지에는 눈 뜨지 못하고 있음을 지적한다.

지금까지 풍부한 교훈으로 스케치된 경험들은 그 자체에 그 가치를 배태하고 있다. 이와는 독립적으로 질문해 봄직하다.

이미 재현된 예들이 보여 주듯이, 정신적 장애를 가진 얼마나 많은 사람이 성경을 통해 그렇게 강렬하게 감동을 받고 있는가?

그들은 단지 적은 소수가 아니었던가?

신앙은 최소한으로 가늠하고 정량화 시킬 수 있는 삶의 표현이다. 특별히 민족교회적 입장에서 신앙은 아주 다양한 것이며, 그 다양성은 종종 감추어져 있다. 이미 '표준인들'도 대부분의 자신의 내밀한 신앙 경험들을 다른 사람들에게 알려 줄 수 있는 언어와 보호된 공간이 없는 경우가 빈번하다. 의사소통이 좋지 않는 경우가 가장 단적으로 드러난다. 더 깊은 이유들은 종종 숨겨진 채 남아 있다. 정신 장애를 가진 사람들은 그들의 신앙 경험을 소통하는데 있어서 표준인들과는 다른 어려움들을 가지고 있을 것 같다. 그것이 더 많은지 더 적은지에 대해 나는 열어놓고 싶다.

7. 성경 시대 생활상으로 역추론

오늘날 정신적 장애를 가진 사람들에 대한 앞선 서술은 우선적으로, 성경 시대에도 살았던 이들의 친척들을 그들의 생활 조건들과 함께 더 잘 이해할 수 있다는 희망을 준다. 그럼에도 이런 희망은 모든 사람들과 공유할 수 있는 것은 아니다.

일부 사람들은 오늘날의 치료 교육적인 장려책들과 당시에 것들과의 사이에는 너무나도 큰 구렁텅이('간격'-역주)를 발견할 것이다. 당시에는 그 어떤 아이들도 오늘날과 비교할 만한 교육 비용을 지급받지 못했을 뿐만 아니라 오늘날에 상응하는 "교육권"이 존재하지 않았다.

다음의 관찰은 우리로 하여금 이 구렁텅이를 넘어서는 다리를 마련하게 도울 것이다. 많은 부모님들은 아이들의 학습능력이 치료 교육적인 장려책이 시작되기 전에 이미 발휘되던 순간들을 기억하고 있다. 소아들이 언어발달이 지연되어 시작될 기미도 보이지 않았는데, 갑자기 노래하고 곁의 아이들의 손을 잡고 빙빙 돌며 춤을 추며 독자적으로 자신의 몸을 움직이기 시작한다. 분명히 정신적 장애를 가진 소아들은 자연 환경의 자각을 수용하고 그로부터 배울 수 있다.

의례가 우리보다 더 큰 의미를 가지고 있었던 이스라엘과 같이 산업화 이전의 문명에서 한층 더 많이 그런 것들을 가정할 수 있다. 정확히 정신적 장애를 가진 사람들에게서 규칙에 맞는 반복에 대한 강한 감응력을 가지고 있음을 관찰할 수 있다.

그들이 이미 성경 시대에 이런 경로를 통해 결정적인 것을 배우지 말아야 할 이유는 어디에 있는가?

마찬가지로 우리는 정신적 장애를 가진 사람들의 자연 환경의 현재적 가치를 관찰하고, 그렇게 함으로써 사회 소속을 확실히 하는 능력을 낮추어 평가하지 말아야 한다. 예를 들어 베른하르트는 어린 여동생이 어떻게 알파벳을 배우는지 호기심 있게 관찰하였다. 학습 장애(!)를 가진 여동생은 그 오빠에게 읽기와 쓰기를 가르침으로써 자신의 학습적 절망감을 진정시킬 수 있었다. 그리고 베른하르트는 권력 의식적인 여동생의 거친 교수방법을 불평없이 만족스러워하였다. 그는 치료 교육적인 학교를 다니지 않고 그렇게 읽기와 쓰기를 배웠다.[8]

---

8 베른하르트에게는 쓰기를 통해 세상을 정돈하려는 기초적인 욕구들이 관찰된다. 그의 목록에 들어있는 것은 모두 그가 사랑하는 것들이다. 그에게 알려진 모든 품목의 음식들 (그가 즐겨 먹는), 그에게 알려진 지명들, 그의 지인권의 다양한 이름들. 베른하르트의 목록은 혼동의 세계를 정리하는 것이란 것을 다음의 관찰로 드러난다. 그는 일찍이

반면 학교는 일정의 권리를 가지고 그의 미래적인 (일반 사회) 통합을 바라 보며 지퍼 올리고 내리기, 신발끈 묶기, 웃옷단추 잠그고 풀기, 일상적인 물건을 다루는 것을 우선에 두고 결정하였다(그럼에도 그는 오늘까지 그런 것을 배우지 못하고 있다).

아득한 A.D. 4세기의 고대로부터 유래되는 기초적이고 천진난만한 학습 의지와 비교할 만한 예가 있다. 생후 4년에 시력을 잃은 디디무스(Didymus)는 베른하르트와 비슷한 호기심을 가지고 있었는데, 그는 총괄적인 교육지식을 습득하고 그래서 이집트 알렉산드리아를 이끄는 신학자로 발전할 수 있었다. 그의 가장 유명한 제자는 라틴어역(Vulgata) 성경을 완성한 히에로니무스(Hieronymus, 제롬)였다.[9]

이러한 예들로 오늘날의 참여적이고 성경적인 치료 교육적인 수고를 야윈 것으로 만들어서는 되지 않을 것이다. 치료 교육적인 노력은 사실상 이전 시대에는 생각할 수 없었던 다양한 개발 가능성들을 마련한다. 물론 학교 없이도 무엇인가 본질적인 것을 습득할 수 있는 사람의 능력은 이와 별도로 주목해야 할 것이다. 정신적 장애를 가진 사람들도 마찬가지로—그 당시처럼 오늘날에도—성공적으로 행하고 있다. 그리고 교회 밖의 학습 통로가 성경 시대에도 사회 통합에 본질적인 것을 기여할 수 있었다.

출판을 앞두고 있는 단계에서 내가 책의 이번 장(Kapitel)을 교육에서 (그럼에도 치료 교육적은 아니지만!) 활동하고 있는 여러 사람들에게 읽도록 했을 때, 이런 반응이 있었다. 여기에 소개되는 것들은 원칙상 그들의 활동 중에 정신적 장애를 겪지 않는 사람들과 함께 했던 경험들과 일치한다는 것이다. 분명히 내 관찰들은 모든 학습자들에게도 해당하는 아주 기초적인 것을 보여 주고 있다. 아마도 원천적인 '인간의 조건'(condition humaine)은

교육받지 않던 시기, 동일 어휘의 방언적인 차이들을 사전에 감지하였고, 구어적인 그런 발음상의 차이들을 긴 목록에 수록하였다. 고대 근동에 보존된 바와 같은 '목록학'과 유비할 수 있음을 주목해 보라.

9 J. Leipoldt, *Didymus der Binde von Alexandria*, Leipzig 1905.

정신적 장애를 가진 사람들에게 아주 잘 읽혀질 수 있다는 논제를 감히 제시해도 될 것이다. 우리는 여기서 정신적 장애를 가진 사람과 그렇지 않는 사람의 차이를 알게 하는 것 이상의 더 깊은 공동성을 만나게 된다.

8. 성경신학을 위한 아이디어

이장의 요약이라는 의미에서, 성경 해석자로서 나는 정신적 장애를 가진 사람들과의 만남을 통해 길러 올릴 수 있는 세 가지 의견을 전하고 싶다.

첫째, 베른하르트는 엄청난 문장의 결핍과 다섯 살의 심성과 아홉 살의 지성을 지니고 있지만, 그가 "주기도문"의 중심적인 것을 파악할 뿐만 아니라 개별 문장들이 가진 구체적인 연상들도 가지고 있다는 것은 이 표본기도가 성경과 그 저자에 대해 결정적인 것을 진술하고 있음을 말한다. 이 기도는 분명, 한편으로는 심성에 호소력이 있고, 다른 한편으로는 그 어떤 사람이라도 완해 할 수 없게끔 작문되어 있다.

분명히 기도는 정신적 장애를 가진 사람들이 공동체에 통합되어 있을 가능성을 말한다. 더욱이 이 사실은 "주여, 우리에게도 가르쳐 주옵소서"(눅 11:1)라는 의미에서 이 다음의 기도의 발전을 장려하고 있다. 그런 과정에서 베르하르트는 지난날의 체험에 대해 감사하고 그에게 중요한 사람들을 위해 중보기도를 하며 자유롭게 기도문을 만드는 것을 배웠다. 그는 분명 "주기도문" 학교를 통해 이 기도를 장려하는 유일한 사람은 아닐 것이다.[10]

둘째, 성경학이 본문 속에 있는 수많은 단어적인 반복의 가치를 너무 적게 긍정한다는 것은 이미 말하였다. '반복'의 의미를 심화시킨다는 의미

---

10 마찬가지로 한 어머니와 딸들의 저녁 대화로부터 자라나게 된 자유 기도문들은 F./S. Meier, *Heute hat es nicht geregnet: Gedanken und Gebete eines geistig behinderten Mädchens*, Zürich 1986 에서 찾아 볼 수 있다.

에서 나는 이를 한 번 더 재 반복하여 문학적인 기능들이 조명해 주는 후렴구뿐만 아니라 구약성경과 신약성경에 여러 번 약간 변형되어 이야기되는 전체 이야기들을 참작해 보고 싶다. 대체로 이것들은 조악하게 진행된 (그러므로 주의력 미비로 나타난) 전승연쇄 중 산업재해 또는 단순히 볼품없는 합작으로 평가되고 있다.

그러한 평가절하 뒤편에는 단편적인 미학이 숨어 있다. 정신적 장애를 가진 사람들이 반복을 심화함으로써, 성경 본문의 반복에 더 적당한 또 다른 미학의 길을 제시할 수 있는가?

예를 들어 여기에는 이러한 관점에서 더욱더 이해되는 이스라엘의 축제들을 주목해 보는 것이 유익할 것이다. 삶의 새로운 국면으로 가는 초입에 있던 축제들(할례, 젖떼기 등등)만 아니라 경작년과 결부되어 이스라엘의 구속사를 기억하게 하는 축제들(유월절, 초막절, 신년)은 여기에 속한다. 그리고 또한 일상은 여러 종류의 반복들을 통해 주형되는데(노동 중의 노래들 등등), 표준인들에게는 눈에 크게 띄지 않기에 아직까지는 연구가 적게 이루어지고 있다.

셋째, 롤프가 출애굽 전승을 자신의 개인적인 생애상황과 그렇게 기초적으로 연결할 수 있다면, 이것은 단 한 번만의 현상은 아닐 것이다. 이미 성경 본문들은 수백 년을 거치며 변화된 상황 중에도 새로운 도움이 될 수 있었던 출애굽 사건의 정체성 형성력을 보여 주고 있다. 이 사실은 성경학은 알고 있음에도 수많은 문학적이고 편집사적인 분석에서 미약한 효과이지만 몇 곱의 효력을 미치고 있다.

제4장

정신적 장애를 가진 이들에게 가능한 운명들

―――――― ••• ――――――

1. 방법론적인 사전 공지

성경과 다른 고대 문헌들은 역사적 사전(Lexikon)으로만 읽히기를 원하지 않는다. 그럼에도 불구하고 개별적이고 종종 부차적인 메모들로부터 정신적 장애를 가진 사람들의 생애에 대한 구체적인 것을 알아낼 수 있다. 그러나 자료들을 살펴봄에는 행운이 필요하다.

추정해 보기에 그러한 개별 자료들은 전형적인 것이지만, 이것들부터 어린이 사망률과 어린이 유기와 정신적 장애를 가진 사람들의 성공적인 사회 통합 여부를 확률로 통계 낼 수 있는 것은 아니다. 그럼에도 불구하고 다음에 이어지는 내용들은 그런 생의 운명에 대한 매우 다양한 가능성들을 제시할 것이다.

그런 언급의 희박성에 또 다른 이유는 오늘날과 마찬가지로 당시에도 많은 경우 그 주제가 수치(羞恥)로 채워져 있다는 데 있다.

예를 들어 누가 인위적으로 행해진 임신중절에 대해 말하겠는가?

누가 비밀리에 이루어질 그 아이의 죽음이 모두를 위한 해결이기를 희망한다고 시인할 수 있겠는가?

고대 문헌들을 연구함에 있어 그런 정보들이 침묵하고 있다는 것을 감안해야 한다. 이에 더한 한 예, 즉 그 어떤 고대 문헌도 누군가가 의도적으로 길에 장애물을 두어 시각 장애인이 걸려 넘어지도록 한 것에 대해 보도하지 않는다. 그럼에도 금령은 전승되어 있다.

> 너는 귀먹은 자를 저주하지 말며 맹인 앞에 장애물을 놓지 말고 네 하나님을 경외하라 나는 여호와이니라(레19:14).

그리고 우리는 이집트의 "아멘엠오페의 교훈"(Lebenslehre Amenemope) 속에 비교할 만한 금령을 발견한다.

> 너는 맹인을 비웃지 말고 미숙아를 조롱하지 말라!(Amenemope XXV)[1]

이 두 증빙 문언은—하나는 제사 문헌의 명령과 금령의 조합에서, 다른 하나는 이집트의 지혜문학과 교육 문학에서—그런 금령은 까닭 없는 것이 아니며, 유감스럽게도 장애를 가진 사람들에 대한 그에 상응하는 사건이 있음을 분명하게 추정하게 한다. 물론 우리는 그런 사태가 얼마나 빈번히 발생하였는지 평가할 수는 없다.

간접적인 반증을 사용하는 방법을 학문적인 언어로는 '의심의 해석학'(Hermeneutik des Verdachts)이라고 부른다. 물론 이 해석학은 한계가 있음으로 대단히 주의하여 사용되어야 한다. 그것은 유아 살해 예에서 볼 수 있다. 장애로 인하여 아이를 죽이는 것은 성경에 언급되거나 금지되지도 않았다. 그러나 성경의 침묵으로부터 유아 살해가 너무나 당연한 것이기에 그것을 언급하거나 허용되었다거나 금지되었다고 할 필요가 없다고 추론하는 것은 논리가 너무나 간결한 것이다.

이와 반대 방향의 추론, 즉 유아 살해가 그 어떤 금지도 불필요할 정도로 당시에 상상할 수 없는 것으로 간주되었다는 귀결 역시 논리가 너무 간

---

1 번역 H. Brunner, *Altägyptische Weisheit*, S. 254.

결한 것이다. 또 다른 예들로 성경 시대 이후의 유대 저술가 필로와 요세푸스는 A.D. 1세기에 유아 살해 관습에 반대해―그들에 따르면 "이방적인 관습"으로―맹렬히 논박하였다.

당시 유아 살해가 오로지 비유대인들 사이에서 생겼다는 것인가, 아니면 이 관습을 유대인들이 이어받는 것에 대한 경고였는가?

그도 아니면, 유아 살해가 유대인들 중에 일반적으로 일어나는 일이였고, 이것이 두 저술가에 의해 비유대적이라는 낙인을 찍혔다는 것을 의미하는가?

그리고 만일 이것이 두 저술가들의 비평적인 유대적 목소리였다면, 오늘날 우리는 아이가 우연히도 사라져 버렸다는 것으로부터 무엇을 추론해 내야 하는 것인가?

그 침묵으로부터 유아 살해가 당연한 것이었다는 것을 추론해도 되는 것인가?(그럼에도 어쨌든 유아 살해가 "증명된" 것으로 여기질 수는 없다).

고대 출전 문헌들이 이를 언급하고 언급하지 않는 것과 금하는 것은 이와는 별개의 것이다. 그렇지 않다면 우리는 "토끼와 고슴도치의 경기"² 라는 잘 알려진 동화 속에 있는 것일 것이다. 토끼는 가장 빠른 달음질에도 불구하고 목표 지점에서 항상 고슴도치의 목소리를(더 정확하게는 두 고슴도치들 중 하나의 목소리를) 들어야 한다.

"나는 이미 너 앞에 있었어!"

2　"고슴도치와 토끼." 고슴도치와 토끼가 경주를 하는데, 남편 고슴도치와 아내 고슴도치가 처음부터 출발지점과 도착지점에 있어서 토끼를 속이고 이기는 이야기-역주.

신체적 장애를 참작하고 있는가?

또 다른 방법론상의 사전 공지가 필요하다. 즉 고대 자료들이 정신적 장애에 관한 너무 적은 정보를 주고 있다면, 그 지점에서 나는 신체적인 장애들에 관한 진술들을 동원하려 한다. 왜냐하면, 자료들은 이 부분에 있어서 무엇인가 더 많은 것을 알려 주고 있기 때문이다. 나는 전적으로 주의를 기울여 이 정보를 정신적 장애의 상황과 유비를 하려 노력할 것이다.

사람들이 이 과정이 방법론적으로 적법한 것인지 물어볼 것은 분명하다. 왜냐하면, 우리는 오늘날 최소한 당사자들 중에서 신체적인 장애자들의 경험과 정신적 장애자들의 경험들 사이에 패여 있는 명백한 구렁텅이를 관찰하고 있기 때문이다. 그럼에도 이미 "귀먹고 말이 어눌한 자들"(제9장)에 대한 고찰에서 볼 때, 정신적 장애에 관련하여 신체적인 장애의 원인과 그 결과들 사이에 있는 오늘날 우리들의 경계는 녹아서 없어졌다.

또 다른 메소포타미아의 유대인들과 그리스도인들의 문헌들도 역시 그 목록에서 이 두 경험의 세계가 당시에는 서로 교환되어 언급될 수 있었다는 것을 보여 준다.[3] 쐐기 문자 축문이 그 예로 인용[4]될 수 있는데, 이 축문은 장애들을 이어가며—처음에는 여자들을, 그 다음에는 남자들을—열거하고 있다.

---

[3] 신체적이고 정신적인 종류의 장애를 함께 언급하는 예들은 어휘적 리스트들(수메르어 사전 자료들 12,201.228; 13,192.194; 14,278)뿐만 아니라 메소포타미아의 수많은 기형아 목록(메소포타미아의 의례들)에서 발견된다. 더 나아가 쿰란의 열거들을 보라 (CD 15,15 = 4Q266 fr.8); 또한 아가서 미드라쉬 HhldR IV,17 (유출병자들, 피부병자들, 저는 자들, 맹인들, 어눌한 자들/어리석은 자들['lmjn], 귀먹고 어눌한 자들[ḥršjn], 정신이 온전치 않은 자들[šwṭjn], 정신 박약자들[šmmjn], 바보들[ṭpšjn], 망설이는 자들[ḥlwqj lb]. 도마의 자료들 12, '히브리 언어의 고유성'을 보라..

[4] 번역과 짧은 주해: *Texte aus der Umwelt des Alten Testaments*, Band 2, S. 423-433. 그 본문 (약 B.C. 3세기)은 아람어로 저작되었으나 쐐기 문자로 기록되었다는 것에서는 유일한 것이다. 이것은 오늘날 우리의 이해력을 어렵게 한다. 내용적인 것은 "축복과 저주"(제4장 16.부설)의 각주들을 보라.

허약한 여자여, 온전케 되어라!
저는 여자여, 달려라! 너는 여동무들을 찾으라!
너, [너무 살찐] 육중한 여자와 [너무 야윈] 깨어진 여자여, 너희는 일어나라!
말하라, 어리석은 자여(*sōṭē*)! 일어나라, 귀먹은 자여!

축문(祝禱, 축도)들이 이해되기 어려운 것은 자연스러운 것이지만, 여기에는 수수께끼 같은 논리가 있다. 최소한 우리가 알아 볼 수 있는 것은 여기에는 여러 종류의 다양한 장애들이 결함경험이라는 하나의 총체로 짜 맞추어져 있다는 것이다.[5]

2. 영아 사망과 생존 가능성들

사산(死産)뿐만 아니라 출산 후 이른 유아 사망은 성경 본문에서 자주 불운으로 언급되고 있다. 이 구체적인 슬픔은 구약 시대 사람들에게는 친숙하였다.[6] 생리학적인 근거로 (대부분 알려진) 장애를 가진 태아들은 죽은 상태로 태어난다는 것을 생각해 볼 수 있다. 마찬가지로 유아와 아이들의 죽음에도 익숙하다.[7] 이 슬픔이 특별한 방식으로 가시화되는 때는 우리가 그 아이의 부모가 이후에 새로 태어난 아이들에게 주는 이름들을 주목할 때이다.

이름을 지을 때 사람들은 예전의 형제자매(또는 친척들)의 이른 죽음을 생각했다. 이것은 므낫세(Manasse, 신생아가 죽은 아이를 "잊게 하다"), 타하트

---

5 여러 다른 장애의 등급들은 주목해 볼 만하다. 열거는 "어리석은 자"(*sōṭē*)와 "귀먹은 자"로 마무리된다. 여기에 심리적인 두드러짐과 부족한 지력이 구별되고 있는가?
6 출 21:22-23; 23:26; 민 12:12; 왕하 2:19-22; 아 3:16; 시 58:9; 전 6:3; 비교. 사 37:3; 욥 3:11; 시 22:30; 고전 15:8. 비교. M. Grohmann, *Fruchtbarkeit und Geburt in den Psalmen*, Tübingen 2007, S. 227-271.
7 여러 다른 연령대에서; 삼하 12;15-23; 왕상 14:1-18; 16:34; 왕상 17:17; 왕하 4:18-27; 사 65:20.

(Tachat, "…의 대신에"), 여호야김(Jojakim, "야훼가 다시 생겨나게 하시다"), 느헤미야(Nehemia, "야훼가 이전에 죽은 아이에 대해 위로하신다") 또는 여자 이름 탄후메트(Tanchumet, 이름유형이 느헤미야와 유사하다. "위로하는 여자")와 같은 이름의 언어적인 배경이 된다.

이러한 "보상명"(Ersatzname)은 구약성경과 고대 근동 전역에 빈번했다. 솔로몬이란 이름은 특별히 인상 깊은 예인데, 그의 부모인 다윗과 밧세바에게 그의 출생은 곧 앞에 죽은 아이에 대한 "보상"이었다(삼하 12장). 솔로몬(원래 "보상")은 "샬롬"(šālôm)에서 유래되는데, 이 어휘는 단지 평화만이 아니라 우선적으로 "온전, 회복"을 의미한다. 솔로몬의 출생과 더불어 왕가는 온전해진 것이다. 예테르(Jeter, "나머지")와 이트로(Jitro, "나머지")와 같은 이름들은 부정적으로 들리는데, 이들은 초상으로 인하여 줄어든 가족을 암시하고 있다.

장애의 원인으로서 문제성 있는 출생

경험적으로 난산은 장애를 일으키는 원인이 된다. 성경은 반복적으로 산모뿐만 아니라 아기를 위협하는 출생 과정을 언급한다.[8] 예를 들어 우리는 그 중에서 탄식 같은 것을 발견한다.

> 아이를 낳으려 하나 해산할 힘이 없음 같도다(사 37:3, [히] 태아가 산도 입구 [mašbēr]까지 도달하였으나, 낳을 힘이 없도다!).

---

[8] 창 35:16-18; 삼상 4:19-20; 대상 4:9; 사 37:3; 66:9; 호 13:13; 비교. 창 3:16; 사 66:7과 빈번한 산통 장면에 대한 비유들(부르는 이름"[IV.3] 참고). 바이어(E. von Weiher)는 메소포타미아의 감동적이고 상세한 묘사들을 기록하고 있다(A. Karenberg 외, Heilkunde, Band 1, S. 124-127).

그럼에도 성경 본문만 지연되고 있는 출산 과정을 묘사하는 것은 아니다. 고고학적 유물 중에는 자궁 속에서 성장한 태아(임신 4개월 이상)를 가진 신체골격이 있는데, 이 현상을 분명히 말하고 있다. 어떤 경우는 14세 여성의 너무 협소한 산도(產道)가 산모와 40주 된 아이의 죽음을 유발하였다.[9] 산통 진정뿐만 아니라 촉진에 도움이 되는 [고고학적으로 증빙되고 있는] 대마초(cannabis sativa) 흡입은 여기에 더 이상 아무런 도움이 되지 못한다.

이에 더하여, 이스라엘의 인명은 우리에게 생생한 그림을 스케치해 주고 있다. 출산 과정이 잘 마무리된 다음, 세마리야(Semarija, "야훼가 보존하셨다")와 같은 감사명이 나타난다. 에스겔(Ezechiel, "하나님, 그 아이를 강하게 하소서!")과 같은 소원명은 난산을 되돌아보게 한다. 소원명은 또한 페타히야(Petachija, "야훼가 자궁을 여셨다!")와 페레츠(Perez, "[회음부] 파열") 같은 이름에 사용되었음에도 틀림이 없다. 길게 진행되는 출산 중에 산소부족은 대뇌손상을 유발하고, 그 결과 신체적이거나 정신적 장애를 발생시킨다.

메소포타미아의 보충하는 정보들

이웃하는 문화권이 동일한 그림을 나타내는 것은 일반적이다.[10] 일부 세세한 것들은 더욱 생동감이 있다. 이미 여러 번 언급했던 메소포타미아의 진단 "편람"는 유아들이나 유아 사망을 유발시키는 일련의 질병들을 기록하고 있다. 이들 중에는 오늘날의 의료적 지식에 따라 분류시킬 수 없는 여러 다른 종류의 간질도 포함되고 있다.

---

9 U. Hübner, Sterben überleben leben, 2009. S. 52.
10 메소포타미아에 대해서, K. Volk, *Vom Dunkel in die Helligkeit. Schwangerschaft: Geburt und frühe Kindheit in Babylonien und Assyrien*, in: V. Dasen (Hg.), Naissance et petite enfance dans l'Antiquité (OBO 203), Fribourg 2004, S. 71-92와 비교. G. Berkson은 *Intellecuual and Physical Disabilities in Prehistory and Early Civilization*, in: Mental Retardation 42, 2004, 195-208에서 최근 고병리학 연구 상황에 대한 일반적인 조망을 소개하고 있다.

"편람"는 생후 1년에서 4년까지, 일어서지도 빵을 씹지도 못하고 말할 수도 없는 마비성 경련을 가진 아기들의 진단을 대뇌손상으로 소급시키고 있다.[11] 유감스럽게도 메소포타미아 의사들의 예측법은 우리에게 언어적으로 분명하지 않다. "그 아이는 적당하지 않다"('그의 장애가 회복될 수 없고, 그가 일어서지도 걷지도 못할 것이다'라는 의미에서) 또는 "그 아이는 똑 바로 서지 못한다"('그는 자라지 못할 것이고 죽을 것이다'라는 의미에서)라고 할 뿐이다.[12]

"편람"에서 이것보다 20줄 앞에 기록된 깜짝스러운 비고란은 두 번째 이해를 지지하고 있다. 거기에는 오늘날 "모로 반사"(Moro-Reflex)로 알려진 의학적인 테스트가 추천되고 있다. 의사는 유아를 높이 안고는 무방비로 아주 짧은 순간 떨어뜨린다. 건강한 아기는 자기도 모르게 즉각적으로 그의 발을 펼치는 반면, 대뇌가 손상된 아기는 그렇게 반응하지 않는다. 후자의 경우 "편람"은 진단한다.

"흙먼지에 닿음!"(즉 그는 죽을 것이다).[13]

현대인들의 관심은 당연히 당시 얼마나 빈번하게 사망 사건이 있었느냐는 것일 것이다. 오늘날에는 통계를 근거로 하여 유아와 유아 사망을 정량화할 수 있게 되었다.[14] 개발도상국 앙골라에서는 출생 후 18%의 아이들이 생후 1년이 지나기 전에 사망한다고 추정한다(오늘날 제3세계 나라들에서는 그 수가 15~20% 사이이다. 비교: 독일과 스위스에서의 1세 미만 유아 사망은 단지 1,000명 중의 4명 정도이다).

---

11 본문과 주석적 번역은 J. Scurlock 외, *Diagnoses*, S. 331과 각주 186을 참고.
12 *išaru*(수메르어 쓰기 관습에 따르면 SI.LÀ)는 "올바른, 곧은"뿐만 아니라 "똑바른"을 의미할 수 있다. 두 번째 번역 가능성(똑 바르지 않는," 즉 장애 있는 아들)은 '우가릿의 *Šupe-ameli*와 그의 아버지의 대화'(제장 2.)에서 유추할 수 있다(M. Dietrich in Ugarit-Forschung 23, 1991, S. 45와 각주 58번을 보라.)
13 D. Cadellei, *Lorsque l'entfant paraît malade*, in: Ktéma 22, 1997, S. 18-19; K. Volk, Kinderkrankheiten nach der Darstellung babylonisch-assyrischer Keischrifttexte, in: Orientalia 88, 1999, S. 14-15. - 물론 반사는 첫 4개월 동안에 관찰될 수 있다.
14 이어지는 계측 수들의 출처, https://www.cia.gov/library/publications/the-world-factbook/rankorder/2091rank.html.

부족하거나 적어도 천편일률적인 영양 공급이나 청결하지 못한 위생은 높은 사망률의 근거가 된다. 현대 의료는 재정적이고 문화적인 이유로 여러 곳에서 직접적으로는 도울 수 없다. 그럼에도 모든 나라에서 의료는 효과적이다. 그러하기에 분명히 이전 세기의 영아 사망은 더욱 높았다고 추측할 수 있다. 유럽의 중세기 동안, 반 이상의 사람들은 14세에 이전에 죽었다고 추정한다.[15] 출생과 사망 사건들의 기록 보존이 잘 된 특권화된 귀족층을 보면, 그들 역시도 최적의 전제들(영양과 위생)에도 불구하고 높은 유아 사망에서는 예외가 되지 않았다.

고고학적 지표들

중증 장애인들은 어린 나이에 죽었다. 오늘날보다 당시는 더 빈번하였다. 이것은 고고학자들이 현재까지 발굴된 적은 수의 유골을 통해 중증 정신 장애를 역추론 할 수 있다는 것에 대한 이유들 중에 하나이다(경증 장애는 뼈들을 통해는 전혀 반증될 수 없다). 적은 수의 개별 유물들은 중증 장애가 어떤 경우에도 확증된 죽음을 말하고 있지 않음을 보여 주는 자료가 되고, 이들은 점점 더 중요하게 다루어지고 있다.

우선적으로, 손상이 전혀 없을 수 없는 신체적 장애의 예를 살펴보자.[16] 대단히 크게 갈라진 혓바닥을 가진 유아들을 살리기 위해서는 누군가 음식을 집중적으로 떠먹여 줘야 한다. 저마다 자신의 생존을 위해 싸워야 하는 문화 속에서 친족들에게 이것은 엄청나게 소모적이었을 것이다. 갈라진 혓바닥을 가진 유아들에게 그렇게 행해졌다는 것을 고고학적 유물들은

---

15 *Lexikon des Mittelaters*, Band 5, Stuttgart 1999, Sp.1114. - 의료 역사가인 I. Ritzmann (*Sorgenkinder*, S.131)은 18세기 동안 신생아들 중 25%가 생후 1년을 넘기지 못하였고, 또 다른 25%는 성인 연령에 도달하기 전에 죽었다고 추정한다. 지역적인 변동이 크다는 것도 여기서는 계산되어야 한다.

16 또 다른 중증 신체 장애들의 예들, C. Roberts 외, *The archaeology of disease*, New York 3. Aufl. 2005, S. 44-62 참고.

보여 주고 있다.[17]

캘리포니아에서 그러한 선사 시대의 두개골이 여러 점 발견되었고, 해당되는 사람들은 대단히 크게 갈라진 혓바닥을 가지고 있었고, 이들의 연령은 25-35세까지였다. 또 다른 증거유물들은 초기 중세 잉글랜드에서 발견되었는데, 40-50세 정도 추정된다. 이집트 미라 연구를 통해 당시 문화에서 혓바닥이나 입술이 대단히 크게 갈라진 사람들은 성인의 연령에 이르도록 성장하였음을 알 수 있다.[18]

이와 마찬가지로 수두증(Hydrozephalus)을 가진 아이의 출생은 비극적인데, 뇌세포에 미치는 물의 압력이 정신적 장애 또한 유발하는 것이 빈번하였다. 데이르 엘-메디네(Deir el-Medineh)에 이집트 중류층의 4살 소년은 신분에 걸맞게 매장되어 있었다.[19]

또 다른 경우, 이집트에서 50세의 뇌성마비 여인이 발견되었다. 그녀는 뇌성마비로 인한 신체적 변형을 지닌 채 B.C. 2천 년에 살았고, 상류층 일원으로서 신분에 걸맞게 매장되었다.[20] 그녀가 게헤세트(Geheset, 가젤양)라고 불렸다는 것이 눈에 띈다. 출생 때는 운동 장애가 인지되지 않았는지, 아니면 이런 장애를 그런 이름으로 묘사하고, 경우에 따라 마술적인 방법으로 이를 떨쳐버리기를 소원하였는지는 그녀의 부모님의 비밀로 남아 있

---

17 C. Roberts 외, S. 52.
18 J. Filer, Disease, *Egyptian Bookshelf* (The British Museum), London 1995, S. 64-65.
19 "지파 내에서의 통합"(제4장 15.)의 고고학적 증거들을 보라. 또 다른 예들로 J. Filer, Disease, S. 666; 나사렛 지방의 구석기 시대 3-4세 어린이, in V. Delatter 외, *Décrypter la différence*, S. 27-30. 최근 독일의 유물들은 H. Meller (Ed.), *Schönheit Macht und Tod*, Halle 2001, S. 130-131을 보라. 약 30점의 선사 시대 유물들은 A. C. Aufderheide 외, *The Cambrige Encyclopedia of Human Paleopathology*, Cambrige 1998 = 2. Aufl. 2005, S. 57-58을 보라. 그리스 의사들의 언급들은 C. Hummel, *Das Kind und seine Krankheiten in der griechischen Medizin von Aretaios bis Johannes Aktuarios*, Frankfurt 1999, S. 176-178를 보라.
20 S. Lösch 외, *Cerebral paralysis in an ancient Egyptia female mummz from a 13th dynasty tomb: palaeopathological and radiological investigations* (Salzburger Kongress). D. Poly 외, *Für die Ewigkeit geschaffen: Die Särge des Imeni und der Geheset*, Mainz 2007, S. 104-106(머리와 손, 집중적 컬러복사).

다. 그리스인들에게도 뇌문제로 인한 운동 장애는 알려진 바이다. 아리스토텔레스(Aristoteles)는 오른쪽으로 가기 원하지만, 신체 지절이 왼쪽으로 움직이는 사람들을 묘사하였다.[21]

신체적 장애를 가진 사람들뿐만 아니라 정신적 장애를 가진 사람들이 살아남을 수 있었다는 것에 대한 적은 수의 고고학적 증거물들이 있다. 로마 지방 시대의 독일의 인상적인 유물에는 9-10세 정도의 소두증 소년이 있다. 소두증은 유전적이거나 어머니의 홍진으로 발병할 수 있고, 아이의 정신적 장애를 유발한다. 무덤에서 뼈 목걸이와 부적 등이 발견되었다.[22]

더 나아가 몇몇 다른 출도지역에서 발굴된 두개골격의 형태는 트리소미 21(Trisomie 21, 다운증후군)을 생각해 볼 수 있게 한다. 가장 반박할 여지가 많은 발굴물은 앵글로 섹슨 지역의 6세기의 9세 소년의 유물과 선사 시대 독일의 할슈타트문화(Hallstattkultur)의 18-20세의 여자 유물(B.C. 350년)이다.[23]

트리소미 21이 고고학적으로 그렇게 빈번하게 증명되지 않는다는 것은[24] 당시의 엄마들의 가임연령이 오늘날보다 훨씬 낮았으며, 많은 유아들이 심장 문제로 일찍 죽었다는 사실과 연관이 있다. 그 외에 위에서 본 바와 같이 혓바닥 갈라짐의 경우, 젖먹이고 무기력한 혀로 인해 젖을 빨 수 없다면 시간 집약적인 떠먹임이 필수적이었다는 것이 그 이유이다.

마지막으로 정신적 장애는 어떤 병에 의해, 예를 들면 뇌수막염(Meningitis)을 통해 늦은 시점에야 생겨날 수 있었다. 이런 질병의 신체적인 귀결은 고고학적인 뼈 유물을 통해 입증된다. 물론 사례들 중 일부분만 정신적

---

21 Nikomachische Ethik 1102b; A. W. H. Adkins의 *Paralysis and akrasia in Eth. Nicom.*, *American Journal of Philology* 97, 1976, S. 62-64 보라.
22 J. Wahl 외, *Das römische Gräberfeld von Stettfeld*, S. 42-43.72. 특별히 S. 67의 도해 3번을 보라.
23 C. Roberts 외, S. 44; K. W. Alt (Ed.), *Kinderwelten*, Köln 2002, S. 182-183; A. Czarnetski 외, *Down's syndrome in ancient Europe: The Lancet* 362, 2003 (www.thelancet.com). A.D. 5세기 5-6세 어린이들에 대한 토론은 V. Delattre 외, *Décrypter*, S. 23. 91-94를 보라.
24 오늘날 사회에서 그 빈도는 800 대 1이며, 30세 이하의 엄마인 경우 2500 대 1이다.

장애가 생겨났음에도, 청동기 시대(B.C. 2천 년)에 최대 아이들의 20%까지 뇌막염이 나타났고, 중세는 50% 이상이었다는 것은 우리에게 많은 것을 생각하도록 한다.[25] 이에 더하여, 불충분한 영양(철분 부족으로 인한 빈혈 등 등) 때문에 생겨났던 또 다른 장애들을 생각해 볼 수 있다.

다시 이스라엘로

우리는 위에 묘사되었던 상황들이 이스라엘에서도 유사하게 일어났음을 가정할 수 있다. 이에 더해 이스라엘은 가난한 나라였다는 것이다. 영양결핍은 빈번히 언급되었던 "기근"으로 증언된다. 기근은 원시조(Erzeltern)들을 자주 풍요로운 외국으로 내몰았다.[26] 영양부족과 아사는 골학적(Osteologisch)으로(무엇보다도 소위 Harris-Line을 통해) 이스라엘의 어린이들의 뼈를 통해 입증된다.[27] 위에 언급되었던 장애들 역시도 마찬가지로 이스라엘에서 나타났다.

---

25 *Das Reallexitkon der germanischen Altertumskunde* (Band 15, S. 469)는 슐츠(M. Schultz) 의 *Spuren unspezifischer Entzündungen an prähistorischen und historischen Schädeln: Anthropologische Beiträge* 4 A/B, Aesch 1993, 특별히 S. 49-55를 참조하고 있다. 우선적으로 소아들이 이에 해당된다. 여러 다른 인구분포 중에도 대단한 빈도의 차이들은 지역 전염병을 생각하게 한다. M. Schultz, *Paleohistropathology of Bone: A New Approach to the Study of Ancient Diseases*, Yearbook of Physical Anthropology 44, 2001, S. 106-147, 특별히 S. 129를 보라. - 그 밖에, 슐츠(*Spuren*, S. 51)는 초기 청동기시대에는 (인구 중 5%에 이르기까지) 수두증이 더 강력하게 출현하였음을 언급하고 있다. 결핵성 연수막염(Leptomeningitis tuberculosa)과 같은 비타민 결핍과 연관이 있는 중세 어린이 인구에 대한 또 다른 정보들은 O. Templin의 *Die Kinderskelette von Bettingen im Kanton Basel-Stadt* (Schweiz). *Eine paläopathologische Untersuchung, med: Diss.* Göttingen 1993, S. 179-203. 고대 메소포타미아의 뇌막염과 수두증은 J. Scurlock 외, Diagnoses, S. 325-326. 412를 참고하라.
26 창 12; 26; 41; 더 나아가, 룻 1장; 삼하 21장; 왕상 17-18장과 다른 구절들.
27 U. Hübner, *Sterben überleben leben*, S. 58-59.

3. 이목을 끄는 출생들

(신체적이거나 정신적인) 장애를 가진 출생은 성경 본문에 전혀 언급되지 않고 있다. 이 사실은 우연일 수 있거나, 아니면 그런 장애는 당시 언급할 만한 가치가 없는 것으로 간주되었기 때문일 수 있다. 출산력과 출산의 어려움에 대한 문제는 성경 서사가들뿐만 아니라 시인들을 아주 집중시키고 있다는 것이 눈에 띈다.

여성의 불임은 구약성경뿐만 아니라 신약성경 속에서 빈번한 주제이다. 그리고 어렵고 고통스러운 전개과정의 산통에 대한 시적인 회화가 거듭하여 나타나기도 한다.[28] 사산(死産)에 대한 인상적인 문장도 있다. 사람이 "살이 반이나 썩어 모태로부터 죽어서 나온 자"(민 12:12)와 "낙태되어 땅에 묻힌 아이"(욥 3:16)로 사산(死産)을 비유되었다.

왜 가시적인 장애아의 출생은 시인들을 회화적으로 포착하도록 자극하지 않았을까?

그러한 출생은 덜 비극적으로 느껴졌는가?

"부르는" 이름

출생에 대한 부모들의 반응은 사람의 이름 속에 반영되어 나타난다. 오늘날의 부모님들은 인터넷에서 그의 아이들에게 적합한 이름을 찾고 그 이름의 어휘적 의미를 빈번히 탐색한다면, 이스라엘의 부모들은 나름대로 선별된 히브리어에서 이름을 선정하고 여기에 무엇인가 그 순간의 감정을 담아낸다. 많은 경우 이름들은 아이의 출생에 대해 하나님께 감사하거나 아이의 장래를 위한 소원을 표현하고 있다. 또 다른 경우 이름들은 유아들

---

[28] 시 48:7; 사 13:8; 26:17; 42:14; 렘 6:24; 13:21; 22:23; 49:24; 50:43; 단 10:16; 미 4:9; 막 13:8; 요 16:21; 행 2:24

에게 이미 관찰될 수 있는 현저한 특성이나 장래의 그 아의의 성품이 되기를 소원하는 것을 명명한다. 드물지만 적어도 오늘날에는 우리가 불리한 것으로 간주하는 인명도 있다.

인명들 속에는 장애 또한 언급되고 있다. 예를 들어 하룸아프(Charumaf, "갈라진 코") 또는 하타트(Chatat, "약골"), 더 나아가 "굽고," "꺾어진"(Ard, Ater, Chakufa; Bariach) 등에 대한 이름들과 "상해된"과 같은 신체부분에 대한 이름들(Jischwi, Gideon, Gidoni)도 있다. 여성명은 극히 드물게 전승되는데, 여기에는 장애 지칭이 부재하다(그럼에도 Zerua["한센병자," 또는 "피부병자"]가 있다). 대체로 한 이름이 출생 때 부모님들에 의해 주어졌는지, 아니면 이후에서야 애칭으로 덧붙여졌는지에 대한 판단을 내리기가 어렵다. 오늘날 우리는 어린이들이 그러한 이름을 지니고 자라날 경우 어린이 스스로 그것을 어떻게 느꼈을지는 묻고 싶어진다.

여기에 대해 고대 문헌들이 우리에게 주는 대답은 적다. 일반적으로 그러한 작명법에 대한 동기는 두 가지로 전승되고 있다. 블레셋 사람들이 그녀의 남편을 죽이고, 전투에서 이스라엘을 이기고 언약궤가 그들의 손 안에 들어간 이후(삼상 4:21), 죽어가는 어머니가 낙담하며 막 태어난 아기에게 이가봇(Ikabod, "영예가 없음")이라는 이름을 준다.[29] 이후 이가봇은 이 이름을 받게 된다(삼상 14:3). 벤-오니(Ben-Oni, "고통/화의 아들")의 경우는 이와 다르다. 난산으로 인하여 죽어가던 그의 어머니는 그녀의 아들에게 이 이름을 준다. 그럼에도 그의 아버지 야곱은 그를 벤-야민(창 35:18; Ben-Jamin, "올바른, 즉 영예로운 아들")이라고 명명한다.[30]

---

[29] 아카봇(국역, '이가봇')이라는 이름과 "신 XY는 어디에 있는가?"라는 양식의 서부 셈 어명에 관하여, J. S. Burnett, *Where is God? Divine Absence in the Hebrew Bible*, Minneapolis 2010, S. 27-42를 보라.

[30] 좋지 않은 성명부여에 대한 다른 예; 파푸아뉴기니(Papua Neu Guinea)로부터, 출생 때 아버지가 "Break it and throw it away!"라고 명했다는 한 소녀의 자기 증언이 있다. 그 어머니는 이에 순종하지 않았고, 그 소녀는 Letahulozo라는 이름으로 성장하였다 (G. Hausfater의 논문모음집 *Infanticide: Comparative and Evolutionary Perspective*, New

정신적 장애의 특징들이 이름 속에 나타나는지는 분명히 대답할 수 없다. 가하르(Gachar)라는 이름은 "정신이 빈약한"(gering am Geist)[31]을 의미할 수 있다. 부한 재산의 소유자의 이름 나발(Nabal)은 "우매한 자"(Tor)를 의미하며, 그의 아내는 주석하기를, "그의 이름이 나발이라 그는 미련한 자(*nĕbālâ*)이니이다"(삼상 25:25)라고 한다.

오늘날 우리에게 불가능해 보이는 그런 이름들이 결코 개별 사례만은 아니다. "멍청이"라는 뜻의 이름은 메소포타미아에서는 여러 번(특히, *Lillu*와 *Saklu*) 발견되며, 또한 그런 이름들은 고대에도 있었다(그리스어의 Morion과 *Moros*; 라틴어의 *Baro, Brutus, Varro* 등등).[32] 어떻게 그러한 이름들이 생겨났는지 단순하게 대답할 수 없는 것이다.[33] 대부분의 인생이 경과하는 과정 중에서 그 이름의 소지자들에게 주어진 애칭들과 관련된 것이다.

반면, 출생 이후에 식별된 정신적 장애에 대한 분명한 증거가 존재한다(가능성 있기로는 트리소미 21 또는 백치병[Kretinismus]일 것이다). 그리고 (이후에

Brunswick 2. Aufl. 2008, S. 427). 이와 유사하게 이집트명 "그는/그녀는 어디에다 쓰겠는가"는 출생 때의 어머니와 아버지의 한숨으로 거슬러 올라갈 수 있을 것이다(H. Ranke, *Grundsätzliches zum Verständnis der ägyptischen Personennamen*, Heidelberg 1936, S. 15,19). 위에 언급된 구약성경과 문화포괄적인 예들은 불유익을 담고 있는 그러한 이름이 항상 재앙을 막아주는 기능을 가지고 있다는 현행의 대표적인 견해를 상대화시키고 있다. 예를 들어 B. D. Hobson, Naming Practices in Roman Egypt, bulletin of the American Society of Papyrologists 26, 1989, 157-174; 165-166에서 '가치 손상으로부터 보호하는 이름 짓기'(derogative-protectory naming)에 대해 말하고 있다.

31 M. Noth, *Die israelitischen Personennamen im Rahmen der gemeinsemitischen Namengebung*, Stuttgart 1928, S. 229. 마찬가지로 '아슈바트'(Aschwat, "약시의, 정신 박약의"; 비교. N. Noth, S. 228) 역시 불확정적이다. 더 나아가 '하르솨'(Charscha, "귀먹고 어눌한). - 이에 가능성 있는 메소포타미아의 또 다른 이름에 대해 H. Holma, *Die assyrisch-babylonischen Personennamen der Form quttlulu*, Helsinki 1914의 목록을 보라.
32 그리스의 이름에 대해 전자 데이터 뱅크 http://papryi.info/search를 보라. (이름가진 자들 중에 지도적인 관직자들도 발견된다). 비교. 라틴어 이름에 관하여, I. Kajanto, *The Latin Cognomina*, Helsinki 1965, S. 264-265.
33 비교. 구약성경의 나발에 대한 여러 해설시도에 대한 논의는, J. J. Stamm, *Beiträge zur hebräischen und altorientalischen Namenkunde*, OBO 30, Fribourg 1980, S. 205-213. 그럼에도 그는 *Lillu*(메소포타미아), *Mōros*(그리스)와 같은 이름의 문화포괄적인 현상을 너무 적게 고려하고 있다.

야 생겨난 애칭이 아니라) 이에 상응하는 이름이 만들어지게 된다.

메소포타미아의 의식들

출산 전후의 부모의 공포는 고대 근동 뿐만 아니라 그리스-로마의 고대 시대에도 동일하게 존재했으며, 그것은 무엇보다도 수많은 마술 의식과 주문들 속에 나타난다.³⁴ 놀랍게도 여기서는 신체적 장애(와 정신적 장애)가 아니라, 살아남는 것과 때 이른 죽음을 돌이키는 것을 주안점으로 두었다. 이러한 점에서 오늘날 출산 후 가벼운 한숨("중요한 것은, 아이가 건강하다는 것이야!")으로 언급되는 의식과 비교해 볼 때 분명히 차이가 있다.

그림 3: 정신적 장애를 겪은 소년을 위한 무덤 부장품. 어린 원숭이의 여러 측면들(높이 15cm; 구멍으로 통과한 실은 물론 보존되어 있지 않다). 오른쪽 아래는 원통형의 뼈구슬의 측면과 윗면이다.

고대 시대의 이 사실은 장애가 빈번하다 보니 이미 거의 보통의 것으로 간주되었다는 것을 의미하는가? 무엇보다도 장애는 이후에 사고나 질병과 영양실조로 생겨날 수 있었기 때문이다.³⁵ 그것이 아니라면 이 고대 문헌들에 나타난 장애에 대한 진술들은 지금까지 간과되어 왔던 것인가?

생각해 낼 수 있는 모든 "기형적 출산"(Missgeburt)을 기록한 메소포타미아의 상세한 목록들이 알려져 있다는 것은 후자를 지지할 수 있을 것 같

---

34 상세한 모음집으로, J. G. Gager, *Curse Tablets and Binding Spells from the Ancient World*, New York 1992를 보라. 이집트에 대해 비옥한 자료로 G. Robins, *Women & Children in Peril: Pregnancy birth and mortality in Ancient Egypt*, in: Kmt. A Modern Journal of Ancient Egypt 5/4, 1994-1995, S. 24-35의 소고를 보라.
35 고대에 관하여, N. Vlahogiannis, "Cursing" *Diability*, in: H. King (Ed.), *Health in Antiquity*, London 2005, S. 180-191, 특별히 S. 182의 판단과 비교하라.

다. 이 중에는 신체적이고 정신적 장애의 종류에 대한 수많은 지칭들이 있다. 여기에는 우리가 이미 앞에서 접했던 단어 릴루(*lillu*)[36]라는 말도 있다. 이 모든 기형적 출생은 길한 것이나 또는—더 빈번하게는—흉한 것을 미리 말하는 '징조'(Omen)로 이해된다. 그래서 모든 종류의 기형을 기록한 목록에는 가능한 한 기대되는 영향력 또한 기록하고 있다. 그래서 사람들은 미래의 안정을 목적으로 신생아에게 나타나는 눈에 띄는 모든 것을 주목해야 했었고, 그 중에는 분명 정신적 장애도 있었다.

　이 사고체제가 그 자체 내에서는 별로 어려움이 없지만, 얼마나 많은 사람이 이로부터 정의 내려짐을 허용하는지, 또는 정의 내려질 수 있는지는 불확실하다. 관찰된 흉한 결과를 피하기 위하여 사회의 최상류층은 비용이 많이 드는 희생 의식들이 필요했다. 주민들 중 대다수가 이런 종류의 미래안정을 추구하였는지, 또는 흉한 영향력으로부터 보호하고자 비용이 절감되는 호신용 부적을 찾았는지, 유감스럽게도 고대 문헌들에는 분명치 않다. 최소한 언급되었던 로마 시대의 고고학적 증거 자료들을 살펴보면, 당시 호신용 부적이 정신적 장애와 소두증으로 고통당했던 한 소년의 무덤 속에 함께 안장되었음을 알 수 있다. 그 부적은 생후 9년 동안 일정 역할을 한 것 같다(그림 3).

유대 공동체 내의 질문들

　성경 본문과 근접한 또 다른 문화로 방향을 옮겨보자!
　유대교에서 대형 모음집인 미쉬나(Mischna)와 탈무드(Talmud)는 (더 오래된) 구약성경의 문헌들에 대한 필수적인 보충물이 된다. 미쉬나는 A.D. 2천 년에 문자적으로 고정되었고, 탈무드는 몇 세기 후에 그렇게 되었다.

---

[36] Chicago Assyrian Dictionary 와 Akkadisches Wörterbuch 의 *Lillu*라는 항목 아래 증거 자료들.

이 두 작품 속에 수집된 랍비들의 토론들은 종종 눈에 두드러지는 출생을 언급하고 있다. 왜냐하면, 이러한 사람들의 경우 계명들을 지킬 수 있는지에 대한 여부가 불투명하기 때문이다. 예를 들어 자웅동체나 간성(間性)인 들을 주로 다루고 있는데, 이들은 성기가 없거나 불명확하게 형성되어 있었기 때문이다.[37] 이런 사람의 출생이 공포로 느껴졌다는 것은 다른 문화, 특별히 로마 시대 자료들에 보도되었다.[38]

우리가 다루는 주제에 있어서 결정적인 것은 계명을 지키는 일에 있어서 제한적이었던 또 다른 무리의 사람들, 이른바 "귀먹고 어눌한 자들, 정신 박약자들과 미성년자들"[39]이다. 앞의 두 개념들은 정신적 장애의 맥락에 있다. 물론 정신 박약자들(히브리어로 šôṭê)이란 범주에는 심리적인 질병과 정신적 장애를 구분하고 있지는 않다. 한 아이의 출생 시, 그가 "귀먹고 어눌한"지 아니면 정신 박약인지 분별되지 않았기에 이런 구절에서는 어느 종류의 장애가 두드러지는지에 대한 평가없이 나타나고 있다. 랍비들의 자료에서 두드러지게 언급되는 유일한 신생아 그룹은, 내가 알기로는 분명치 않은 성을 가지고 세상에 태어난 아이들의 경우이다.

---

[37] 그리스어 *androgynos*에서 유래된 외래어 *androginōs*(남-여성의)는 미쉬나에서 20번 나타난다. 탈무드는 이에 대한 몇 배의 증빙 자료들을 제시한다. 그밖에 이 외래어는 라틴어에서도 사용되고 있다(Livius, ab urbe condita, XXXVII 11,5 등). - 더욱 자주 나타나는 것은 ṭumṭom 인데, 아마도 고환함몰증(**Kryptorchismus**)을 의미할 것이다(E. Koskenniemi, Exposure, S. 69).

[38] W. den Boer, *Private Morality in Greece and Rome: Some historical aspects*, Leiden 1979, S. 100-124.

[39] 이 삼종 목록은 미쉬나에 여러 번 명명되고 있고, (의미적으로는 더 방대한) 탈무드에는 더 빈번하게 언급된다. 이 사람들의 경우 특정 계명을 지키는 것이 면제된다. 그럼에도 오늘날 전통 신앙적인 부모들은 계명 성취를 위해 노력하고, 신앙고백적으로 중립적 국립학교에서 아이가 그런 방향으로 훈육받기를 부탁한다.

회화적인 묘사들

그림 4, 5: 트리소미 21의 고대 묘사: 헬리니즘의 조각(왼쪽), 에스투르카의 화병(오른쪽)

성경 본문도, 랍비 문헌도 장애를 가진 아이의 출생이 부모들과 그 주변 사회에 어떤 감정을 불러일으켰는지 알려 주지 않는다. 어린이들과(또한 어른들의 경우)의 정신적 장애에 대해 언급을 아끼고 있다. 얼굴과 신체의 특유한 모습 때문에 트리소미 21(또한 thalassemia, '지중해 빈혈')은 의학자 존 다운(John L. Down)의 발견보다 훨씬 이전에 눈에 띄었을 것이다.

다양한 정신 장애 종류에 대한 회화적인 묘사들은 고대에 알려져 있었다(그림 4, 5).[40] 의학자들은 헬레니즘 시대의 조형 미술과 에투르커의 꽃병에서 납작한 콧등과 비스듬한 눈꺼풀, 작은 귀와 원형 얼굴 때문에 트리소미 21과 같은 정신적 장애를 추측하고 있다. 당시 문헌들은 이에 대해 침묵을 유지하고 있다는 점이 두드러진다.

중세 시대 이래로부터 화가들은 매수될 수 없는 관찰자로 등장한다. 우리는 트리소미 21을 가진 아이들을 15세기 이탈리아 화가에게서 만나게 되는데, 거의 압도적인 그 그림의 주제는 "어린 예수를 안고 있는 마리아"였다. 안드레아 만테그나(Andrea Mantegna, 1431-1508)는 다양한 종류의 신

---

[40] M. Grmek 외, maladies, S. 223-230의 주변적인 논의. 그 외에 가장 최근의 그리스의 정신 장애에 대한 묘사를 참조해야 한다(A. A. Diamandopoulos 외, *A Neolithic case of Down syndrome: Journal of the History of Neurosciences* 6, 1997, S. 86-89). 잉카 문명의 묘사에 대해, 예를 들어 J. Kunze 외, *Genetik und Kunst*, Berlin 1986, Abb. 106을 보라.

체기관을 묘사하고 있다.⁴¹ 유아의 얼굴과 그의 손가락과 아이의 첫 번째와 두 번째 발가락 사이가 넓게 떨어져 있음이 두드러진다. 그림을 주문한 귀족 부인의 전신 초상화에서 의미를 담은 듯한 마리아의 슬픈 얼굴을 주목해야 한다(그림 6).

그림 6: 정신적 장애를 가지고 있는 아기 예수, 이탈리아 화가

그림 7a: 아헨 수난제단(외편 화판)

약간 후대에 트리소미 21 어린이의 연출은 알브레히트 뒤러(Albrecht Dürer)와 동시대의 무명 화가의 그림, "아헨의 수난제단"(Aachener Passionsalter) 위에 있다. 그 그림은 '예수의 수난사'의 연출과 관련되어 있다(그림 7ab.).⁴² 의학 역사가 A. H. 무르켄(A. H. Murken)은 아이 그림으로부터 트

---

41 여기에 소개된 플로렌스(Florenz) 그림에 덧붙여서 뉴욕의 "Madonna and Child with Seraphim and Cherubim"(http://www.metmseum.org/home.asp)와 보스턴의 또 다른 하나의 묘사그림이 있다(http://www.downrightbeautiful.org/unloads/9/3/4/0/934042/4818947.jpg). 이보다는 조금 덜 사실적인 묘사는 약 1431년경 필립보 립피(Fillippo Lippi)의 명화가 있다(http://en.wikipeida.org/wik/File:Filippo_Lippi_Madonna_San_Trivulzio.jpg).

42 A. H. Murken, *Eine spätmittelalterliche Darstellung des Mongolismus-Syndroms*, Medizinhistorisches Journal 7, 1972, S.103-113. 당시의 또 다른 명작들은 A. H. Hurken, *Die Darstellung eines mongoloiden Kindes auf dem Aachener Passionsalter*, Wllraf-Rich-

리소미 21로 연결되는 14개의 증상을 열거하고 있다.

그림 조합에서 원숭이가 그 아이를 움켜잡고 있는데, 화가는 그 아이의 몸무게를 짐작할 수 있게 눈에 띄는 곳에 배치하고 있다. 놀고 있는 그 아이는 거반 벗은 채 바라 보고 있는 예수님과 비슷한 신체 자세를 취하고 있고, 동시에 그 아이는 빌라도와 같은 호사스러운 옷을 입고 있다. 유감스럽게도 이 미술가가 어떤 상징적 메시지를 표현하기를 원하는지는 . 여하튼 아이와 원숭이에 대한 사랑 넘치는 묘사는 긍정적인 평가를 암시하고 있다.

또 하나의 분명한 예는 무명의 홀란드 미술가로부터 유래되는 성탄절 천사이다. 그 천사는 전형적인 표정을 하고 있다.[43] 마티아스 그뤼네발트(Mathias Grünewald)의 제단화판에는 뇌성마비 장애 증상들이 관찰된다(그림 8). "귀신 들린" 황제의 딸 아르테미아(Artemia)를 치유하였다고 하는 성 퀴리아쿠스(Sankt Cyriakus)의 전설이 묘사되어 있다. 그뤼네발트의 소녀 묘사는 세세한 부분에서 너무나 사실적이어서 화가가 각색 장애에 대한 실제적인 관찰들을 조합하였음에 틀림이 없는 것처럼 보인다. 그 얼굴은 간질의 발작을 보여 주며, 경련성 마비로 뻗쳐진 손가락은 대뇌피질 손상을 알려 주고 있다.[44]

---

artz-Jahrbuch 33, 1971, S. 313-320. 이에 더해 에르푸르트의 마이쓰너(K.-H. Meissner)는 나에게 그곳 '설교자 교회'의 아기를 안고 있는 마리아 초상을 주목하게 한다 (W. Pinder, *Die deutsche Plastik des 14: Jahrhunderts*, München 1925, Abb. 72).

[43] 그림. V. Delattre 외, *Décrypter la différance*, S. 93 또는 www. metmuseum.org에서(뉴욕 메트로폴리탄 박물관 웹사이트, 검색창 "Down's syndrome"을 기입하라). 여기서 말하는 천사는 마리아 바로 곁에 나란히 보이며, 마리아보다는 분명 더 작다. 배경에 있는 또 다른 두 인물은 마찬가지로 장애를 보이고 있다.

[44] 베를린의 의학교수 얀즈(D. Janz): "양편으로 쳐진 눈꺼풀, 두 눈은 한쪽에 몰려서 밖으로 이탈되어 있고, 손과 팔은 중복 무위치증(無位置症, **Athetose double**)의 위치를 나타낸다." 이 그림에서 정신적 장애가 추가적으로 있는지에 대해 읽어낼 수가 없다.

4. 유아 살해

그림 8: 마티아스 그뤼네발트의 명화   그림 7b: 아헨 수난제단(단면)

그 어떤 성경 본문에도 당시 출생하자마자 아이를 죽였다는 것을 주제화하지 않는다. 왜냐하면, 그 아이의 존재가 하나의 부담으로 비추어지기 때문이었다. 그러나 이것은 A.D. 첫 2세기 동안 바뀌게 되었다. 우선적으로 유대인들이 그리고 그 다음은 그리스도인들이 어떤 종류의 유아 살해도 그들의 종교적인 전통에 부합되지 않는다고 강조한다.

게다가 유아 살해는 당시에 이미 주목할 만한 수준이었는데, 로마의 역사가 타키투스(Tacitus, A.D. 100년)는 이를 증명하고 있다. 그는 자신이 상정했던 중립적인 객관성('노여움과 열정 없는,' *sine ira et studio*)에 부합되지 않는 극단적인 유대인 증오감으로 인하여 수많은 유대인의 관습을 묘사하고 있다. 아주 길게 서술된 유대인들의 속성에 대한 목록에서 그는 유대인들은 "스스로 우리 주민의 후손들을 염려하고 있다. 왜냐하면, 이후에 태어난 아들 중 하나를 죽이는 것은 그들에게 범죄로 간주되었기 때문이다"라

고 기록하고 있다.⁴⁵ 이미 수백 년 전의 또 다른 이방인 작가들도 이와 비슷한 것을 증언하였다.⁴⁶

성경의 침묵과 언급된 본문에 대한 우리의 해석이 적중한지 여부를 논의하기에 앞서 우선적으로 이웃하는 문화권들의 상황이 조명되어야 할 것이다.

로마와 그리스

타키투스(Tacitus)는 로마의 유아 살해 관습이 로마 민족의 인구분포도와 예의범절의 발전에 부정적인 파장을 가질 수 있음에 근심하였다. 그는 칭송할 만한 반대의 실례로 도덕적으로 로마인들보다 더 우월하다고 여긴 게르만족들의 관습을 언급한다. 타키투스는 이와 동일한 칭송이 실제 유대인들에게 있어야 한다고 한다. 그럼에도 그가 가진 유대인 경멸은 그로 하여금 역의 논거를 하도록 한다. 유대인들은 세계 통치권을 노리고 있기 때문에—위험한 로마적 시각에서 보면—그들은 지금 태어난 모든 후손들을 양육하고 있다.

원칙상 유아 살해에 대한 비평적인 입장은 전적으로 타키투스 혼자만이 아니었다. 그러나 그는 로마의 지성인들 중에 적은 소수에 속한다. 이에 반하여 대다수는 풍부한 논거들을 들어 유아 살해를 옹호한다. 또 다른 많은 사람의 대변자로 철학자이자 수사학자인 세네카(Seneca, B.C. 55년-A.D. 29년)가 언급될 수 있다. 그는 단편 논문에서 부당하고 정당한 노여움에 대해 쓰고 있다.⁴⁷

---

45 hist. V.5,3. C. Tour의 세분화된 연구, *Kindesaussetzung und Moral in der Antike*, S. 324-326은 이에 대해 상술하고 있다.
46 비교. C. Tour, *Kindesaussetzung*, S. 318-324.
47 『노여움에 대해』(*de ira*) I, 15,2 (*debiles monstrosique*, "흉하고 허약한 자들").

우리는 기형적 출산을 소멸시킵시다! 그리고 만일 우리 자녀들이 너무 약하거나 심각한 불구로 세상에 나올 경우 우리는 그들을 익사시킵시다! 유익되지 않는 것을 건강한 것들로부터 분리하는 것은 분노가 아니라 이성입니다!

그리고 이전 구절도 이와 동일하게 말한다.

미쳐 날뛰는 개들을 우리는 때려 죽입시다! 만일 황소가 야생적이고 억제될 수 없다면 우리는 그것을 죽입시다! 병든 가축이 소떼 전체를 오염시키지 않도록 그 목을 베어 버립시다!

세네카의 논증은 대담한 유용주의 사고로 정형화되어 있다. 연쇄적인 대량의 논증들은 세네카가 보이지 않는 반대자들을 대항해 자신을 변호했던 변호술의 암시는 아니었는지 질문해 볼 수 있다. 세네카가 그것을 묘사하는 것처럼 유아 살해는 세네카 당시에 그렇게 당연한 것이 아니었는지 말이다. 여하튼 몇몇의 경우, 신체적인 장애를 가진 로마인들은 살아남았고 성년이 되어서야 자연사로 죽었다는 것이 기록에 남아 있다.

유아 살해 옹호는 로마의 발명품이 아니다. 왜냐하면, 이미 그리스 지성인들 역시 그것을 선전하였다. 그들 중에는 플라톤, 아리스토텔레스(Aristoteles)와 같은 유명한 이름들도 있다는 것은 고대 인문주의의 이상주의적인 그림을 견지한 사람들을 기겁하게 할 것이다. 그럼에도 이와 더불어 독특한 현상이 빛을 보게 되는데, 이후 국가 사회주의의 열광주의적인 방안에 공조했던 학술연구자들은 법정에서 플라톤과 아리스토텔레스 역시도 그러한 것을 정당한 것으로 판단하였었다는 것으로 자신들을 변호하였다.[48]

---

[48] (아직 1974년 당시) 저명한 라이프치히 수석의사의 진술을 예로 언급된다. W. Catel, Leben im Widerstreit. *Bekenntnisse eines Arztes*, Nürnberg 1974, S. 172. - 그의 일대기의 근본적인 것: H.-C. Petersen, Werner Catel – *ein Protagonist der NS* - "Kindereuthanasie" *und sien Nachkriegskarriere*, Medizinhistorisches Journal 38, 2008, S. 139-173.

그리스 지성인들의 발언을 더 정확하게 본다면, 이들은 그들 이후의 로마의 지성인들보다 덜 실제적으로 기록하고 있다는 것이 눈에 띈다. 이따금씩 그들의 기록문서는 기묘하면서 심지어 불명확하기까지 하다. 그래서 플라톤이 구상한 이상 국가에서 "발육부진"(verkrüppelte) 아이들은 "더 열등한 시민들"(schlechte Bürger)의 아이들과 더불어 그들에게 알맞은 어떤 "말할 수 없고 볼 수 없는 장소에 숨겨진다."[49]

플라톤은 왜 여기서 더 명확하게, 어떻게 그리고 어디에서 그것이 일어나는지 쓰지 않고 있는가?

마찬가지로 그의 제자 아리스토텔레스 역시, 그의 상세한 문헌 "아테네인들의 국가"에서 "절단된 것들은 그 어떤 것도 길러져서는 안 된다"(그는 유아 살해나 유기를 의미하고 있는가?)라는 법률을 요구하는 한편, 그와 동시에 자신이 보편적인 국민정서를 견지하고 있지 않다고 암시할 때,[50] 비일상적으로 짧게 처리한다. 플라톤은 '개 길들이기'에 대한 그의 논거에서, "성(姓)은 전적으로 순결해야 한다"라는 것을 인용한다. (아리스토텔레스와 마찬가지로) 그런 표현은 그에게 있던 분명히 엘리트적이고, 귀족적인 동인들에 근거한다. "아름다운 것과 좋은 것"의 힘은 약해지지 말아야 한다.

유아 살해에 대한 지성인들의 정서가 그리스와 로마의 주민들 내에서 실관습(Praxis)과 어느 정도 일치하였는지에 대해 우선 점검해야 할 것이다. 우리는 여기서 투어(C. Tour)의 세심하고 명민한 연구를 따라가도 될 것이다. 비록 자료들을 일일이 번호를 매기지 않더라도, 여러 언급에서 살펴보면 우선적으로 유아 살해와 유기가 나타났다는 것은 분명하다. 기본 토대가 되는 모티브들은 다양하다. 기근, [유복한 부모 곁에서의] 안락함, 너무 많은 자녀(무엇보다도 "너무 많은 딸들") 등이다.

---

49 『국가』 460c: *ta de tōn cheironōn, kai ean ti tōn heterōn anapēron gignētai, en aporrhēto te kai adēlō aktakrypsousin hōs prepei*. 소크라테스의 『티마오스와의 대화』 19a (*ta de tōn kakōn eis tēn allēn lathrā diadoteon polin*).

50 *Athēnaiōn politeia* 1335b; C. Tour, *Kindesaussetzung*, S. 57-60의 주석을 보라.

다른 빈번한 모티브는 허약성 또는 신생아의 신체적인 기형이다. 그래도 이것은 항상 유아 살해나 유기로 이어지지 않았다. 왜냐하면, 그런 장애를 가진 성인들은 자료에 언급되고 있기 때문이다.[51] 텍스트에서 더 정확하게 서술되고 있지 않는 장애를 추측해 보면, 다중 장애, 대뇌 손상과 트리소미 21이 있다. 그럼에도 자료들은 분명하게 보이는 신체적인 현격성을 다루고 있기에, 마지막 것은 확실치는 않다.

또한 자료들은 어린이 유기뿐만 아니라 유아 살해가 대체로 수치와 죄책감과 결부되었다는 것을 보여 준다. 심지어 앞에서 언급된 그리스와 로마의 지성인들의 목소리들 중, 행간 사이에서 이를 감지할 수 있다.

메소포타미아

우리는 고대 근동으로 옮겨가 볼 것이다. 그리스-로마와는 반대로 찬반에 대한 그 어떤 논의도 찾을 수 없는 메소포타미아에서 그 자료층들은 가장 폭넓다. 더욱이 타문화권의 유아 살해의 수행을 언급한 적은 수의 구절에서 보였던 죄책감이나 수치감에 대한 언급은 없다. 그 대신 우리는 유아 살해에 대한 소식을 절대적 심각한 장애라는 맥락에서 듣게 된다.

메소포타미아에서 빈곤으로 인해 아이들을 따로 분리시켜야 하는 실례들은 우리가 앞으로 보게 될 또 다른 해법으로 안내할 것이다. 유아 살해의 관습은 기형적 출생(*izbu*)의 결과 때문에 우려되었던 화를 막는다는 소위 남부비(*namburbi*) 의식에서 증언된다. 이 복잡하고 소품이 많은 의식의 과정에서 사람뿐만 아니라 동물까지도 기형적 출생은 결과적으로 강물에

---

51 비교. M. Rose, *The Staff of Oedipus: Transforming Disability in Ancient Greece*, Ann Arbor 2003, S. 47-49. 저자는 신체적 장애(예를 들어 보는 것과 걷는 것)와 약간 너그럽게 다루어진 기형(성기가 없음, 손가락 수가 더 많음) 사이를 예리하게 구분하고 있다(S. 7). 기형의 경우 비자연적 또는 인간이하의 것으로 평가되고 있다. 그러나 이런 구분은 모든 부분에서 고수되는 것은 아니다.

내다버려 폐기처분하게 된다.⁵² 그 전체 절차는 단지 유복한 상류층만 실행할 수 있을 정도로 비용이 많이 든다.

계속해서 진단 "편람"은 두 가지 중한 경우를 언급하고 있다. 신생아가 "울지도 않고 소리치지도 않고 신체를 동작할 힘도 없고 단지 축 처져서 누워 있다면 그 가정 [문자적으로: '아비의 집']이 붕괴되지 않도록 그를 산 채로 물에 던질 것"⁵³을 권한다.

이와 동일한 근거는 경련성 마비가 있는 (대뇌피질이 손상된) 어린이들의 경우에도 발견된다. 이들은 "울고, 뒤틀리고 지속적으로 경직된다." 그 아이는 "사산한 경우와 같이 매장해야 한다."⁵⁴ 분명히 이 배경에는 엄청난 절망이 있다. 그래서 신생아와 함께 그 "사자의 영"도 소거하도록 하는 비상한 살인법을 선택하고 있다. 우려되었던 가정 붕괴가 무엇을 의미하는지 나는 추측할 수 있다.

그것은 가정을 갈기갈기 찢어놓도록 위협하는 과중한 수발이 아닐까?⁵⁵

우리에게 더욱 끔찍해 보이는 비상한 살인법들에 대해 또 다른 두 종류의 바벨론 문헌들이 말하고 있다. 이 경우 불태우거나 산 채로 매장해야 되는 것은 어린이가 아니라 어른이다. 그 병증들은 신체뿐만 아니라 정신이나 지성에도 나쁜 화를 미치는(헌팅턴 무도병[舞蹈病], Chorea Huntington)

---

52 S. Maul, *Zukunftsbewältigung: Eine Untersuchung altorientalischen Denkens anhand der babylonisch-assyrischen Löserituale* (namburbi), Mainz 1994, S. 336 (46줄).
53 N. Hessel, *Diagnostik*, S. 325.335; J. Scurlock 외, *Diagnoses*, S. 332. 의학자 엔더슨(B. Andersen)은 오늘날의 의학적인 용어로 플롭피 베이비 신드롬(Floppy baby syndrome), 근육소실, 프라더-빌리-신드롬(Prader-Willi-Syndrom) 또는 볼툴리누스 중독(Botulismus) 정도를 생각한다. 그러하기에 가정이 붕괴될 수 있는 가능성은 '징조-문학'에서 *lillu*의 출생에 관련해서도 찾을 수 있다(E. Leichty, *The omen series Šumman izbu*, S. 36; W. von Soden, Šumma Ea liballiṭ-ka, S. 114).
54 N. Hessel, Diagnostik, S. 324; 해설은 S. 328-329.
55 나의 주관으로는 정신적 장애를 가진 아이들은 종종 아버지가 노여워하면서 집을 떠나거나 부모 중 한 분의 때 이른 죽음을 경험한 것이란 느낌이 있다. 그러나 나는 이에 대한 통계를 가지고 있지는 않다.

유전적 조건의 뇌성마비를 생각하게 한다.⁵⁶

유전병이 사실인 경우 그 해당 가족은 한번 이상 그 병에 노출되었을 것으로 추측된다. 여기서는 나무 동강이와 막대기로 그 화를 멸하는 것이 중요하다. 물론 이것은 예외적인 경우들이다. 그러나 이런 처분법 역시 타문화권의 의사들이 보여 준 치유노력과는 현격하게 상반됨을 알 수 있다.

당황스러운 살인의 실제를 비교 가능하게 하는 문화인간학(인종학)의 관점이 도움이 될 것이다. 여러 문화권에서 장애가 있는 사람도 양육하고 돌보는 것은 통상적인 경우이다. 그럼에도 불구하고 특별히 스트레스를 받는 상황에서는 때때로 참혹한 형태로 시행되는 유아 살해가 발생한다.⁵⁷ 마찬가지 경우로 군사적인 대참사에 대해 절망한 후 사람들이 산 채로 매장되었다는 것 그리고 이러한 시행은 국가적인 기구들뿐만 아니라 여론을 통해 지지를 받았다는 것은 로마 문명(B.C. 2세기)에 알려져 있다.⁵⁸

오늘날에도 신문들이 결과적으로 사람들을 산채로 매장하는 스트레스 상황들을 이따금씩 보고하고 있다. 2010년 남부아나톨리아의 한 시골지역에서 미성년 소녀가 남자들과 접촉하였음에 대해 문책을 받고, 가정 법정에서 산채로 매장하여 죽일 것을 판결한 것이 한 예일 것이다. 현대 국가제도는 대안적인 법체제를 통해 경쟁적인 가정 법정을 허용하지 않을 수 있으며, 그에 반하여 대응해야 한다.⁵⁹

이슬람 문명 이전, 경작할 수 없는 사막 지역의 베두인 주민들에게는 스트레스가 특징적이었다. 그들은 새로 태어난 소녀의 양육과 결혼에 대한 비용을 감당할 수 없었기에 묻어버렸다. 무함마드는 그의 수라(Sura) 16,58-59와 81,8에서 이에 대해 맹렬하게 항거한다. 그는 알라의 처벌로

---

56 S. Scurlock 외, Diagnoses, S. 335-336에서 의사 엔더슨(B. Andersen)의 번역과 주석.
57 N. Neubert 외, *Behinderung und Behinderte in verschiedenen Kulturen: Eine vergleichende Analyse ethnologischer Studien*, Heidelberg 3. Aufl. 2001, S. 66-68.
58 Livius, ad urbe condita 23,57 등; 마지막으로 더 상세하게는, D. Engels, *Das römisch Vorzeichenwesen*, Stuttgart 2007, S. 443-448. 여기서 에투루커의 영향을 다루고 있다.
59 2010년 2월 6일 Basler Zeitung, S. 14.

위협하고 있다. 왜냐하면, 그러한 실관습은 다신 신앙의 관행이기 때문이라는 것이다(수라 6, 137.140). 마찬가지로 무함마드는 빈곤으로 인한 유아 살해를 날카롭게 반대한다.

> 너희는 빈곤해질 것이 두려워 너희 자녀들을 죽이지 말라—신은 너희와 그들에게 생활비를 선사하신다—그리고 신이 불가침이라고 선언하신 영혼을 죽이지 말라! 정당성이 없는 경우(즉 배교, 살인, 간음에 대한 처벌과 전쟁 중 적에 대한 처벌).[60]

유아 살해는 총 7회 꾸란에서 금하고 있고, 다양한 시대의 다섯 수라에 나누어져 있다.

유대인[61]뿐만 아니라 그리스도인 그리고 이슬람의 최고대표자들은 유아 살해를 신랄하게 거절한다는 것을 생각해 보아야 한다. 그들은 그리스와 로마의 지성인들보다 더욱 격렬하게 이를 말하고 있으며, 그러한 살인은 그들의 종교적 정체성에 일치할 수 없다고 보고 있다.

이 지점에 있어 유일신관의 세 자매 종교들의 만장일치는 문서적으로 보존된 형태의 반대 논증이 우리에게 들리지 않고 있기에 주목할 만하다. 그러니까 금령이라는 것은 정체 보장의 핵심적인 요건과 결부되어 있다. 가능한 그 누구도 "이방인들"의 관행에 전염되지 말아야 한다. 그런 "전염"이 발생했다는 것은 전혀 의심할 여지가 없다. 유아 살해는 단지 종교적 정책에 반하여, 즉 단지 비밀리에 실행될 수 있었기에,[62] 관행은 그리스-로마사회의 문화와 분명히 구별되었다.

60　Sure 6,151과 또 다른 구절들(17,31; 60,12)에서 유사하게.
61　코스켄니미(E. Koskenniemi, *Exposure*, S. 71)는 또 다른 논거들을 논의하고 있다. 랍비 문헌들이 흠이 있게 형성된 성기를 한 사람들을 그렇게 빈번히 언급하고 있다면(*androginōs, ṭumṭom*), 이것은 이 아이들은 죽이지 않았던 것이 분명함을 의미한다.
62　중세 이슬람 사회의 (제한적인) 관습에 대해, A. Gil'adi, *Children of Islam: Concepts of Childhood in Medieval Muslim Society*, Oxford 1992, S. 101-115를 보라.

5. 장애아들은 희생 제물이 아니었다

구약성경에 언급되었을 뿐만 아니라 또한 가장 격렬히 금지한 '아동희생제'(Kinderopfer)는 오늘날까지 집중적으로 연구되고 논의되고 있다.[63] 쏟아부은 엄청난 양의 잉크에도 불구하고 학문에는 오늘날까지 단지 적은 숫자의 확정적 결과만 있다. 그러나 이에 대한 센세이션한 많은 가정들을 입증해 보일 수는 있다.

예를 들어 가시적인 장애를 가지고 사는 아이들이 산 채로—말하자면 종교적 축복이란 의미에서—신에게 바쳐졌다는 것을 생각해 볼 수 있지 않을까?

이 가설은 너무나도 매력적으로 들리나, 사실은 전혀 아니다. 왜냐하면, 이 가설은 모든 종교의 보편적인 사실을 주목하지 않기 때문이다.

희생물은 신을 만족시켜야 하기에, "무흠한"(makellos) 것이어야 한다. 온전치 못한 것들은 신에게 모욕을 주고, 진노하게 할 뿐이다. 그래서 구약성경에서—그리스 문화권에서도 마찬가지로—특정한 특질을 가진 동물들을 희생 제물로 바치지 못한다는 것은 우연이 아니다. 이스라엘에서는 눈먼 동물, 부러진 신체를 가진 동물이나 절단된 동물, 돌기와 긁힌 자국이나 습진을 가진 동물, 기형이거나 결함이 있는 동물이 있었다(레 22:20-25).[64]

희생제를 "올바로"(richtig) 바쳐야 하는 제사장에게, 이와 같은 특질은 제단 직무를 불가능하도록 한다(레 21:17-23). 심지어 적법한 이스라엘 제사장이 장애를 입을 경우—사고나 연령으로 통해—제단 직무에서 분리되어야 한다. 하지만 그는 계속해서 "지성물"(Geheiligtes)을 먹을 수 있으

---

63 A. Michel은 *Gott und Gewalt*, S. 48-53에서 자료목록을 제시하고 있다.
64 마지막으로 언급된 두 가지 특질을 가진 동물들은 희생 제물로 불가능했다. 그럼에도 최소한 성소의 인력들을 위한 "자원 제물"(23절)로는 허용되었다. 마찬가지로 장애를 가진 사람들은 그곳에 살도록 성소에 양도되었을 수 있다. "성전 헌상"(제4장 13.)를 보라

며, 이를 통해 하나님과 연합된 공동체 내에 머무른다(레 21:22).

마지막으로 이삭이 "희생 제물"(Opferung)이 된 아주 유명한 이야기를 상기해 볼 수 있다. 이삭은 아브라함이 특히나 고대하고 사랑했던 아들이다. 그리고 바로 그것 때문에 그는 "합당한"(würdig) 희생 제물(창 22장)이 된 것 같다. 그렇다면 단순히 부모가 장애아를 "불 가운데 통과시키다"(왕하 17:17)든지 아니면 "몰록에게 제물로 바침"[65]으로써 장애아에 대한 부담을 덜어버렸다고는 생각해 볼 수 없다.

6. 신생아 유기

구약성경 또한 원칙적으로 본다면 유아 유기를 주제화하고 있다. 물론 정신적 장애가 없는 아이일 경우를 언급하고 있다. 쉽게 지나칠 수 있는 여러 다른 암시들과 나란히,[66] 저마다 고유한 상황을 묘사하고 있는 세 가지 상세한 텍스트가 있다.

모세

그 첫 번째 텍스트는 영아일 때 바구니에 담겨 나일 강에 유기된 것으로 잘 알려진 모세의 이야기이다.

파라오(Paraoh, 바로)의 명령에 반하여 모세는 비보호 상태로 그곳에 버려져서 죽음에 내맡겨진 것은 아니었다(출 1:22-2:10). 이 이야기는 그 성격으로 미루어 볼 때 기록이나 조서(Protokoll)가 아니라, 기본적인 인간의 상황을 생생하게 스케치하여 역사적 시기의 문제를 시가적(poetisch)으로 집

---

[65] 그러한 희생제의 예는 레 18:14에 언급되고 있다. '몰록'(Moloch)은 희생제의 종류, 또는 신명으로 이해될 수 있다.
[66] 시 22:10; 27:10; 사 49:15; 렘 14:16은 유아 유기가 암시된다.

약하여 요약해 주는 구전된 한 설화(Sage)의 양식이다. 그러한 점에서 설화는 당시 발생한 사건을 학문적으로 재구성한 것보다 더 현실적이고 더 감명적인 정보를 운반할 수 있다. 학문적인 정보는 검약한 자료들과 막연한 추론으로 만족해야만 한다.

설화가 길러 올리는 회화적 보물은 종종 문화 포괄적이다. 이에 대한 더 새로운 예는 스위스의 빌헬름 텔(Wilhelm Tell)에 대한 설화이다. 낯선 전제군주에 대항해 원(園)-스위스적인(urschweizerisch) 자주성을 인상 깊게 체화한 그 형태는 일부 몇몇 특징에서 사냥꾼을 주제로 한 북유럽의 설화와 친족관계에 있다.

바구니 속에 담긴 모세 유기에 대한 이야기와 비슷한 경우가 있다. 독신인 어머니가 젖먹이를 바구니에 담아 유기한 앗시리아의 왕, 사르곤 1세(Sargon I)의 설화는 모세 이야기와 세부적인 것까지도 동일하다. 성경의 이야기는 원래 영아 유기는 무대 후면으로 밀어두고, 위협에 빠진 아기가 구출된 것을 더 강조하고 있다. 그럼에도 이를 통해 분명해 지는 것은 영아 유기가 문제해결을 위한 초문화적인 해결 시도였다는 것이다. 그리스와 로마의 설화 세계에서도 영아 유기는 자주 나타나고 있다. 우리는 이후, 이것에 집중해 볼 것이다.

이스마엘

두 번째 텍스트도 설화인데, 이미 다 자라난 아이의 유기(Aussetzung) 또는 구축(Vertreibung)을 그려 주고 있다(창 21:9-21). 사라의 남편, 아브라함은 결혼생활의 평화를 위하여 자신의 첫 아들인 이스마엘을 그의 어머니 몸종 하갈과 함께 광야로 떠나보낸다. 광야에서 이들 두 사람은 배회하게 되고, 출발할 때 받은 최소한의 길 양식마저 모두 소진해 버린다.

이후에 한 천사가 그들에게 우물을 보이며 이스마엘의 좋은 내일에 대한 약속을 알려 주기까지, 그들은 도저히 피할 수 없는 갈증을 맞이하게 된다. 이 이야기에서 좋은 인물이 못 되었던 아브라함 자신의 문제성과 더불어 유기의 혹독함이 무엇인지를 분명히 보여준다. 더욱이 여기에는, 자신의 아들이 목말라 죽는 것을 보기를 원치 아니하여(창 21:15-16), 이른바 자기 아들을 덤불 아래에 "내버린"(wegwirft) 하갈로 통해 두 번째 종류의 유기가 발생한다.

그 이야기는 유기가 극한의 위기 가운데 응급 해결책임을 전제하고 있다.[67] 이야기꾼은 도덕적인 판결을 의식적으로 포기하고, 그 대신 위기에서도 이끄시는 하나님의 결정적인 행위를 목표로 한다. 근대 사회에서 이와 비교할 만한 강제 추방이 발생한 것은 오늘날에도 항상 거듭 주제화되고 있다. 2010년 대영 제국 수상은 공식적으로 1970년까지 수백 년 동안 교외의 집단거주지로 밀려난 가난한 어린이들이 여섯 자리 숫자나 되었다는 것에 대해 사과를 구하였다.[68]

주운 아이, 예루살렘

유아 유기를 언급하는 세 번째 구약성경 본문는 예언자 에스겔의 책에서 발견된다. 에스겔서에서 이스라엘 하나님께 대한 예루살렘의 불충성은 넘겨들을 수 없을 만큼 날카롭게 비판되고 있다. 에스겔은 예루살렘과 하나님의 관계를 통상적이지 않는 그림으로 설명하고 있다(겔 16장). 그 장면은 도덕 감각의 통증의 한계를 [오늘날에서는 그렇지 않지만] 무시하고 있다.

하나님은 길을 가던 도중 허허 벌판에서 이제 막 유기된 젖먹이 여자아기를 발견한다. 그녀는 벌거숭이였고 아직 피가 묻은 채 버둥거리며 "내버려져"(weggeworfen) 있었다. 탯줄이 떨어진 그 아이의 몸은 소금과 기름으로 위생처리가 되어 있지 않았고, 포대기로 감싸여 있지도 않았다. 지나

---

67 텍스트가 그 당시 이스마엘과 야곱의 후손들 사이에 긴장된 관계가 형성되어 있는지에 대해서 여기서는 추적해 볼 수 없다.
68 2010년 2월 25일, *Basler Zeitung*, S. 3.

치던 자가 의지할 곳 없는 젖먹이를 긍휼히 여기게 되었고 그 소녀가 아름답고 탐스러운 여인으로 성장하기까지 기른다.

그러나 그런 다음 이 소녀는 양부(Pflegvater)를 실망시키며 창녀가 되고, 멋진 낯선 남자를 잘 따르기 위해 자신의 부를 남용한다. 포르노그라피의 특징들을 담고 있는 에스겔의 (시)조는 실망한 양부가 이전에 준 아이를 대대적으로 심판함으로써 마무리 된다. 대담한 알레고리적 이야기는 에스겔의 청자들이 영아 유기에 대한 개념을 가지고 있었을 때만 이해될 수 있었다.

구약성경의 세 본문은 영아 유기가 현실이었으며, 더욱이 기대할 만한 옵션이 절대 없을 경우에는 그러하였다는 것을 알려 주고 있다. 무엇보다도 위기 상황에서 그것은 불가피할 수 있다. 세 본문에서 하나님의 구원은 항상 그러한 위급 상황을 넘어서도록 인도하신다. 하나님의 구원이 없었다면 유기된 아이들은 살아남지 못했을 것이다.

"내버리다"(wegwerfen)

이들 본문에는 놀랍게도 항상 사용되는 "내버리다"(히, *hišlîk*)가 나타난다.[69] 이 단어는 오늘날 우리들의 "버리다"라는 측면이 아니라, 우리의 책임 영역 밖의 한 장소에 "처분하다"(entledigen)나 "폐기처리하다"(entsorgen)라는 의미를 강조한다.[70]

이 용어는 하갈이 물 부족으로 그의 아이에 대한 돌봄이나 책임을 더 이상 질 수 없고 또한 죽음을 지켜보기를 원하지 않기 때문에, 목말라 죽게 된 이스마엘을 덤불 아래 "내버릴" 때의 상황에서 이해될 수 있다. 요셉의 형들이 요셉을 우물구덩이에 "처리할"(entsorgen) 때(창 37:20-24), 그들은 아우를

---

69 창 21:15; 출 1:22; 겔 16:5.
70 M. Maul, *Adoption of Foundings in the Bibel and Mesopotamian Documents: A Study som Legal Aspects in Ezechiel* 16,1-7, in: Journal for the Study of the Old Testament 46, 1990, S. 97-126.

돌볼 의무에 대해 "처분한 것"(entledigen)이다. 그리고 예레미야의 대적자들이 연로한 선지자를 한 웅덩이에 '내버릴' 때, 심지어 그들은 이 일을 "줄로" 달아서 하였다(렘 38:4-13). 만일 우리가 다른 문화로 눈을 돌린다면, "내버리다"라는 개념을 다시금 아래의 유기의 맥락에서 만나게 될 것이다.

유아 살해는 십중팔구 그 아기와의 내적인 관계가 자라기 전인 출산 후 첫날을 생각해 볼 수 있다. 반면 유기는 이후에 생겨날 수 있는데, 이것은 어머니가 스스로 그 아이가 남들이 발견하고 다른 사람들에 의해 길러지기를 바라는 희망을 품고 있기 때문에 행하는 것이다. 그러한 유기는 경제적인 위기 상황 중에 생각해 볼 수 있거나 또는 그 아이의 허약성이 시간이 지남에 따라 발견되는 경우에 그러하다. 그러한 점에서 [시간이 지나서야] 알아 볼 수 있는 정신적 장애가 유기로 이어질 수 있었는지를 사변해 볼 수 있을 것이다.

물론 고대 자료들은 이에 대해서 한 번도 분명하게 말해 주지 않는다.[71] 그래서 대답은 어렵다. 그래서 나는 아래의 성경 이외의 본문들을 조심스럽게 평가해 볼 것이다.

고대 근동

아동 유기는 메소포타미아에서 여러 방식으로 증언되고 있으며,[72] 유기에 대한다 다양한 결론에 이르고 있다. 한편으로 이것은 이른 죽음을 야기하지만, 다른 한편으로 상황에 따라 아이의 생존 역시도 가능케 한다. 일찍이 유기에 대한 언어적 공식들은 죽음의 위협을 암시해 주고 있다. 유기

---

71 고대 로마에 대해, C. Laes의 Learning from Silence. Disabled Children in Roman Antiquity, in Arctos 42, 2008, S. 85-122, 특히 92-99의 조심스러운 상술을 보라.
72 비교. K. Volk, Von Findel-, Waisen-, verkauften und deportierten Kindern: Notizen aus Babylonien und Assyrien, in: A. Kunze-Lübke (Ed.), Schaffe mir Kinder ...., Leipzig 2006, s. 47-87.

된 아이를 발견하고 양자로 삼는 자는 "개의 주둥이에서 그 아이를 빼앗는 것이다"라고 했다.

이것은 그 아이가 쓰레기와 시체로 영양을 공급받았으며 아이는 무방비 상태에서 주인 없는 개들의 공격을 당해 목숨이 위태할 수 있었다는 것을 의미한다.[73] 예를 들어 B.C. 2세기 초기 마리라는 도시의 왕에게 보낸 관리들의 많은 보고서가 알려져 있다. 그들 중에는 수개월 된 젖먹이 아이의 참혹한 발견물이 보도되고 있는데, 그 아기의 머리와 하체가 없기에 그 성별이 무엇인지 확정할 수 없었다고 한다(그 관리에게는 성별이 특별히 언급할 만한 것이었던 것 같다).[74]

그 아이는 들짐승들에게 먹혔을까?

그 발견 장소가—운하에서 가까움—유기를 지시하고 있다. 왜냐하면, 하수에 근접한 곳은 아이를 버리는 곳으로 아주 선호되던 장소이고, 그 아이가 제시간에 발견되고 구출되기를 바라는 한 어미의 희망에 특별히 부합되는 장소이기 때문이다. 관리들의 즉각적인 조사 보고는 그 주인에게 죽은 아이의 출신(노예의 아기?)에 대해 그 어떤 정보도 제공하고 있지 않다. 그 관리의 침묵에 대한 답은 그러한 상황하에 이해될 수 있다. 설령 그 관리들에게는 절망적이겠지만 말이다.

대부분의 경우, 유기된 아기는 죽게 되었을 것이다. 그럼에도 (추측컨대 매우 희박했을 테지만) 관심이 있던 [즉 입양을 원하던] 동료 사람들 덕택에 버려졌던 아이가 살아남았다고 보고하는 문헌들이 있다. 거기에는 "개의 입에서 그는 구출되었다"(Ina-pi-kalbi-irich)[75]와 같은 기록들이 남아 있다.

---

[73] 사람들을 공격하고 심지어 먹어치우는 개들에 대해서, 예를 들면 왕상 21:23-24(비교. 시 22:17; 68:24; 사 56:11; 눅 16:21)이 말하고 있다. 그 현상은 문화권들을 넘나들고 있다. 예를 들어 로마의 이방인이 문필가인 피르미쿠스 마르테르누스(A.D. 4세기, Firmicus Maternus)는 그의 점성술학 책 "Mathesis"(VII 2)에서 유아 유기의 맥락에서 개들을 언급하고 있다.

[74] 번역은 J.-M., Durand, *documents épistolaires*, Band 3, S. 236-237.

[75] J. J. Stamm, *Die akkadische Namengebung*, Leipzig 1939, S. 320; C. Wunsch, *Findelkinder und Adoption*, S. 182-183.

그리스-로마의 자료들

그림 9: 기름항아리에 그려진 유아 유기

메소포타미아와 마찬가지로 그리스-로마의 고대에는 유기가 잘 알려진 해결책들 중 하나였다.[76] 유기는 본문들 중에 아주 다양한 성격으로 언급되고 있다. 신화(Mythos)와 설화(Sage)에는 주운 아기로 시작하는 영웅과 왕들에 대해 보도한다. 예를 들어 이후에 로마의 건국자인, 루물루스(Romulus)와 레무스(Remus)는 유기된 쌍둥이로써, 암늑대가 그들을 길렀다 (후대에 저돌적인 로마 제국주의의 시조는 육식 동물의 젖으로 영양 공급을 받았다고 밝힌다).

그런 설화가 빈번한데, 저명한 인물들은 모두 버려진 아이로부터 출발하여 그의 특별함을 입증해야 한다는 인상을 줘야 한다. 이런 사고의 배경에는 중요성이 있던 사람들의 생은 처음부터 위험들을 통해 위협받았다는 경험이 있는 듯하다. 모세와 예수님―베들레헴의 유아학살을 모면한― 또한 이 계보에 속한다.

---

76   C. Tour, Kindesaussetzung; 동시대 출판된 작업으로 이와 유사한 평가인, C. B. Horn 외, "let the little children come to me." *Childhood and Childeren in Early Christianity*, Washington 2009, S. 213ff. 과 E. Koskenniemi, *Exposure*.

이와 마찬가지로 유기는 소설, 비극과 희극 속에 한 가지 주제였다. 우악스러운 희극에 특별히 각광받던 남부 이탈리아(Unteritalien)의 한 작은 기름병은 이를 삽화로 그려 주고 있다(그림 9). 희극 배우의 전형을 하고 있는 한 살찐 남자가 포대기에 쌓여 땅 바닥에 눕혀진 유기된 아기와 마주친다. 그는 표정과 신체 자세로 엄청난 놀라움을 표현한다. 희극을 고조시키려는 목적으로 [보이기로는] 젖먹이 여자 아이는 가슴과 여자 머리모양으로 묘사되고 있다. 그 배우의 오른쪽에 있는 제단은 그 사건이 발생한 장소에 대한 힌트가 될 수 있을 것 같다.[77]

비실재적이지만 고대 문학에서 유기된 아이는 절대로 죽지 않고 항상 초창기의 난관들 이후에는 엄청난 출세를 경험한다. 의문이 밀려온다.

왜 이 주제는 그토록 매력이 있는가?

문학 속에서는 아직 사회에서 소화하지 못하던 금기와 같은 주제가 안전한 방식으로 자양분을 얻을 기회가 있었다. 분명히 유아 살해만이 아니라 유아 유기도 마찬가지로 오늘날의 낙태의 논쟁과 같은 수치와 결부되어 있었다. 만일 사람이 스스로 한 아이를 유기했다면, 그는 때때로 이를 되짚어 생각하며 스스로 그 아기가 어떻게 되었을까 비밀히 질문할 것이다. 그가 문학 속에서 옛적에 유기된 자의 성공적인 출세에 대해 듣는다면, 그 소식은 자신의 양심을 안정시켰을 것이다.

장애를 가진 신들

우리는 신체적으로 쇠약한 아기를 유기한 후 그 부모의 감정 동요가 어떠하였는지 알지 못한다. 이에 대해 보행 장애를 가진 신, 헤파이토스(Hephaistos)의 신화가 도움이 될 수 있을 것이다.[78] 제우스(Zeus)의 부인, 헤

---

[77] 나는 고고학자 A. Kaufmann의 상세한 그림묘사에 감사를 표한다.
[78] 비교. N. Kelley, in: H. Avalos 외, *This Abled Body*, S. 35-36. M. Schmidt, *Hephaistos lebt: Untersuchung zur Behandlung behinderter Kinder in der Antike,* in: Hephaistos 5-6, 1983/4, S. 133-161에서 상세하게 다루고 있다.

라(Hera)는 자신의 허약한 아기 헤파이토스를 유기한다. 한 전승에 따르면 그(Zeus)는 그를 바다 속에 "내 던진다." 그럼에도 헤파이토스는 구출되고 후에 올림푸스(Olympus)의 12 신들 중에 하나가 되는 데 성공한다.

그림 10ab: 베셋트(Beset) 모습(왼쪽)과 베스(Bes) 모습(오른쪽)

그 밖에도 신체적 기형이나 흉한 특성을 지닌 또 다른 신들 역시도 숭배되었다. 우리는 이스라엘뿐만 아니라 전 고대 시대를 통틀어 행운의 부적으로 널리 각광 받았던 이집트의 신, 베스(Bes)에 대한 수많은 복사본들을 가지고 있다.[79]

그는 임신과 출산의 위험에 대한 수호자로 간주된다(그림 10ab.). 베스 특유의 흉함과 다중 장애(병리학적으로 바깥쪽으로 굽은 짧은 다리, 닫히지 않는 입, 툭 튀어나와 걸린 혀를 가진 소인증)는 기묘하게도 상반된 가치를 가진 신적 현상으로 보이고 있다.

---

[79] 상세한 내용은 아래에 "베스 – 장애를 가진 신?"(제4장 10.)을 보기 바란다!

유대교에서의 규정들

탈무드(Talmud)의 유대 전승은 우리들에게 유아 유기의 구체적인 실행에 관해서 가장 상세한 정보를 제공하고 있다.[80] 젖먹이들은 부분적으로 식별표시(조개목걸이, 메달, 호신부적)를 한 채 유기되었다.

이것은 한편으로 그 부모들에게는 유기가 불가피함을 의미한다. 왜냐하면, 그들은 흉작(Missernte)의 결과로 아이를 제대로 먹여 살릴 수 없었기 때문이다. 그러나 다른 한편으로, 그들은 그 아이에게 경제적으로 더 개선된 시절이 다시금 찾아 오기를 계획하고 있다. 그 아이의 몸은 기름으로 발려져 있고, 보자기에 잘 감겨 있거나 (소년인 경우) 깔끔하게 할례도 되어 있었다.

탈무드는 이런 개별 사항들에 관해 오늘날의 호기심을 충족시켜 줄 목적으로 정보를 제공하지는 않는다. 도리어 이러한 관찰들은 중차대한 법적인 문제를 해명하는데 도움이 된다.

출신이 알려지지 않은 그 아이가 이후에 그의 가까운 친족과 결혼한다면 (근친상간) 이 얼마나 위험천만한 것이겠는가?

출신이 알려지지 않은 체로 유기된 아기와 유대인의 공동체는 어떤 관계에 있으며 그에게는 어떤 권리가 있는가?

그리고 (어쨌든 비유대인인) "서자"(Bastard)가 유대인들의 공동체에 들어오지 못한다는 것은, 옛날 계명에서 어떻게 합법화될 수 있는 것일까?(신 23:2)

서기관들에 의해 논의되었던 해결책은 친(親)어린이적이며, 의심스러울 경우 항상 주운 아기와 그 아기의 완전한 유대인적인 권리를 위한 편당적인 입장이다. 권리의 문제의 경우, 만일 그 유기된 젖먹이가 (살아남도록) 사람들이 정기적으로 왕래하는 장소들인 동물로부터 보호된 나무 곁이나

80　*Traktat Qidduschin* 73a-b: 번역, in: L. Goldschmidt: *Der balylonische Talmud*, Berlin 1925-1935, Band 6, S. 762-763. 비교. C. Tour, *Kindesaussetzung*, S. 337-340에서 상세한 주석. 비유대교적인 고대 문헌에서도 우리는 이와 비슷한 내용들을 접할 수 있다.

도심의 회당, 길가나 강물줄기에 유기될 경우에는 적실성이 있다.

반면 유기의 세심하지 않은 방식 때문에 그 젖먹이의 죽음이 감수되었거나 소원된 것으로 보일 경우, 그 어머니는 유대인 여성이 아님이 가정된다(여기에는 유대인 성향에 대한 고도의 신뢰가 드러난다). 그러한 경우일지라도 유대 공중(公衆)은 아기부양에 대한 책임이 있다. 설령 이 아기가 완전한 유대 공동체의 일원이 되지 않는다 할지라도 말이다.[81] 탈무드는 빈곤과 기아의 결과로 유기가 발생한다고 냉담하게 전제한다—심지어 자기 자신의 민족 내에서도. 이에 대해 탈무드는 그 어떤 도덕화 된 비난을 단념한다(비혼모들의 위급 상황에 대해 이와 마찬가지이다).[82]

신체적이거나 정신적 장애를 가진 아이들의 유기에 대해 성경 문헌이나 유대교와 초기 그리스도교 본문들에서 언급하고 있지 않기 때문에[83] 이에 대한 역사적인 판단은 가능하지 않다.

7. 방치

나는 고대 근동의 텍스트뿐만 아니라 그리스-로마 고대 시대 텍스트 중에 장애로 인한 어린이 방치(Vernachlässigung)에 대한 분명한 예를 찾지 못하였다.[84] 그럼에도 우리는 맨 처음 인용했던 길가메쉬 서사시(Gilgamesch-Epos) 본문을 상기해 보자.

---

81 서기관들이 수행한 토론의 주제 밖에 있었기 때문에, 어떻게 그리고 누구에 의해 길러져야 하는가는 말하고 있지 않다.
82 미쉬나에서도 마찬가지이다(*Traktat Qidduschin* 4,1-43).
83 그리스도교 자료들의 수용 작업; N. Kelley, *The Deformed Child in Ancient Christianity*, in: C. B. Horn 외, *Children in Late Ancient Christianity*, Tübingen 2009, S. 199-225.
84 구약성경 내에 어린 아이들을 방치하는 것에 관해 A. Michel의 *Gewalt*, S. 55-57 을 보라.

정신적 장애인 릴루(*lillu*)—물론 여기서는 어른을 생각해 볼 수도 있다—는 저(氐)품질의 음식인 맥주 침전물과 곡물의 겨로 만족해야 한다. 이것은 적지 않은 경우 강제적으로 일어났다고 생각해 볼 수 있다. 식량 자원이 겨우 미치던 시절 모든 사람들에게 충분한 음식과 의복과 돌봄이 제공된다는 것은 불가능한 것이기 때문이다.[85]

많은 경우 다른 사람들보다 이중적인 주의와 돌봄의 시간이 필요한 장애를 가진 아기는 식량 자원의 부족으로 쉽게 운명의 바퀴 속으로 말려 들어가게 된다.[86] 결핍의 정도가 전적으로 통렬할 경우, 함께 먹는 한 사람의 죽음이 다른 사람들에게 부담을 덜어주는 것이 된다. 생산성에 최소한의 기여도 하지 못하는 사람은 특별히 위태로웠다. 그럼에도 이미 언급된 선사 시대에 유래된 고고학적인 발견물들은 개인의 장애에도 불구하고 그런 개인들이 살아남았다는 것을 보여 주고 있다.

강인한 생존의지, 또는 지파 일원들의 평균 이상의 수발 덕택인가?

이 두 가지가 서로 대립적으로 작용할 필요는 없다. 제3세계 국가들에 대한 오늘날의 민족학적인 관찰들은 무엇보다도 장애에도 불구하고 지파의 생존(과—그리고 그럼으로써 개인의 생존)에 순전한 기여를 강조하고 있다.[87]

---

85 A.D. 3세기, 로마의 법률학자 바울루스(Paulus)는 음식 거부를 이유로 아이를 방치하는 것을 질식시키거나 유기하는 경우와 같은 살인으로 평가한다(Corpus Juris, Digest. XXV 3,4). - 초기 로마 황제시절, 마비증 또는 귀먹음에도 불구하고 길러진 아이들의 몇몇의 일대기들이 존재한다(D. Gourevitch, Au temps des lois Julia et Papia Poppaea, la naissance d'un enfant handicapé est-elle une affaire publique ou privée?, in: Ktéma 23, 1998, S. 459-473).
86 위에서 언급된 소두증 아기가 이 경우에 해당한다. 왜냐하면, 조사된바 두개골은 영양실조의 흔적을 반증하고 있기 때문이다. J. Wahl 외, Gräberfeld Stettfeld, S. 80. 물론 그 아이가 더 이상 먹을 수 없었거나, 더 이상 먹기를 원치 않았을 가능성도 있다. 이에 더하여, 영양실조가 골상학적으로 얼마나 끔찍하게 증명되는지 기억될 필요가 있다.
87 그리스도교 이전시기 게르만인들 가운데 부양의 상황에 대해 W.-D. Teegen 외 *Studien zur Lebenswelt der Eisenzeit*, Berlin 2006, S. 543-544를 보라. 말리 출신의 민속학자 K. Dettwyler, Can Paleopathology Provide Evidence for "Compassion," American Journal for Physical Anthropology 84, 1991, S. 375-384. 그녀는 선사 시대 문화권에서 장애를 가진 사람들을 너무나 장밋빛으로 다루고 있는 곡론을 경고하고 있다. 최근의 문화인류학적

제4장 정신적 장애를 가진 이들에게 가능한 운명들   115

총체적인 문제성은 현대 문명에서도 낯설지 않다는 것은, 예를 들어 미합중국의 "Baby Doe" 법(장애에 대한 경제적 부담으로 낙태하는 것을 금지한 법-역주)에서 나타난다. 그것은 1984년, 몇몇 부부들이 장애아들(부분적으로는 트리소미 21)을 속히 죽도록 하는 그 어떤 의학적인 조치도 허용하지 않는 결정을 내린 이후 보호 규정으로 발포되었다.[88]

8. 길거리 아이

아브라함이 이스마엘을 쫓아낸 이야기가 보여 주듯이 성장한 아이의 유기 또한 특별한 위기시기에서는 생각해 볼 수 있다.

구약성경의 한 본문은 이와 유사한 경우를 보여 준다. 바벨론 왕 느부갓네살(Nebukadnezzar)에게 예루살렘이 잔혹하게 점령된 이후(B.C. 586년) 식량고가 바닥이 났고 부모들이 굶주림으로 인해 급기야 자기 아이들을 먹었다며 소곤거리고 있다.[89] 만약 이를 절망적인 상황과 공식적인 소통 채널이 망가진 상태에서 나올 수 있는 과장된 소문으로 평가하기 원한다면, 다음의 소식들은 눈으로 볼 수 있는 사실적 곤궁을 알려 줄 것이다(애 2:11-12.19; 비교. 사 51:20).

(유기된) 젖먹이들과 어린이들은 어미의 모태에서뿐만 아니라 도시의 공공 광장과 거리 모퉁이에서 고통스럽게 죽어가며 굶주려있다.

인 정보들은 이를 입증하고 있다. J. Hubert의 모음집, Madness Disablity and Social Exclusion. The archaeology and anthropology of "difference," London 2000 (특별히 S. 74-76). - 작센의 초기 청동기 고분은 중증 보행 장애와 다른 장애를 가진 8살 박이 소년을 보여 주고 있다. 뼈 조사에서 방임에 대한 그 어떤 징후도 없었다. 그 소년은 많이 움직였고 일상생활에서도 함께 조력하였다. 상세한 정보는 www.lda-lsa.de/landesmuseum_fuer_vorgeschichte/fund_des_monats/2006/oktober/을 보라.

88 http://en.wikipedia.org/wiki/Baby_Doe_Law#Background_of_the_Law.
89 애가 4:10; 2:20; 이전 시기 사마리아 포위 당시, 왕하 6:28-29. 위협적인 선고로써, 레 26:29; 신 28:53; 렘 19:9; 겔 5:10.

거기에서 그 아이들은 먹을 만한 쓰레기를 찾고 있는가?
다른 사람들에게 구걸하고 있는가?
가족들이 그들을 내보내었는가?
아니면 그들이 자처해서 그렇게 행동하는 것인가?

어찌됐던 오늘날의 [특별히 제3세계의] 길거리 아이들을 상기해 본다면, 그들의 부모들은 알다시피 통상 아직 살아있지만, 여러 가지 이유로 더 이상 자녀들을 돌볼 수 없다. 그래서 이 아이들은 자립적으로 살고 있다 (살아야 한다).

아마도 고대 이스라엘에서—무엇보다도 특별한 위기시기에—유복한 사람들의 쓰레기 더미 위에서 가치 있는 것을 찾고 있는 "쓰레기 마을 어린이들"(Müllkinder)을 언급해야 하는가?[90]

하나님께서 "가난한 자를 거름더미(또는 쓰레기)로부터 일으키신다" (시 113:7; 삼상 2:8)라는 진술이 이를 지적해 주는 듯하다.

탈무드의 한 구절은 거반 굶주려서 "똥-/거름더미"에 누워 있는 한 소년을 언급한다.[91] 그 아이가 말하고 대답 할 수 있다는 사실은 그 나이를 가늠하는 데 도움이 된다. 그에게 물어볼 때 그는 가족명을 언급한다. 그렇지만 그는 가족 중에 유일하게 남은 일원이다. 우리에게 이와 비교할 만한 정보는 이집트 광야에 보관되었던—일상적인 사적인 편지와 메모 정보를 위한 문서보고(寶庫) 속—파피루스 조각에 있다. 거기에 쓰레기 더미 위에 유기된 아이들을 낯선 사람들이 받아들였다고 반복하여 언급하고 있다.[92] 이에 더하여, "똥, 쓰레기"(Mist, Müll)에 상응하는 그리스 단어로부터 형성되고 이에 상응하는 생활 정황을 관련시킬 수 있는 아주 많은 인명들

---

[90] "거름"('똥')과 "쓰레기"란 의미로서 히브리어 'ašpôt에 관해, R. Kessler, Sozialgeschichte, S. 144.
[91] Traktat Sanherdrin 63b.
[92] J. Rowlandson, *Women and society in Greek and Roman Egypt. A sourcebook*, Cambrige 1998, S. 117, 176, 274-275, 297. 이와 마찬가지로 의미가 동일한 라틴어 단어 *stercus*(똥, 거름, 쓰레기)로 작명된 이름들이 있다.

이 문서화되어 있다.⁹³

또한, 메소포타미아에서도 거리 아이들의 생활 정황은 그들의 인명 속에 문자로 남아 있다. "거리 출신인 남녀 아무개"(Sulāia, Suqāia)라는 이름들이 빈번하게 문서화되었다는 것은 경악스럽다. 어쨌든 거리 주변에 버려져 있다가 선택되는 특권을 누린 소아들을 생각해 볼 수 있다. "도시 묘지 출신의 아무개"(Harişānu)와 같은 이름들은 분명히 그 길거리 아이의 "거주지"(Wohnort)와 관련이 있다. 왜냐하면, 안타깝지만 도시 묘지들은 작은 아기들을 유기하에 적합한 장소이기 때문이다.

길거리 아이의 운명은 위에서 스케치한 방치된 아이의 운명과 유사하다. 이 두 경우 모두 부모들은 자신의 아이를 돌볼 입장이 못 된다. 부모가 원치는 않지만 어쩔 수 없는 처지이다. 그렇다고 해도 부모가 아이와 완전히 분리될 수 없지만 말이다. 방치된 아이와 길거리 아이의 차이는 우선 아이들의 연령에 있고 그리고 더 큰 아이(길거리 아이)는 자기 노력으로 자신의 생명을 부지할 수 있는 가능성이 있다는 데에 있다.

이스라엘에서 정신적 장애를 가진 아이들이 그 어떤 방식으로도 살림살이에 기여할 수 없었을 때 이들이 거리구걸을 할 위험에 처해 있다는 것은 걱정스러운 것이다. 그리고 그들에게 아무것도 주지 않는 자는 이들의 진심에서부터 나오는 저주를 받을 것을 무릅쓰는 것이다. 예수 벤 시락(Jesus Ben Sirach)이라는 구약성경 후기의 지혜 문헌은 명백하게 하나님은 거절당한 구걸인의 "쓰라린 마음"으로 아무것도 주지 않은 자를 "저주하는" 기

---

93 S. B. Pomrey, *Copronyms and the Exposure of Infants in Egypt*, in: R. Bagnaly 외, *Studies in Roman Law in Memory of Arthur Schiller*, Leiden 1986, S. 147-162에서 Kopr-(똥)을 포함한 279개의 이름이 수록되어 있다. 팜레이는 그런 그리스식 이름이 시간이 경과함에 따라, (그리스문화에 영향을 받았던) 이집트에서 원래의 구체적인 의미를 상실하였다고 추정한다. 여하튼 전 계층에서 다수의 남성의 이름이 입증되고 있고, 극소수의 경우 노예어린이를 다루고 있다. - 언어적 친족관계에 있는 직업명 '광대'(Clown; 그리스어 *koprias*, 라틴어 *coprea*)는 이들의 생애적인 기원으로 거슬러 올라갈 수 있을까? 또는 그 단어는 어떤 광대가 재미로 "똥"(Mist)을 가지고 놀고 있다는 것을 지적하고 있는가?

도를 "응답하신다"라고 말한다(시락 4:6).⁹⁴

9. 구걸 생존

거리구걸의 비참함은 구약성경과 신약성경에서 여러 번 거듭해서 화제에 오르고 있다. 어린 시기에 이미 구걸해야 하는 상황에 처할 수도 있었다(시 109:10). 그러나 무엇보다도 빈번하게 언급된 것은 장애를 가진 성인인 경우이다—시각 장애인(막 10:46-52; 요 9장), 보행 장애인(눅 16:19-31; 행 3장)과 "한센병자들"(왕하 7장).

신약성경에서는 언어적으로 (예를 들면 채무초과로) 재정적인 압박 중에 있는 "자금력이 부족한 사람들"(Minderbemittelte)과 더 이상 아무것도 소유하지 않아 생존 기반이 붕괴되어 기본욕구를 적선으로 채워야 하는 "적빈(赤貧)한"(Bettelarme) 사람들을 구별하고 있다.⁹⁵ 놀랍게도 '홈리스'(Homeless)로 생각해 볼 수 있는 부랑하는 적빈자들도 있었다.⁹⁶ 큰 잔치의 비유에서 제대로 된 손님들이 거절한 다음, 도시의 광장과 거리의 적빈자들과 신체적으로 손상된 자들이 최우선적으로 그런 다음 도시 밖의 지방도로와 울타리의 사람들도 초대된다(눅 14:21; 비교. 막 10,46).

---

94 저주가 속절없는 자들의 효능 있는 "무기"라는 것에 대해, H. Brunner, *Altägyptische Weisheit*, S. 215. 비교. 뇌쇄해져가는 노인들을 향한 조롱을 금하는 한 이집트 지혜 문헌의 경고; "너 스스로가 늙게 되기 전에 그들이 너를 저주하지 않도록 주의하라."

95 E. & W. Stegemann, *Urchristliche Sozialgeschichte*, Stuttgart 1995, S. 90-94. 그리스 문화를 위해 비교, H. Kloft, Gedanken zum Ptochós, in: I. Weiler (Ed.), *Soziale Randgruppen*, S. 81-106.

96 *Texte aus der Umwelt des Alten Testaments*, Band 3, S. 311-313, XXVIII 9-12. XXIX 17. 이와 마찬가지의 사례가 헬레니즘 시대에 유래되는 '파피루스 인싱거'(Papyrus Insinger)에서 "배회하는 멍청이들"(herumziehende Dummköpfe)이란 비평에도 암시되는 바와 같이, 이집트에도 있다. 유감스럽게도 여기 "멍청이"(Dummkopf)라는 표현을 정확하게 이해할 수는 없다. 상류층들을 위해 전형적인 문학에서 어떤 종류의 뜨내기 생활은 부정적인 의미를 지닌다.

누가복음은 엄연히 예수님의 비유과 같이 행하여 "적빈자들, 기형이 된 사람들, 저는 사람들, 맹인들"을 식사에 초대할 것(눅 14:13)을 일깨우고 있다. 단도직입적으로 적빈자들(그리스어 *ptōchoi*)은 예수님의 선포에서 영예석을 차지한다. 그들은 "좋은 소식," 복음(마 11:5; 눅 4:18; 6:20)이 선호하던 수신자들이었다. 예수님은 적빈자들의 생활권에서 치유 사역을 개막하신다.[97]

예수님은 시종일관 일찍이 구약성경에서 비평적인 예언자들의 목소리가 높이 들렸던 그 선상을 계속 이어가신다.[98] 적빈자들을 향한 희소식의 선포가 말씀과 행동 속에 일어나는데, 그것도 범상치 않은 강령에서 주어지고 있다. 예수님은 구약성경과 성경 이외의 자료들에서 드물지만 분명하게 언급되고 있던 사회 비평과 자신의 입장을 구별하신다. 그럼에도 보통의 경우 그런 사회 비평은 불법을 예리하게 관찰할 줄 아는 상류층의 개별지성인들로부터 나온다.[99]

그러나 이들은 이에 대한 실제에 있어서 종종 이러지도 저러지도 못한다. 왜냐하면, 그들은 빈곤을 겪지 않았기 때문이다. 그러한 점에서 예수님은 다르시다. 새들도 자신들의 둥지가 있고 여우도 자신들의 굴이 있지만, 그분은 스스로 "자신의 머리를 뉘일 수 있는"(마 8:20) 보장된 장소가 없다. 그리고 예수님의 뒤를 따르는 사람들은 그분과 함께 동일한 빈곤을 나누고 있다. 그리고 여전히 신약성경 문헌은 그 당시 시대의 모든 문학 작품들 보다 빈곤 경험에 훨씬 더 가깝게 남아 있다.

신약성경 문헌은 당시 경험 속에서 생겨난 것이다. 그럼에도 이 문헌에서 수없이 언급된 신체적인 장애와 비교해 볼 때, 정신적 장애가 드러나지

---

[97] W. Stegemann, *Das Evangelium und die Armen: Über den Ursprung der Theologie der Armen im Neuen Testament*, München 1981, S. 10ff. 팔레스타인의 빈곤에 관하여, W. Stegemann, *Jesus und seine Zeit*, Stuttgart 2010, 특별히 S. 251-262. 347.
[98] 사 58:6-7; 61:1-2; 겔 18:7.16; 말 3:5
[99] 상류층의 교육 문학의 예들: 욥 24:5-8만 아니라 – 단순히 개인적인 경험을 기록한 것으로 보이는 – 소위 "바벨론 신정론," 133-143과 272 줄(번역: *Texte aus der Umwelt des Alten Testaments*, Band 3, S. 151. 156).

않는다는 것이 더욱더 눈에 띈다. 정신적 장애와 연결된 것으로 우선적으로 생각해 볼 수 있는 "귀먹고 어눌한 자들"을 제외한 다른 경우들은 거의 볼 수가 없다.

신약성경의 침묵을 어떻게 설명할 수 있을까?

(무엇보다도 더 경증인) 정신적 장애는 통상의 농경일이 가능했던 반면, 신체적인 시각 장애와 보행 장애는 생존을 위한 작업에 결과적으로 더 제한적이었다고 할 수 있을까?

만일 이런 생각이 맞다고 한다면, 신체적인 장애로 인하여 통상적인 작업에서 제외되었던 것보다 정신적 장애는 적선에 의존할 정도의 가난함이란 측면에서 더 적은 위험을 내포하고 있다고 설명할 수 있을 것이다. 그렇다면 우리는 정신적 장애를 [최소 생존 환경 변두리의] 품삯꾼들 중에 찾아야만 한다. 그러한 시간은 오늘날의 제3세계 관찰로 통해 가능성 있게 지지받고 있다.[100]

10. 경시, 조롱과 도구화

구약성경의 금령은 시각 장애인들을 대함에 있어서 범상치 않은 날카로움으로 새디스트적인 간계에 반하고 있다.

> 맹인에게 길을 잃게 하는 자는 저주를 받을 것이라 할 것이요(신 27:18; 비교. 잠 28:10).

---

[100] E. Yong, *Down Syndrome*, S. 130-140. 더 근접한 정보는 아래 "제 3세계와의 유비"(제4장 18.)를 보라.

그 금령은 그 횟수만으로도 눈에 두드러지는 전체 12개의 저주항목 (신 27:11-26; 비교. 이스라엘의 12지파) 속에 있다. 무엇보다도 여기서 주제화 된 것은 우상 숭배, 노년이 된 부모 조롱이나 근친상간이나 반사회적 비행 이다. 매번의 저주의 위협들마다 백성들은 공통으로 "아멘"으로 대답해서 기본적 동의를 해야 한다. 이 단락에서 눈의 띄는 것은 장애를 지닌 사람들을 향한 간접적인 보호가 승인되는 것이다.

구약성경 후대 지혜 문헌인 예수 벤 시락(Jesus ben Sirach)의 그리스어 판본에서 구약문헌과 비교될 만한 것이 있는데, 정신적 장애를 가진 사람들에 대한 보호가 소개된다.

> 너의 조상들의 명예가 실추되지 않도록 교육 불능자[101]를 조롱하지 말라!
> (시락 8:4).

여기서 놀라운 것은 금령에 근거가 붙어 있다는 것이다. 여기서는 분명히 조롱하는 자 때문에 가족의 명예가 노리개 감이 되고 있다.[102]

마찬가지의 경우로, '청각 장애인을 모욕하거나 시작장애인의 길에 장애물을 두지 말라'(레 19:14)는 금령은 대부분 악의적이거나 새디스트적인(sadistisch) 행위를 금하는 것으로 이해된다. 나는 이하에서 이에 빗겨가는 해석 제안을 하고자 한다. 그 구절은 여러 다른 계명과 금령을 통합하고 이스라엘 사회 내에 공동 생활을 규율하는 일종의 사제적인 요리문답

---

[101] *Mē prospaize apaideutō*. (동일하지는 않지만) 히브리어 판본에는 *ĕwîl* 이라고 명명한다. 조롱에 대해, 비교. "가난한 자를 조롱하지 말라."(시락 17:5)와 "자기 부모를 조롱하지 말라."(시락 30:17) *apadideutos*(멍청이, 문맹)이란 의미에서 *apaideusia*(무학, 무식)이란 의미에 대해, 요세푸스 *ant*. III 285; *contra Ap*. II 2,3.37-38.130과 딤후 2:23과 비교. 물론 다른 구절에서 양육 받지 못한 자나 버릇없는 자에 관한 것도 있다.

[102] 그럼에도 더 진부하게 들리는 번역도 가능하다. "네 조상의 명예가 실추되지 않도록 교육받지 않는 사람과 농담하지 말라.

(Katechismus, 레 19장)¹⁰³ 속에서 발견된다.

매번 내용적으로 같은 조를 이루는 복합체의 마지막 부분에 16번씩이나 후렴구 "나는 여호와니라"(이따금씩 확장된 형태로, "… 너희 하나님")가 나타나는 것이 두드러진다. 분명한 것은 여기에 통합된 계명과 금령이 아주 특별한 방식으로 이스라엘의 하나님의 의지천명으로 비준된다는 것이다.

이제 레위기 19:13-14 이하의 소구절에서 발견된다.

> 너는 네 이웃을 억압하지 말며 착취하지 말며 품꾼의 삯을 아침까지 밤새도록 네게 두지 말며 너는 귀먹은 자를 저주하지 말며¹⁰⁴ 맹인 앞에 장애물을 놓지 말고 네 하나님을 경외하라 나는 여호와이니라(레 19:13-14).

첫 두 구절은 품삯을 의존하는 자들에 해당된다면, 이어지는 구절들은 장애를 가진 사람들에 해당한다. 품삯에 의존하는 사람들의 임금을 낮추거나(문자적으로, "강탈하거나"[geraubt]) 너무 늦게 지불해서는 안 된다. 이 둘은 비축된 재정이 없이—그러니까 손에서 입으로—살아가는 품꾼들에게 재난을 가져다 주는 것이다.

이제 14절에의 장애를 가진 사람들을 13절의 일꾼으로 생각할 수 있을지 물어볼 수 있다.

가령 (개연성 있던 실제적이던) 정신적 장애를 지닌 귀먹은 자의 작업성과에 관해 그의 고용주가 불만족하기 때문에 그 청각 장애인이 저주받은 것은 아닐까?

고대 이스라엘에서 저주의 틀림없는 파장에 대해 확신하였는데, 듣지 못하는 자는 누구나 그 저주에 대해 방어할 수가 없다. 그리고 시각 장애인의 문제는 고용주가 일꾼계약에 있어—예를 들어 장애물을 미리 길에

---

103 E. Gerstenberger, *Leviticus*, S. 238. 그 밖에 레 19장에는 [그 땅에 상주하는] 이방인들을 "너 자신처럼 사랑하라"(18절)라는 저명한 계명도 있다.
104 "저주하다"라는 의미에서 히브리어 *qillel* 비교. 레 24:11,15.

서 치워둠으로써—그 일꾼의 장애를 특별히 감한해야 한다는 것에 있지 않을까?

욥이 [고용주로서] 자신에 대해 "나는 맹인의 눈도 되고 다리 저는 사람의 발도 되고"(욥 29:15) 말하고 있다면 아마 그러한 것을 말한 것일 것이다. 레위기 19:14에 대한 이 해석이 정당한 경우, 여기서 문제로 다루어지는 것은 장애를 가진 사람에 대한 조롱이 아니라 고용주의 특별한 사려를 요구하는 것이다.

이에 연결되어 4가지 금령은 하나의 긍정적인 권고로 종결된다.

"네 하나님을 경외하라."

이 어문은 구약성경에서 총 5회 등장한다.[105] 이른바 항상 사회적으로 더 약한 자에 대해 더 강한자의 책임을 권하며 종결할 경우에 나타난다. 과채무자는 이자를 내지 말아야 하고, 기댈 곳 없는 노인들을 존경하며, 아무도 과한 이득을 받거나 힘으로 지배하려 하지 말아야 한다.

여기에 제시된 해석은 장점이 있다. 이 해석은 13절과 14절의 맥락에서 특별히 심각하게 받아들이고 있다. 그리고 이 해석은 교훈문헌인 예수 벤 시락의 지혜 교사들에게 왔지만, 해석 본문 자체는 제사장 문헌이라는 점이 해석의 중대성을 더하게 한다. 텍스트의 다양한 유례는 또한 그들의 구별되는 내용과도 일치한다.

이집트

이와 마찬가지로 관리였던 아멘엠오페(Amenemope)가 자신의 아들을 향한 권면(Mahnrede, 대략 B.C. 1100년)은 이른바 이집트의 교육 문학(Bildungslitaratur)으로부터 기원한다. 아멘엠오페의 권면은 젊은이들의 품성 형성

---

[105] "하나님 앞에서 두려워하라"(자주 "하나님을 공경하라"로 번역된다)는 그 밖에 레 19:32*; 25:17*.36.43에서 나타난다. 표시(*)는 "나는 (너의 하나님) 여호와니라"로 종결된다.

을 위해 사용된다. 25장(총 30장)에서 이렇게 말하고 있다.[106]

> 맹인을 비웃지 말며 난쟁이를 깔보지 말라!
> 저는 자의 운명을 어렵게 하지 말라
> 하나님의 손에 있는 그 남자를 조롱하지 말며,
> 그가 실수했을 때[107], 그에 대해 분개하지 말라!
> 사람은 점토(Lehm)와 짚(Stroh)이며,
> 신이 그의 창조자이다.
> 그는 매일 부수시고 세우시며,
> 그의 의향에 따라 수천의 가난한 자를 만드시고,
> 그(태양신?)가 생명에 대한 자신의 때에
> 수천의 사람들을 감독자로 삼으신다.
> 서편에 도착하는(즉 사후 영원을 사는) 사람은 얼마나 기뻐하겠는가?
> 그는 (거기에) 신의 손에서 온전할 것이다.

그 장은 영원에는 장애가 더 이상 존재하지 않을 것이며, 모두가 "온전"(heil)하게 될 것을 확신하며 마무리된다. 그것은 이미 지상에서 생활하는 동안 아직 장애를 가지고 사는 사람들과의 교제 중에 효과가 나타남을 말한다.[108] 시각 장애인, 성장 장애인, 보행 장애인들이 언급되고 있다.

이에 반해, "신의 손에 있는 그 남자"[109]는 누구인가?

---

106 번역은 H. Brunner, *Altägyptische Weisheit*, S. 254 참조.
107 또 다른 번역으로 I. Shirun-Grunmach, *Texte aus der Umwelt des Alten Testaments*, Band 3, S. 247; 이와 비슷하게, V. Laisney, L'enseignement d'Aménémope, Rom 2007, S. 211.
108 장애를 입은 사람들을 조롱하지 말라에 대한 또 다른 이집트의 권고는 M. Liedke의 모음집, *Behinderung als politische und pädagogische Herausforderung*, Bad Heilbrunn 1996, S. 93-116에서 H. W. Fischer-Elfert의 이집트학 기여작을 보라.
109 "신의 손에"(in der Hand Gottes)라는 표현은 6장에도 만난다. "신의 손에(으로부터) 빈 곤이 곡식창고의 보화보다 낫다. 마음이 유쾌하다면 빵이 불안한 부모보다 낫다." 비교. 원칙적인 고려, I. Shirun-Grumach, *Bedeutet* "in der Hand Gottes" Gottesfurcht?, in: *M. Lichtheim, Studies in Egyptology*, Band 2, Jerumsalem 1990, S. 836-852.

대체로 간질병이나 심리병(신들림)을 생각한다. 물론 각각 장애도 "신의 손에"(in der Hand des Gottes) 있는 것이다. 왜냐하면, 신은 토기장이처럼 사람을 점토(진흙)로 만들어서 어떤 사람들은 가난한 자가 되게 하고 다른 사람들은 지도층의 일원이 되게 한다.

우리는 단지 이 네 번째 남자의 맥락에서 통지되는 구체적인 세부 사항에 주목해 보자![110] "신의 손에" 그 남자는 다른 사람이 이에 대해 분개할 수 있는 "실수를 한다"(Fehler macht). 여기서는 정신적 장애를 가진 사람이 고려될 수 있다. 물론 간질적인 발작이나 심리병을 전적으로 배제할 수 없을지라도 말이다.[111]

베스(Bes) - 정신적 장애를 가진 신?

종전에 논의된 텍스트에서 "실수"(Fehler, '오류')라는 것이 방해되는 것이라면, 그 정반대의 경우도 있다. 단도직입적으로 말하면, 흉측함과 다중 장애로 인하여 국제적으로 퍼진 이집트의 신, 베스는 사람들을 위험으로부터 보호할 수 있다(그림 10ab.).[112] 베스에 대한 수많은 묘사는 부분적으로 정신적 장애를 동반한 신체적인 비정상성을 부각시킨다. 너무 짧고 밖으로 꺾인 다리를 가진 발육부진이 전형적이다.[113]

---

110 또는 이 줄은 새로운 다섯 번째 유형의 사람을 의미할까?
111 V. Laisney, *L'enseignement*, S. 214에서 *handicapé mental*을 고려하고 있으며 또 다른 이해 가능성들을 수록하고 있다.
112 세부정보, V. Dasen, Dwarfs, S. 55-103. 수 많은 모사본, C. Herrmann, *Ägyptische Amulette aus Palästina/Israel*, Fribourg 1994-2000. 시나이 반도 북쪽(Kuntillet Adschrud)의 베스묘사는 F. Mathys, *Segenszeugnisse aus dem Alten Israel*, Zürich 2010, S. 44-45의 논의를 보라. 그럼에도, 이스라엘에서 발견된 견본들은 이 지역의 빈약함을 보여 주는데, 더 비옥한 이집트에서 기원된 그림 10ab에 비해 덜 사치스럽게 작업되었다. 철시기대 이스라엘의 인명에 Besaj가 있는 자들(WSS Nr. 110.294.424. Esr 2,49)에 대해, H. te Velde, Art. Bes, in: K. van der Toorn 외, *Dictionary of Deities and Demons in the Bibel*, Leiden 2. Aufl. 1999, S. 173를 보라.
113 유전적으로 조건화된 연골 디스토피(Chondrodysplasie, Knorpeldystrophien)에 관하여,

여기서 우리는 축 늘어진 혀 근육에서 트리소미 21(Trisomie 21)을 생각나게 한다. 그의 혀는 밖으로 툭 튀어 나왔고, 그의 혀는 입에 걸려있다. 마찬가지로 베스의 찌푸려진 모습에서도 정신적 장애를 유발하는 종류의 장애를 추측할 수 있다.[114]

이따금씩 베스는 베세트(Beset)라고 이름하는 여성적인 형태의 신으로 나타나기도 한다. 여기에 소개된 예(Deir-el-Medineh의 이집트 공예가들의 항아리 파편)에서 눈에 띄는 것은 전형적인 작은 키와 심하게 튀어나와 걸린 혀, 더 나아가 깃털 왕관을 한 사자머리와 사자 꼬리, 어미의 묵직한 가슴을 탐욕적으로 붙잡는 좌우에 베스의 두 아이들이다. 소름끼치는 그 신의 모습은 위험한 귀신이 사람들에게 해를 입히려하나 베스(베세트)의 섬뜩한 형상이 줄행랑을 치게 만들어, 사람들을 위험한 귀신들로부터 보호하는 것이다.

장애는 그런 방식으로 결국 귀신에게 위협받는 사람에게 현상적으로 유용한 어두운 배경으로 사용된다. 그러니까 여기서 다루어지는 것은 특별한 종류의 신체적인 또는 정신적 장애가 도구화(Instrumentalisierung)되는 것이다. 침실 물건(침대, 침목[115]), 여성의 신체 손질 도구(그림 10b., 거울, 화장품), 살림살이(상자, 의자)에는 셀 수 없이 많은 베스 묘사들이 발견된다. 베스는 가족의 영역에서(즉 공적인 종교 밖에서), 특별히 임신, 출산과 유아양

J. Schölmerich 외, Medizinische Therapie, Heidelberg 3. Aufl. 2007, S. 548를 보라. 더욱 상세한 것은 http://wwww.orpha,.net/consor/cgi-bin/OC_Exp.php?lng=DE&Expert=1422를 보라. 여기서 베스 묘사에서 관찰될 수 있었던 양성구유 혼합체를 만나게 된다.

[114] 베스의 묘사의 면면에서 흐르고 있는 장애의 종류들을 의학 역사적인 측면에서 볼 때, 정신적 장애를 유발하는 소위 '프라울러 허트 증후군'(Praudler Hurter Syndrom)도 있다(R. Watermann, *Bilder aus dem Land des Ptah und Imhotep*, Köln 1958, S. 123). 유전적으로 조건화된 질병은 "가르고일리즘"(Gargoylimus, 골격 대사(骨格代謝) 이상·정신장애 등을 수반하는 유전병-역주)이 거명된다. 왜냐하면, 사람이 고딕식 카테드랄의 (괴물 모습의) 낙수구(落水口)(프랑스어, gargouilles)로 보이기 때문이다. 이런 것들이 귀신을 방어하는 것으로 사용되고 있는 것 또한 특징적이다. 밖으로 툭 튀어나와 처진 혀 역시도 고르고 메두사(Gorgo Medusa)의 섬뜩한 모습에 전형이다.

[115] 더운 나라에서는 오늘 우리가 가지고 있는 것과 같은 베게는 유용하지 않았을 것이다. 최소한 특권층들은 나무로 된 (약간 천을 덴) 침목 위에서 잠을 잤다.

육이라는 맥락에서 마법적인 주문과[116] 함께 인기 있던 호부이다.

메소포타미아에서의 남용

신들뿐만 아니라 사람 또한 (신체적이거나 정신적) 장애로 인하여 도구화될 수 있는데, 사람들은 장애인들의 전형적인 행동양식을(예를 들어 그들은 사람을 잘 믿는다) 이기적인 목적으로 오용한다. 무엇보다도 메소포타미아의 자료들은 그러한 것을 우리에게 보도하고 있다.

메소포타미아 지방의 경계석(境界石)에는 저주(詛呪)문이 규칙적으로 나타나는데, 이들은 이 돌을 치워버리거나 이미 주어진 소유관계를 더 이상 존중하지 않는 의도로 그 비명(碑銘)을 파괴하는 것을 경고하고 있다. 놀랍게도 각양각색의 장애(정신적 장애 또한)를 가진 사람들이 이러한 목록에 들어있다. 이들은 다른 사람들의 지시나 사적인 동인을 일일이 검사해 보지 않고 경계석을 제거하거나 손상시킬 수 있다.

> **경계석 비문의 한 예**(그림 11ab.)[117]
> 경련 환자나 귀먹고 말 못하는 자, 바보나 침착하지 못한 자, 야만이나 식객이나 정신적 장애자에게 부탁하여 맡기는 자는 신 아누, 엔릴과 에아가 악한 저주를 그들에게 내리시기를 원하노라!

---

116 왜 유산된 아기를 목형 베스와 함께 묻었는지에 대한 이유를 손쉽게 알 수 있을 것이다 (W. Helck 외, Lexikon der Ägyptologie, Band I, Wiesbaden 1972, Sp. 722).

117 B.C. 1300년경, 높이 약 50cm의 돌로 된 기록 증서는 '태양과 법의 신' 샤마쉬(Šamaš)의 성소에서 발견되었다. 또 다른 경계석들에서는 근육 없는 개(아마도, 뱀) 그림들도 있는데, 이것은 아마도 여신 '굴라'(Gula)를 지적할 것이다. 텍스트와 프랑스어 번역은 D. Arnaud, Revue d'Assyriologie 66, 182, S. 164-168에서 참고. 34줄의 기록에 장애 종류: šagga sakka sakla samâ nú'a dubbuba ulā<la>(개별 개념의 정확한 번역은 논란 중이다). - 경계석에 사용된 장애의 개념에 대한 개관표는 E. Cassin, le semblable et de différent: Symbolismes du pouvoir dans le Proche-Orient ancien, Paris 1978, S. 96-97에서 발견된다.

여기서 주목할 점은, 원래 위협된 저주를 자신에게 떼어 도구화된 수탁자에게 돌리고자—"깨끗한 두 손"(saubere Hände)을 간직하기 위해—청탁한 당사자가 직접 당해야 한다는 것이다.

그리고 로마에서의 남용

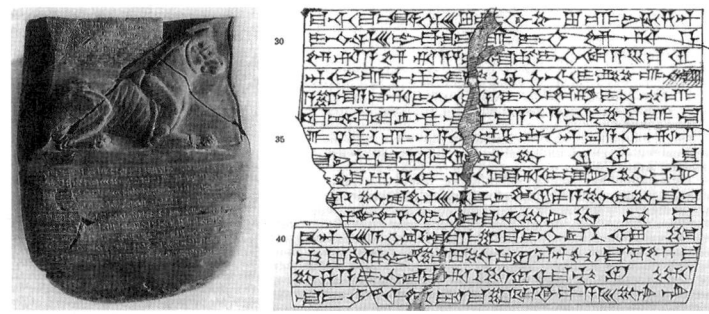

그림 11ab. 바벨론의 경계석. 쐐기 문자 34번 줄은 *ulãlu* 을 표하고 있다.

정신적 장애를 가진 사람들을 조롱하는 주제로 되돌아 가보자!

이들을 주제로 한 익살은 이미 메소포타미아에 있다. 그리고 특권층인 서기관이 되기위해 교육받은 문하생은 거드름을 피우며 반대적인 말로 "귀 먹고 말 못하는 자들"(즉 정신적 장애인들)에게 거리를 두고 있다.[118] 우리는 아주 다양한 형태의 배척을 생각해 볼 수 있다.

이 또한 장애자들과의 근접성에서 생겨날 수 있다는 것을 우리는—유사하게는 중세 시대 '궁정 광대'(Hoffnarr)가 있었던 것처럼—일부 귀족 출신의 남녀 가정일원들 중에 "천치"(天癡, Narren, Närrinen)가 있었던 로마에서 듣게 된다. 황제 네로의 훈육자였던 유복한 작가, 세네카(Seneca)는 그의 편지에 그의 부인으로부터 상속받은 하르파스테(Harpaste)란 이름의 여성 천치(라틴어: *fatua*, 여광인[狂人]/여점쟁이)에 대해 보도하고 있다. 그런 피

---

[118] *Texte aus der Umwelt des Alten Testaments*, Band 3, S.57, 92-93을 보라.

조물들[119]에 대한 자기 개인적인 혐오를 역설적-자체역설적인 철학적 성찰로 덧입히고 있다.[120]

소위 광대라는 전문적인 역할에 다른 이들을 몰아놓고 그들을 오용하였다. 정신적 장애를 가진 사람들(모리오네스[*moriones*])은[121] 잘 입은 자들의 잔치에 등단하는 전문 엔터테이너들 속에서 발견된다. 그들은 손님들의 유흥에 사용되었고, 타의에 의한 놀이와 어정어정한 몸놀림을 하도록 하였다. 이런 사람들의 신체에 보이는 장애가 눈에 띌 경우[122] 더욱 우스꽝스러움을 자아내었다.

로마의 지성인들의 평가가 얼마나 다양한지를 한 국가의 고위관리 플리니우스(Plinius)가 그의 지인, 율리우스 게니토르(Julius Genitor)에게 보낸 편지는 보여 주고 있다.[123] 게니토르는 모리오네스(*moriones*)가 출현했던 한 잔치를 개탄하고 있다. 플리니우스는 그를 위로하며 각 개인의 취향이 다름을 말한다. 한 편의 사람들은 바보의 작품을 역겹게 생각하고, 다른 한 편의 사람들은 바보의 등장이 낭독자나 현악 연주자의 연출에 속한 것으

---

[119] 세네카(Seneca)는 '*prodigia*'(흉물)에 대해 말한다. 이 지칭은 그 밖의 기형적 출생에 대해 사용된다. - 부유한 로마인들의 가족의 일원으로 받아들여진 낯선 아이들을 아주 다양한 의도로 섬세하게 버릇 들이는데 대해 C. Lae, *Desperately Different? Delicia Children in the Roman Household*, in: D. L. Bach 외, *Early Christian Families in Context: An Interdisciplinary Dialogue*, Grand Rapids 2003, S. 298-324을 보라. (오로지 신체적?) 장애아들에 대해 S. 302-304를 보라. 정신 장애를 가진 노예들을 거기에는 속해 있다는 것에 대해 비교. *morio*-Sklaven für sexuelle Aktivitäten in Martial *VI 39 und XII 39*, 또한 이와 비슷한 맥락에서 그리스 익살모음 "Philogelos" Nr. 251에서 *mōros*.

[120] Seneca d. J., Brief Nr. 50. *fatua* 와 *fatui* 에 대해 비교. H. Grassl, *Zur sozialen Position geistig Behinderter in der Antike*, in: I. Weiler, *Soziale Randgruppe*, S. 107-116. 물론 그라슬의 소고는 정신 장애와 심리적 질병을 구분하지 않고 있다. 그럼에도 언급된 세네카의 편지는 정신 장애를 가진 한 여인의 증상을 분명히 언급하고 있다.

[121] 이 단어는 그리스어에서 *mōriōn*('어리석은,' '바보 같은')에서 온 외래어이다.

[122] *Tacitus* (각주 12,49)는 Iulius Paenignus라는 이름의 그런 광대를 그려 주고 있다. "그는 "정신적인 박약(*ignavia animi*)뿐만 아니라 신체 기형으로 인하여" 멸시받을 만한 것이다."

[123] Plinius der Jüngere, Brief IX 17. - I. Weiler, *Überlegungen zu Zwergen und Behinderten in der antiken Unterhaltungskultur*, Grazer Beiträge 21, 1995, S. 121-145.

로 생각한다.

또 다른 견해를 우리는 기지가 많은 풍자가, 마르티알(Martial)에서 찾을 수 있다. 마르티알은 모리오네스가 높은 매매가로 거래되고 있으며, 또한 이들 중에는 자신을 정신 장애로 그럴싸하게 속여서 몰래 들어오는 사람들이 있다고 격분한다. 반면 그는 자신의 저능에도 술수나 속임수 없이 살던 이들을 칭송하고 있다.[124]

그 밖에도 마르티알은 자신이 완성된 형태의 여러 제명(題名)에서 모리오네스의 오락적 기능을 화제로 언급하고 있다. 이 제도를 원칙적으로 비평하지는 않지만, 그는 이따금씩 조용한 경멸을 내비치고 있다. 문학적으로 관찰해 본다면, 그는 모리오네스를 자신들의 목적을 위해 감싸고 있는 자들에게 그가 할 수 있었던 풍자적 화살을 날리는 데 모리오네스를 이용한다.

대략 A.D. 400년, 그러니까 로마제국 말엽, 신학자 아우구스티누스는 여러 명의 모리오네스를 언급한다. 이 제도가 그리스도교화 된 사회에서도 여전히 유지되었다는 것은 분명하다. 그럼에도 아우구스티누스는 "소위 명철한 자들이 다른 사람들의 허약함에 자신들의 유흥을 느끼고 있다"[125]는 모순을 분명하게 비판하고 있다. 그에 덧붙여 그러한 엔터테이너는 명철한 자들보다 노예 시장에서 더 고가로 구매된다.

아우구스티누스는 그들을 "머리를 말아 올린"(cirrati) 자들로 묘사한다. 그들은 손질되지 않는 머리(비교. 그림 7b.)를 하고 있거나, 또는 다른 엔터

---

124 *Epigramme* VIII 13, XIV 210 (더 상세히는 C. Schöffel, Martial Buch 8, Stuttgart 2003). 또 다른 증거들, III 82,24; VI 39,17; XII 93,3; 더 나아가, II 82(*fatua*); B. Gevaert, *Mentally and physically challenged persons in Martial's epigrams,* Salzburger Kongress, im Druck 플루타크가 "몬스터-시장"(*tōn teratōn agora*)이라고 말한 것이 정확히 무엇이었는지는 유감스럽게도 그의 묘사(moralia 520c)에서 분명치 않다.

125 *De pecc: mer.* I 66 (독일어-라틴어 출판, "Sankt Augustinus, der Lehrer der Gnade," Band I, Würzburg 1971, S. 156-157)

테이너의 경우와 같이 일종의 "복장"(Tracht)이었는가?[126]

이에 더해 그는 당시 통상적인 모리오네스의 개념을 비평하고 그 대신 숙명적인 질병적 특징을 더 강력하게 부각시키는 파투이(*fatui*)라는 단어를 즐겨 사용하였다. 우리는 이 신학자의 또 다른 비상한 숙고는 다음의 "신앙공동체를 통한 통합"(제4장 16.)에서 살펴볼 것이다.

회화적 묘사들

장애를 가진 사람들에 대한 조롱은 고대 사회에 널리 유보되었던 것 같다. 곡식더미 위에 세운 신체 장애 모습의 풍자적인 토형은 많이 보존되어 있다. 그것들 중에는 사람의 멍청함(Dummheit)을 특별히 신체적 표정으로 연출하려고 하는 작은 토형들도 있다.[127] 이러한 축소조각들의 기능은 단지 추측만 할 수 있다. 여기는 낭비벽이 심한 부자의 잔치에 소량의 음식을 구걸하던 걸인(드물게는 구걸하는 여자)이 묘사되어 있다.[128] 손님들은 숙달미 없이 연기하는 이 피조물을 즐기고 있었다. 그리고 부유한 잔치 배설

---

126 *cirrus*는 그들의 직군을 알려 주는 육상 경기자들의 특별한 머릿술이다(*Thesaurus Linguae Latinae*, Band 3, S. 1188).

127 아래 그림 15. 또 다른 많은 모사품들이 여러 박물관의 목록 속에서 발견된다. 가장 중요한 것들은 M. Grmek 외, *maladies*, S. 401, 각주 10; M. Weiser, *Behinderte in der hellenistisch-römischen Bronzekleinplastik* (Salzburger Kongress, im Druck)에서 언급되었다. 고대의 멍청함에 대한 골상학에 대해, H. P. Laubscher, Fischer und Landleute. Studien zur hellenistischen Grenreplastik, Mainz 1982, S. 49-55.

128 세부적인 논의는, L. Giulianni, *Die seligen Krüppel: Zur Deutung von Missgestalten in der hellenistischen Kleinkunst*, Archäologischer Anzeiger 102, 1987, S. 701-721. 여기에는 "악한 시선"에 대한 연극역할이나 마스코트와 같은 역할을 생각해 볼 수 있다는 옛날의 가정이 있다(후자에 대해 다시금, C. A. Barton, *The Sorrows of the Ancient Romans: The gladiator and the monster*, Princeton 1993, S. 168-172). 더 주의 깊은 판단은 F. Fischer, *Griechish-römische Terrakotten aus Ägypten*, Tübingen 1994, S. 70-72과 L. Laugier, *Les grostesque de Smzrne, types pathologiques et caricature*(루브르의 전시모음: d'Izmir à Smyrne. *Découverte d'une cité antique*), Paris 2009, S. 170-194. 마지막으로 원론적으로, I. Weiler, *Zur Physiognomie und Ikonographie behinderter Menschen in der Antike* (Salzburger Kongress, im Druck).

자는 아주 아량 있게 이들을 참아 주면서 자신의 넉넉함을 과시할 수 있었다. 그리고 경우에 따라 토기나 청동으로 된 그런 모형들(부분적으로는 예술적이며 고품질의 것들)¹²⁹을 자신의 집에 세워 두었다.¹³⁰

꾸란에서의 긍정적 소리

무함마드 또한 꾸란에서 정신적 장애로 인해 비열한 간계에 저항할 수 없었던 사람들을 도구화하는 것에 반대의 목소리를 높인다. 무엇보다도 "정신 박약한"¹³¹ 사람들이 가담된 상행위의 경우, 이를 잘 보여 준다(Sure 2,282; 비교 4,5). 관재인(管財人)들이 이들의 편을 들기 때문에 이들을 속이지 말아야 한다.

신약성경과 초기 그리스도교

위에서 보여 주었듯이 성경 저자들은 정신적 장애를 가진 사람들을 경시의 표적이나 도구로 사용하지 않는다. 그 반대이다. 사람들 중에 이에 상응하는 시도들을 언급될 때 이는 분명한 비평과 거부로 나타나고 있다.

---

129 실례로, 그러한 모형토기들에 대해 논평을 곁들인 사진들은 N. Himmelmann, *Realistische Themen in der griechischen Kunst der archaischen und klassischen Zeit*, Berlin 1994, S. 89-122. - 아직 출판되지 않은 빈의 석사 논문은 대략 200년대의 신체적 장애를 말하는 청동모형을 목록화하고 있는데, 여기에는 멍청해 보이는 모형들이 거의 빠져있다 (Magdalena Waser, *Behinderte in der hellenistisch-römischen Kleinplastik*. Bronze, 2010).
130 부분적이지만 이러한 작은 모형토기들이 무엇보다도, 고리로 연결되어 걸친 장식이나 작은 방울로 사용되기도 하고(소위 *tintinnabula*), 또한 악령을 구축하는 목적으로 사용되었다.
131 A. Khoury, Gütersloh 1987의 꾸란 번역. 아랍어 *safih* 의 뜻은 히브리어 *peti*의 의미와 유사하다(비교. Sure 4,28; 8,66 등; 놀랍게도 대체로 표준 지식인들을 의미하고, 그러한 어리석은 자들에 대한 제제적인 위협이 없다. 2,283과 곧바로 연결된 단어 *da'if*는 그의 지각에 아직 또는 더 이상 능숙하지 않은 사람을 의미한다. 그리고 A. Khoury는 이 구절에서는 "기댈곳 없는"(hilflos)으로 번역하고 있다.

내가 보여 주었던 바와 같이 이것은 또한 구약에서도 마찬가지이다(신약성경에도 마찬가지이다). 그래서 예수님은 제자들이 [장애를 가진?] 어린이들을 쫓아내려 할 때(막 10:13) 반대하신다. 그리고 이와 마찬가지로 예수님은 한 시각 장애인이 도와달라고 부르짖는 소리를 심각하게 받아들이지 않고 이들을 침묵시키려고 하던 군중들을 반대하신다(막 10:48).

이러한 시도들에 반하여 예수님은 과시적으로 아이들뿐만 아니라 시각 장애인들에게 관심을 기울이신다. 그리고 또 다른 곳에서 제자들이 시각 장애의 원인을 그 장애인이나 부모님이 범했을 죄로 보기 원하고 있을 때, 예수님은 그들에게 분명히 응대하신다.

> 이 사람이나 그 부모의 죄로 인한 것이 아니라 그에게 하나님이 하시는 일을 나타내고자 하심이라(요 9:3).[132]

예수님의 이러한 자세는—그것이 유달리 언급되는 본문들이 없을지라도—정신적 장애를 가진 사람들에게도 타당성을 지닐 수 있다.

소위 '도마-서류'(Thomas-Akten, A.D. 200년)라는 성경 시대 이후의 문헌은 다른 태도를 지니고 있다. 이 문헌의 진술은 신약성경의 문헌으로부터 엄청나게 이탈되어 있다. 왜냐하면, 이 사도행전 묵시는 절대적 성적 절제를 높이 평가하는 부차적인 그리스도교 사조에서 유래되었기 때문이다. 그러한 금욕의 가치를 강조하기 위해 저자는 어쨌든 태어난 대부분의 아이들은 "몽유병(즉 간질병 환자)이거나, 거반 말랐거나, 약골이거나 귀가 먹거나 말하지 못하거나, 마비되었거나 바보(그리스어 *mōros*)"가 될 것이고 그리고 만일 아이들이 건강할 경우 그들은 무능하고 혐오스러운 일을 지향한다[133]는 경악스러운 판단에 도달한다.

---

[132] 아래의 "신앙공동체를 통한 통합"(제4장 16.)을 보라.
[133] 12장: 독역, W. Schneemelcher (Ed.), *Neutestamentliche Apokryphen*, Band 2, Tübingen 6. Aufl. 1997, S. 308.

우리는 여기서 예수님께서는 너무나도 낯선 일인 아동 적대감을 관찰한다. 신약성경이나 그 밖에 초기 그리스도교에서 관찰될 수 없었던 [신체적이거나 정신적인] 장애를 가진 아이들에 대한 극단적인 평가절하가 아동 적대감과 결부되어 나타나고 있다.

히브리 언어의 특색

성경 본문들이 장애를 가진 사람들에 대한 조롱이나 경시를 그렇게 분명하게 저항하고 있다는 것은 의미심장하다. 이러한 저항은 또한 특색적인 히브리어 언어 현상에서 횡행하고 있는 위협적인 경시에 대해 필수적이었던 것 같다. 상황에 따라 표준적인 지능의 "어리석은 자"나 정신 장애가 있는 사람을 지칭하는 히브리어 단어 케실(kĕsîl)의 어근형 K-S-L이다. 첫 번째 두 자음의 자리를 바꾸면 어근은 S-K-L이 되는데, 이 어휘는 "우매한 자"와 같은 뜻이다(히브리어 sākāl, 바벨로니아어 saklu[그리고 또 다른 친족 셈어들에도 있다]).

히브리어에서 단회적이며 이례적 현상의 원인은 아직까지도 설명될 수 없다.

청각 장애나 뇌성마비로 인해 야기된 언어장애를 연출하기 위해, 히브리어가 배타적인 어근형은 K-S-L에서 K와 S의 인위적 바꿈[134]을 수행하였다고 할 수 있을까?

스위스 독일어에서는 이와 비견될 만한 현상이 있다. 내가 청소년 시절 사람들은 "귀먹고 말 못하는"(taubstumm) 대신에 자주 "먼지 날리며 말 못

---

[134] 어근 K-L-S 의 본래 히브리어뿐만 아니라 친족 셈어에서도 또 다른 의미를 가지고 있다 (비교. 요부[腰部]라는 의미의 히브리어 kesel 과 바벨론어 kislu). 이와 유사한 자음 자리 바꿈이 여호수아의 무덤이 있는 장소(Timnat-cheres/Timnat-serach, 삿 2:9; 수 24:30)에서 나타난다. ḥeres(태양[신])은 이방적이라는 의혹이 있어서 seraḥ(냄새 풍기는)으로 대체했을 것이다.

하는"(staub-dumm)이라고 말하였고, 이를 통해 미숙한 발음뿐만 아니라 엄청난 청각 장애를 가진 사람의 우둔함을 표현하였다.

유대교와 그리스도교뿐만 아니라 이슬람교의 최상급 대리자들이 정신적 장애가 있는 사람들이 경시되거나 이상한 목적으로 도구화되는 것을 반대하는 일에 전력한다는 점은 의미심장하다. 이와 어울리게 이 모든 유일신 종교들은 마찬가지로 신생아 살해에 대해 분명하게 반대를 하고 있다.

11. 매춘

'하나님께서 유기된 갓난아이였던 이스라엘을 발견하고 양육했지만, 이후에 그녀는 창녀가 되었다'(겔 16장)라는 에스겔의 대담한 이야기 알레고리는 그의 이야기를 듣고 이해해야 하는 자들에게 여기서 거론된 문제성을 둘러싼 지식을 전제해야만 했다.

유기된 여아는 이후 그녀의 인생 과정에서 실제로 창녀가 되었다는 것은 또한 이 그림에 어울리는 것이었는가?

우선 보기에 이것은 억지를 쓰는 듯하다. 그래도 이웃 문화들의 보도들은 우리에게 무엇인가 다른 것을 가르치고 있다.

그리스도교의 신앙을 자신의 기록뿐만 아니라 자신의 순교로 로마에 증거했던 유스티누스(Justinus, 대략 A.D. 165)는 기막힌 논거로 어린이 유기에 대한 격렬한 거부의 토대를 구축한다. 누구든지 유기된 아이로 살아남은 자는 거의 예외 없이 간음으로 유도되었다. 그것은 그가 소녀이든 소년이든 무관하게 일어난다.[135] 양이나 염소를 사육하듯이 어린이들(여기서는 주

---

[135] Apologie I, 27-29; 저스틴과 그와 친족관계에 있는 2, 3세기 그리스도교의 목소리에 관해, 비교. C. Tour, *Kindesaussetzung*, S. 262-295.

운 아이들)은 매춘이라는 목적으로 길러졌다. 그렇기 때문에 홍등가에 들리는 모든 남자에게는 무심코 그가 예전에 버린 딸을 범하는 근친상간의 위협이 있다.

유스티누스에게서 수사적인 과장으로 들렸던 것은 유감스럽게도 아주 각양의 자료들로 여러 문화권을 초월하여 입증되는 사실로 드러나게 된다. 그리스에는 창녀 네아이라(Neaira)의 일대기를 그려 주는 재판 연설이 있다.[136]

같은 직업 동료들 중 일부 사람들처럼, 네아이라는 소녀의 나이에 홍등가 여주인(Bordellwirtin)의 노예로 팔렸다. 여주인은 장차 창녀로서의 경력을 염두하고 네아이라의 여성적인 매력을 키워냈다. 홍등가 여주인에게 이것은 아주 좋은 재정적 투자였다. 왜냐하면, 자유인(또는 몸값을 내고 풀려난)의 시장 가격는 노예의 시장 가격보다 훨씬 높았기 때문이다. 그런 다음 네아이라의 경력은 급격하게 증가하고 그녀는 승격된다. 하지만 그 이후 그녀의 아름다움은 시들고 그녀의 가치는 사소한 말다툼으로 법정 앞에 송치될 정도로 지속적으로 하락한다.

이와 유사한 유기된 아이들에 관한 메모가 한 라틴어 극작품 속에서 발견된다. 중세 원(園)슈바벤(Urschwaben)의 법전 모음집에는 빈곤의 이유로 어린 아이가 팔릴 수는 있지만 사창가에 팔 수는 없다는 규정이 있다.[137]

그러니까 에스겔의 이야기 알레고리는—소위 "주은 아이(Findelkind)에서 창녀로"—사람들이 가정하려한 것보다 더욱 폭넓고 사실주의적인 배경을 나타내고 있다. 선지자가 이를 통해 이스라엘의 하나님과 예루살렘에 관한 그분의 행위를 비유적으로 말하고자 한 것은 한층 더 대담하게 나

---

136 본문과 번역, K. Brodersen, *Antiphon: Gegen die Stiefmuter*, Darmstadt 2004, S. 68-69.
137 증명 자료들은 J. Boswell, *Kindes*, S. 96(각주 4번), 112-113, 326. 또 다른 고대 자료들에는 이미 로마의 노예매매계약에서 빈번하게 구매자가 여자노예를 홍등가로 연이어서 파는 것을 금하는, *ne serva prostituatur* 라는 조항이 발견된다. Th. McGinn, *Prostitution Sexuality and the Law in Ancient Rome*, New York 1998, S. 288-319를 보라. 또 다른 자료에는 이와 역인 경우가 관찰된다. 정신적 장애가 있는 남자 노예들은 그들의 여주인에게 성적으로 사용되었다(*Philogelos* 251; Maritial VI 39, XII 93).

타낼 수 있었다.

예루살렘은—이것은 역사적으로 적중하는데—비이스라엘 부모의 혈통에서 기원하지만(겔 16:3) 그 부모는 곤경 속에 두었던 한 도시로 묘사된다. 이스라엘의 하나님은 부양부(扶養父)처럼, 긍휼하심으로 이 도시를 취하신다. 그러나 사랑 가득한 그 모든 노력은 종국에 아무것도 결실치 못하고, 도리어 부양하던 딸(또는 양녀)은 성년의 나이에 들어서자 모든 남자들과, 즉 낯선 이방신들과 관계하고 그녀의 은인인 양아버지에게 쓰디쓴 실망을 안기는 창녀가 된다.

정신적 장애를 가진 사람의 운명에 관해 그 자료들은 침묵하고 있음에도 불구하고 많은 자료들은 그러한 사람들일 것이라는 의구심을 지지해 주고 있다. 이들은 성적 습격에 특별히 잘 저항할 수 없거나, 또는 단지 그들의 성(Sexualität) 덕택에 주변으로부터 수용되었다.

구약성경 중 한 본문은 우리에게 이것을 암시해 주고 있다. 선지자 아모스는 "땅의 티끌 속에 힘없는 자의 머리를 밟으며 (그들의 청구권이) 사회적 억압당한 자들을 쫓아내는"(암 2:7) 이들에 대해 항거하고 곧바로 실례를 제공한다.

> 아버지와 아들이 같은 소녀(naʿărā)에게 가서 하나님의 거룩한 이름을 모독하고 있다(암 2:7, 아버지와 아들이 한 젊은 여인에게 다녀서 내 거룩한 이름을 더럽히며[개역개정]).

고용주에게 경제적으로 의존했던 하녀들 중에는 정신적 장애를 가진 사람들도 있었음을 전체적으로 생각해 볼 수 있다. 그들은 고용주 가족의 일원들이나 그들의 남자하인들에 의해 성적으로 '괄호 밖의 사람'(野人, Freiwild)으로 학대당할 위험이 있었다. 룻기는 후자의 경우를 심각하게 언급하고 있다.[138] 이에 대해 더욱 결정적인 것은 룻기에는 고용주의 책임성이 여자 일꾼들의 성적 완전성을 보호하는 외적 조건을 만드는 데까지 미치고 있다는 것이다.

12. 도급 계약과 입양 관계

20세기 관찰

오늘날에도 자녀가 없는 부모들에게는 입양(Adoption) 현상이 나타나고 있다. 이것은 이전 시대의 도급(都給) 아이들(Verdingkinder)이 겪었던 다중적 고통이 결과적으로 새롭게 단장된 것이다. 그럼에도, 도급에 대한 사회적 여론은 과거 수천년은 말할 필요도 없이 마지막 세기의 복합적인 관계에도 긍정적이지 않다. 우선 협소한 시각의 오판을 피하기 위해 20세기 시작 무렵 두 가지 실례를 스케치해 보아야 한다.

한편으로, 빈곤의 결과—예를 들어 일할 능력이 있는 아버지나 어머니의 상실, 또는 지나치게 많은 가족 구성원들로 인하여—가족들은 헤어지고 어린이들은 도급된다. 즉 낯선 가정에 노동력으로 넘겨주어야 했다. 이따금씩 이로부터 입양이 생겨났다. 또 다른 한편, 소농(小農)들은 스스로 살아남기 위해 그들의 자녀들의 무료 노동력을 이용하였고, 그 덕에 충분히 생산할 수 있었다. 자녀가 없거나 남녀 하인을 쓸 수 없던 사람들은 스스로 난관을 극복하기 위해 한 두 명 정도의 입양아나 도급 아이들이 필요했다.

우리는 실제 도급(都給)이나 입양(入養)상태의 인적인 성격과 관련해서 좋고 나쁜 관계의 큰 변동폭을 염두에 두어야 할 것이다. 어쨌든 도급을 나쁘게 그리고 입양을 더 좋게 평가하는 오늘날의 경향은 복합적인 관계

---

[138] 비교. 룻 2:9-15; 3:10.

에는 정당하지 못하다. 구체적인 개별 사례에 있어서, 당사자들에게는 사법적인 형식보다는 인적인 성격이 더욱 중요하였다. 그리고 사법적인 조건들이 고대 문헌들에서는 항상 명확하지 않기 때문에, 이어지는 단락에서는 도급과 입양을 함께 관찰해 볼 것이다.

구약성경

가족이 자녀들을 시기적으로 일찍 일하도록 훈육했다는 것은 이스라엘에도 당연하였다. 고고학적으로 발견된 뼈들은 부분적으로 어린이들의 노동(큰 짐 나르기, 만성적인 중노동)으로 인하여 무서울 정도로 발육 상태가 비정상적이었음을 알려 주고 있다.[139] 비상시에는 어린이 노동력을 외부로 팔아야 했었다.[140] 이럴 경우, 통상적으로 노예로 매매되는 것을 뜻한다. 그럼에도 노예와 고용 상태 사이의 경계는 유연하다. 그래서 히브리어 개념 에베드(*ebed*)는 "노예" 또는 "종, 시종"으로 번역될 수 있다. 어떤 경우에든 그 개념은 "의존해 있는 사람"을 의미한다(예를 들어 왕정 장관도 '*ebed* 라고 명명한다).

그러나 이스라엘에서 노동력을 위한 어린이 매매는 그 어떤 경우에도 아름답게 언급되지 않는다. 이것이 얼마나 억압적으로 느껴질 수 있었는가는 느헤미야서에서 분명해진다.[141] 포로기 후기에 예루살렘의 파괴된 성벽재건에는 (전)주민들의 조력이 필요했다. 이 공역은 실제 농경 활동이 긴급했던 수확철에 일어났다. 주민들은 격렬하게 탄원했고,[142] 페르시아 당국이 임명

---

[139] U. Übner, *Sterben überleben leben*, S. 60.
[140] A. Michel, *Gewalt*, S. 57-58은 증빙 자료를 수집하였다.
[141] 느헤미야 5장의 상세한 해석은 E. Gerstenberger, *Leviticus*, S. 351; R. Kessler, *Sozialgeschichte*, S. 144-147. – 인상적인 메소포타미아의 유비적 예는, C. Zaccagnini, *War and Famine at Emar*, Orientalia 64, 1995, S. 92-109.
[142] 이 부분에 여자들을 언급하고 있다는 것이 인상깊다. "민족과 그들의 여자들"(느 5:1)이라는 어구는 구약성경 내에서 단회적이다.

했던 총독 느헤미야는 이와 논의해야 했었다(느 5:1-13).

식량 부족과 페르시아에게 바치는 높은 조공(租貢) 때문에 수많은 소농(小農)들이 그들의 땅을 더 부유한 동료 백성들에게 담보로 해야 했다. 그 결과 그들은 소위 소작인들이 되었다. 그 다음 단계로는 노동력의 판매, 즉 처음에는 딸들, 이후에는 아들들 순으로 이루어진다. 절망적인 당사자들의 분명한 평가가 그 성격을 잘 나타낸다.

> 어떻게 할 수 없어, 우리는 우리 아들과 딸들을 의존하는 사람으로 강등시켜 욕보여야[143] 합니다. 그리고 우리의 소유지는 다른 사람의 것이 되었습니다.

느헤미야는 그 가난한 가정들을 위해 강력하고 추진력 있게 나선다. 그러나 그는 부자들의 감정을 해쳤고 새로운 원한을 샀다.

정신적 장애가 있는 가족 구성원 또한 팔렸는지에 대해 느헤미야 5장은 대답하지 않는다. 그럼에도 딸들의 우선적인 매매는 가장 큰 노동인력을 가진 가족 구성원들은 오랫동안 넘겨주지 않고 가족 속에 남겨두었음을 추측하게 한다.[144] 이로부터 위급한 상황에 정신적 장애를 가진 딸들은 더 일찍 매도되었음을 추론할 수 있을 것이다.

정반대의 경우는 한 채권자가 지불능력이 없는 과부에게 와서 그녀의 노동력 있는 아들들을 데려가고, 이들이 자신의 노동력으로 남아 있는 채무를 갚아가도록 하는 경우이다(왕하 4:1). 이럴 경우 당연히 가장 생산적인 가족 일원이 가치가 있기 때문에 가장 탐할 만한 것이 된다.

그 밖에 이야기는 선지자 엘리사의 제자권이 스스로 가난한 측에 속하

---

[143] 히브리어의 *kābaš*는 "굴복시키다, 내리누르다"(예, 삼하 8:11; 렘 34:11-16; 대하 28:10; 성적 의미로, [국역] '강간,' 에 7:8; 비교, 창 1:28)란 의미를 가지고 있다.
[144] 출 21:7이 딸들의 매도를 규정하고 있지만, 매도된 아들들에 대해 이에 상응하는 것이 없음은 결코 우연이 아니다.

게 된 이유, 즉 한 아버지의 죽음은 유족들의 실존을 파괴하는 부채로 몰아갈 수 있다는 것¹⁴⁵을 보여 주고 있다. 엘리사 이야기 중 몇 가지들은 가난한 자들의 생활 환경의 정황을 조명해 주고 있다(왕하 4:38-41; 6:5). 거기에서 엘리사 자신은 부유층의 출신이고(왕상 19:19) 외국의 왕들과도 접촉하고 있다(왕하 8:7-15).

입양은 이스라엘에서 널리 유포된 것이 아니었다. 아무리 빨라도 에스더 2: 7, 15에 이르러서야 이해될 수 있을 것이다. 여기에도 완전 고아였던 에스더를 그의 삼촌 모르드개가 다만 그의 집에 받아들였는지, 아니면 정식적으로 입양하였는지는 불분명하다. 후자의 경우라면, 메소포타미아나 헬라시대의 관례로 거슬러 올라갈 수 있을 것이다.

여하튼 이스라엘에는 수면 위로 드러난 사회 문제들을 대가족 범위 내에서 규율하려는 분명한 노력들이 있었다.¹⁴⁶ 입양에서 발생하는 상속법상의 변동은 지파체계를 흔들어 놓았을 것이다.

메소포타미아

반면 메소포타미아에서는 상속법적인 의무를 가지게 되는 입양이 아주 빈번하였다. 상세화된 법 규정이 이미 B.C. 2천년대 초기에 알려져 있었다.¹⁴⁷ 더 나아가 입양에 대한 수많은 사적 계약서들이 전 시대에 잘 보존되어 있다.¹⁴⁸ 입양을 유발했던 폭넓은 동기들의 스펙트럼이 관찰된다.

무자한 사람들은 장래의 노동력으로 누군가를 입양하였다. 일찍이 입양된 이들은—집안일 하는 여인이나 일하는 남자로서—입양한 노부모가

---

145 마 18:25(사악한 종의 비유)에서 빚진 자의 채무가 초대형이었기에 그의 가족 구성원 전체를 팔 것을 요구받았다.
146 비교. 창 48:5, 14-15; 레 25:47-49; 신 25:5-10; 룻 3-4; 막 12:19-22.
147 *Texte aus der Umwelt des Alten Testaments*, Band I, S. 36; 66-67 (Codex Hammurabi); 81.
148 특별히 C. Wunsch, *Findelkinder*, S. 174-244를 보라. 더 나아가, K. Radner, *Privatrechtsurkunden*.

죽기까지의 부양과 사후의 종교적인 관례를 보증해야 했다. 더욱이 입양된 사람이 남자인 경우, 그 가족명을 이어야 했다. 사정에 따라서는 입장하는 사람들은 더 젊은 여자와 이후의 결혼을 기대하였거나 육신의 아들을 위한 장래 아내로서, 즉 고분고분한 [고마워하고 의존하기 때문에] 며느리거나, 또는 노년의 간병인으로서 이들을 내다보았다.[149]

또 다른 경우는 간음이나 영업상의 목적을 위한 허위 입양이 있었다. 그리고 아이들이 있는 노예들은 노동력을 위해 입양하였는데, 이것은 이후 그 주인에게 대체 인력으로 맞교환하기 위함이었다. 이를 통해 그 노예의 후손들은 대가를 지불하고 노예 관계나 고용 관계로부터 풀려날 수 있었다.[150]

육신적 부모의 사정은 이와 동일하지 않았다. 입양으로의 양도는 각양각색의 위기 상황, 특별히 빈곤이나 비합법적인 자녀일 경우에 발생했다. 유아기 때의 입양은 자주 수유 계약으로 맺어졌기에 육신적 부모는 자기 아기를 처음에는 스스로 젖을 먹이고(종종 보상금을 주며), 이 국면이 종결된 후에는 양부모에게 내주었다. 모세의 어머니가 바로 유비적인 상황이다. 그녀는 자기 아기에게 젖을 먹였고 그런 이후에서야 파라오의 공주에게 넘겨주었다는 점이(출 2장) 부각되고 있다.

또 다른 경우 빈곤에 처한 어머니가 종종 계약 세항을 통해 그녀의 아기의 장래를 위해 주어진 상황 중 최선을 다하여 그 아기를 빼내오기는 시도이다. 예를 들어 그 아이는 종신 여자노예가 되는 것이 아니라, 입양한 부모들의 사후에는 풀려나야 한다는 것이다.[151]

---

[149] 라드너(K. Radner, Privatsurkunden, S. 138-141)는 이와 달리 어떠한 근거를 제시하지 않고, 소년은 유산을 보증하도록 입양되었던 반면, 소녀는 인도주의적인 이유로 이들을 어려운 상황에서 구해 주고자 입양되었다고 추측하고 있다.
[150] 노예가 아이를 가졌을 경우, 그 아이는 주인의 소유물이 였기에 일생 동안 그 주인의 노예로 머물렀다. 그럼에도 그 부모가 주인에게 그들이 이전에 입양하고 길렀던 사람을 대체노예로 줌으로써, 그들의 친 아이는 풀려날 수 있었다.
[151] C. Wunsch, *Findelkinder*, S. 189, 191.

제4장 정신적 장애를 가진 이들에게 가능한 운명들   143

그림 12: 입양계약 상의 발도장

주운 아이들도 상대적으로 종종 이런 목적으로 입양되었다. 인도주의적인 고려가 어느 정도까지 그 역할을 하였는지는 문헌상으로 분명하지 않다. 반면 계약적인 보증이 큰 역할을 하는데, 육신의 부모가 입양시기에 알려져 있던 그렇지 않던 그와는 무관하게 그들은 이후에 무엇보다도 열망하던 노동력(자녀들)에 대한 그 어떤 청구권도 신청할 수 없다. 소아의 입양계약은 이따금씩 그 아이의 족도장으로 하였다(그림. 12).[152] 족도장은 정체 확인을 위해 사용되었거나 마술적인 의미를 가지고 있었다. 그러한 계약은 심지어 아이 발 모양의 점토 모델 위에 기입되었다.[153]

아주 조심스럽게 입양된 주운 아이의 삶을 추적해 볼 수 있다. 가장 일찍이는 특별히 잘 규명되었으며 이스라엘의 선지자들의 시기와 겹치는 시기가 신앗시리아와 신바벨로니아 시대이다. 다만 주운 아기의 경우에만 의미가 있어 보이는 "개 주둥이에서 던져진 사람"(또는 "개 주둥이로부터 빼앗은 사람")이란 인명의 사람들은 대체로 노예들, 성전에 의존된 사람들 또는 농경인력들인데, 이들은 조상명이 없이 수록되어 있다는 것이 특징적이다.

---

[152] C. Zaccagnini, *Feet of Clay at Emar and Elsewhere: Orientalia* 63, 1994, S. 1-4.
[153] S. Franke and G. Wilhelm, *Eine mittelassyrische fiktive Urkunde zur Wahrung des Anspruchs auf ein Findelkind: Jahrbuch des Museums für Kunst und Gewerbe Hamburg* 4, 1985, S. 19-26.

그럼에도 개별화된 문서들은 고귀한 도시 가계로 신분 상승이 가능함을 보여 준다. 바로 여기서 우리는 신분 상승이 입양의 결실이라고 생각해 볼 수 있다.[154] 이와 비슷한 경우가 술라이아(*Suláia*, 거리 출신의 사람)라고 불리는 사람에게도 해당된다. 그는 교양인으로서 왕립 도서관에서 일하였다.[155] 그런 특수한 경력은 또 다음의 6명의 사람들의 운명과는 반대였다. 그들은 오로지 신앗시리아 시대에 이에 상응하는 이름들로 문서에 기록되어 있다.[156]

우리는 그 밖에 다른 문서에서는 언급되지 않았지만, 동일명을 지닌 엄청난 수의 사람들이 공개되어 있지 않음을 생각해 보아야 한다. 왜냐하면, 그들의 삶이 최소한의 생활 환경으로 사회 변두리에 남아 있기에 문헌 속에서 그 어떤 언급에서도 제외되어 있었기 때문이다.[157]

정신적 장애

정신적 장애를 가진 사람들 또한 입양된 사람들 중에 있었는지에 대해서 문서들은 대단히 침묵하고 있다.[158] 그럼에도 다음의 시나리오는 사실

---

[154] C. Wunsch, *Findelkinder*, S. 182-183.
[155] *Prosopography of the Neo-Assyrian Empire*, Band 3/1, S. 1157; *scholar.* – Ezbu/여성형 Ezibtu(버린, 유기된)란 이름이 주는 상(像)은 혼란스럽다. 우리는 총 17명의 신앗시리아 사람들 중에 자산을 지닌 여인 한 사람, 지주 한 사람과 왕자의 집사(執事) 한 사람을 발견한다. 게다가 구약성경에서 'Azubā(그 버린 사람[여])는 왕의 여인으로 불려진다. 이들 모두 유기된 아이들이었다는 개연성은 없어 보인다. 이와 마찬가지로 그 이름이 그들이 출생 전 아버지의 죽음을 지시하고 있다고 생각해 볼 수 있다. 더 나이가, 전체 다섯 명이나 되는 (원래 서-셈어 군의) 이름들인 Sakahu, Sakahâ, Sakūhu(주운애기"; S. 1065, 1068)라는 이름을 보라.
[156] 신바벨로니아 시대의 아주 여러 명의 사람들이 *Šuláia*와 *Suqāiu*(K. Tallquist, *Neubabylonisches Namenbuch*, Helsinki 1905에 수록)로 나타나고 있다.
[157] 여러 다른 문화권에서는 유기된 아이들을 노예로 부리기 위해, 사전에 이전 주인에게 매매가를 지불하지 않고, 사적인 용도로 선별되었다고 추측해 볼 수 있다.
[158] 군단장 *Sabbūru*(Prosopography, S. 1058; "단순한, 어린애 같은")는 부차적인 별명을 다루고 있다.

적인 것 같다. 손으로 일할 수 있고 고분고분한 사람이었다면—우리는 이 두 가지가 정신 장애를 가진 사람을 가리킴을 전제한다—누구든지 노예나 장래의 며느리 그리고 노년의 봉양인(奉養人)으로 적합할 수 있었고, 그러하기에 또한 입양될 수 있었다.

이스라엘에서 사회적 네트워크인 대가족은 충분한 도움이 되었고, 가족 밖에서의 입양 문제 해소는 그리 긴급하지 않은 것으로 보였다.[159] 우리가 점점 더 많이 염두에 두어야 할 것은 경증 정신 장애를 가진 사람들의 노동력을 그들의 가족이 매도하거나 도급하였고, 이 사람들은 그들의 새로운 고용주를 위하여—메소포타미아와 유사한 전제 조건들로—농경이나 부양일을 도와야 했다.

13. 신전 헌상(獻上)

사람을 성소에 "헌상하는 것"(geschenkt)은 수천 년간 (로마 가톨릭교회에서도 오랫동안 지속된) 초문화적 현상으로 아주 많이 증빙되고 있다. 구약성경에서 우리는 우선 사무엘을 생각해 본다. 그의 어머니가 출산 전 오랫동안 기다렸던 아기를 그녀의 하나님 여호와께 "종신 헌상"으로 서원한다. 그리고 그 어머니는 그 아이가 젖을 떼었을 때(이스라엘에서는 출생 후 약 3년 정도), 실로 성소의 제사장 엘리에게 양도한다(삼상 1장).

이 헌상으로 어머니와 아이의 사이의 접촉이 단절된 것은 아니다. 가족이 매해 실로로 가기 때문에 가족은 정기적으로 사무엘을 방문하고 어머니는 때때마다 사무엘을 위한 새 옷을 가지고 간다(삼상 2:19). 사무엘은 실로 "여호와 앞"에서 봉사한다(삼상 2:18).

---

[159] D. L. Bartlett, *Adoption in the Bible*, in: M. J. Bunge 외, *The Child in the Bibel*, Grand Rapids 2008, S. 375-398에서는 (입양에 대한 개념정의가 정밀하지 않지만) 다르게 보고 있다.

이와 마찬가지로 "헌상하다"(*nātān*, 삼상 1:11)와 동일한 히브리어 단어가 예루살렘 성전에 "헌상되었던" 사람들을 지칭하는 네티님(*nětînîm*, 헌상된 자들) 개념 속에 숨어있다. 우리는 그런 네티님의 후손들을 특별히 바벨론 유배에서 이전에 고향인 예루살렘을 향하여 다시 이주했던(스 2:43-54= 느 7:46-56) 귀환자들 가족의 명단에서 발견한다.

네티님의 더 정확한 기능에 대해 성경 자료들의 언급은 희박한데,[160] 고대 성경 역본들은 대부분 이들을 "성전 봉사자"(또는 성전 노예)로 지칭한다. 더우기 네티님의 한 부류는 혈통이 비이스라엘이다. (본래 가나안인들의) "나무 패는 자와 물 긷는 자"(수 9:21-27; 비교. 신 29:10)의 직임은 대대에 성전 봉사자로 이어지는데, 이들이 여기에 속할 수 있다.

구약성경으로 방향을 돌리기 전에, 우선 메소포타미아의 문서로 기록되어 남아 있는 그 풍족한 상황을 관찰해 보자.

메소포타미아

B.C. 3천 년 이후 수메르어 쐐기 문자 문헌들과 그 이후 바벨론-앗시리아어로 기록된 쐐기 문자 문헌들은 사람을 성소에 헌상하는 경우를 언급하고 있다. 아주 초기 문헌 속에는 특별히 여자와 아이들을 다루고 있음이 두드러진다. 그들은 성전 재산의 직조(織造) 작업장에서 일을 하고 그 대가로 "식사와 하숙"(Kost und Logis)을 하였다.

사람들은 그에 해당되는 텍스트인 음식 공급자 명단을 분석하여 여기에 누가 일하였는지 밝혀내었다(과부, 고아, 노인, 홀로된 여인, 시각 장애인과 청각 장애인 그리고 외국에서 온 전쟁 포로들).[161] 추측해 보건데, 이 사람들은 평

---

160 비교. 스 7:24; 8:18,20; 느 3:26,31; 11,3.21; 대상 9:2.
161 I. Gelb, The Arua Institution, *Revue d'Assyriologie* 66, 1972, S. 1-32, 특히 S. 10. 비교. J. Rener, Kranke, *Krüppel, Debile – eine Randgruppe im Alten Orient?*, in: V. Hass (Ed.), *Aussetzung und Randgruppe: Beiträge zu einer Sozialgeschichte des Alten Orients*, Xenia 32, Konstanz 1992, S. 113-126, 특히 S. 123-124.

균 이하의 작업성과를 내었을 것이다. 그 밖에 아무도 돌보기를 원치 않았던 이들을 이용하여 성전이 이득을 위한 사업을 했을지 여부는 문서로써 알수는 없다. 성전에 헌상되었던 당사자에게 그곳 생활은 추측컨대 꿀을 빨아먹는 것이 아니었다. 왜냐하면, 작업자들의 배식에 대한 명단목록에는 '많은 수의 사망자, 병든 사람들, 달아난 사람들'이라고 언급하기 때문이다.

토지와 동물, 사람의 헌상은 "헌상된" 사람들의 도망과 같은 이미 암시된 문제성과 함께[162] B.C. 2천 년과 1천 년에도 넓게 유포되어 있었다. 부유한 사람들은 특히 그들의 노예들을 (가령, 그들의 작업력이 감퇴할 경우) 헌상하였거나 그들이 유언장을 써서 죽은 이후 시기에 노예들을 성전에 증여(贈與)하였다.[163] 가난한 사람들은 가족 중 일원을 선사하였다. 그들이 경제적인 이유로 강제되었다는 것은 개별 문서로부터 분명해진다.[164]

혼외정사의 아이들이나 고아가 된 아이들뿐만 아니라 특별히 가족 중 장애가 있는 일원이 성전에 양도되었다는 것을 생각해 볼 수 있다. 마찬가지 경우로, 성전은 그런 헌상을 거절할 수 없었고 또한 동시에 성전은 맡겨진 사람들의 안녕을 충분히 돌보는 데 과한 요구를 받고 있었다는 것을 생각해 볼 수 있을 것이다.

---

[162] B. Menzel, *Assyrische Tempel: Untersuchtung zu Kult, Administration und Personal*, Rom 1981, S. 23-33; J. Kohler 외, *Assyrische Rechtsurkunden*, S. 38-40; R. P. Dougherty, T*he shirkūtu to babylonian deites*, New Haven 1923=1980; M. Dandamaev, *Slavery in Babylonia, Illinois* 2. Aufl. 1984, S. 469-557.

[163] 이 문제에 관해 비교. C. Wunsch, *Findelkinder*, S. 209. - 물론 신앗시리아 왕이 증여해 준 사람들의 사회 계층적인 스펙트럼은 대단히 넓다.

[164] R. Dougherty, *shirkūtu*, S. 33-34(나보니두스 왕 시절 기근이 있었을 때, 한 과부가 여신 에렉(Erech)에게 작은 아들 두 명을 종신토록 헌상하였다. 두 번째 예에서도 마찬가지이다). 지리적으로 시간적으로 좀 더 떨어진 유비로는 그리스 신화에서 아폴로(Apollo)와 델피 성소에서 자라나 죽음의 운명에 놓인 어머니 크로이사(Kreusa)의 아들, 이온(Ion)이다.

중세 수도원들

우리는 이 문제에 대한 구체적인 광경을 중세 그리스도교 수도원의 헌상에서 알 수 있다.[165] 헌상된 아이들은 서방수도원의 평범한 수도사나 수녀가 되었다. 수도원의 후진은 이들로부터 보충되었다. 그들 중에는 독일 선교사인 보니파티우스(Bonifatius)와 교리가인 토마스 아퀴나스(Thomas von Aquin)와 같은 유명한 (그리고 후에 성자로 공포된) 사람들도 있다. 아이들은 부모의 결정으로 평생에 미치는 결과에 대해 그 어떤 의의(疑義)도 제기할 수 없었고, 부모들은 부성의 권세의 힘에 따라 어린 연령에 그들의 자녀들을 수도원에 헌상하기로 결정했었다.

누르시아의 베네딕트(Benedik von Nursia)수도원 규칙서(Klosterregel, A.D. 6세기)에 아주 자명하게 나타나는 규정[166]은—점증하는 반대소리에도 불구하고—중세 동안 공식적으로 폐기되지는 않았다. 하나님을 위한 공로 사상, 즉 하나님을 위한 평생 제물이라는 사상이 그 토대를 이루고 있다. 그러므로 헌상된 자녀들은 "봉함(封緘)된 자들"(Oblaten, 헌납된, 희생된)이라고 명명되었다. 그 봉함된 자들은 본질적으로 중세의 그리스도교 엘리트의 생성에 공헌하였다.

헌상된 아이들 중에는 수도원 담의 보호 안으로(그곳의 교육 가능성에) 위탁되었던 분명한 장애가 있거나 심지어 심각한 장애를 지닌 아이들도 있

---

[165] 포괄적인 안내: M. de Jong, *In Samuel's Image: Child Oblation in the Early Medieval West*, Leiden 1966. M. Lahaye-Geusen, *Das Opfer der Kinder: Ein Beitrag zur Liturgie und Sozialgeschichte des Mönchtums im Hohen Mittelalter*, Altenberge 1991. - 이와는 달리 동방교회에 헌상된 아이들은 대체로 평생 "봉사자"로 머물러 있으며 수 9장에서 물 긷는 자와 나무패는 자로 권면하는 바와 같은 일을 맡게 되었다. P. Papaconstantiou ΘΕΙΑ OIKONONIA. *Les actes Thébains de dontaiotn d'entfasts ou las gestion monstique de la pénurie*, in: Mélange Dagron, *Travaux et Mémoires* 14, Paris 2002, S. 511-526 를 보라.
[166] 제59장; 교회사적인 분류, A. de Vogüé, *la règle de saint Benoît*, Band 6 (Sources Chrétiennes 186), Paris 1971, S. 1355-1368. 보충과 수정, M. de Jong, *In Samuel's Image*, S. 16-40.

었다. 저명한 실례는 11세기 독일과 스위스 국경의 보덴제(Bodensee)의 섬 라이헨아우(Reichenau)에 살았던 수사 헤르마누스 코트락투스(Hermannus Contractus, "신체가 수축된 자")이다. 움직이는 것과 말하는 것이 불능이었던 이 아이는—그는 중증 뇌피질 손상 또는 척추 소아마비를 겪었다—평생 지속되는 통증에도 불구하고 수도원에서 살아남았고, 그 시대의 지도적인 유럽 학자들 중 한 사람(역사서술, 음악, 수학과 천문학)이 되었다.[167]

프랑스 고고학 발굴에서 이분척추(二分脊椎, Spina bifida)로 출생한 아우구스티누스 수도회의 한 악장의 유해가 발견되었다. 하지만 그는 특권층 귀족으로—좋은 보살핌 덕택에—고령에 이르기까지 살았다.[168]

바로 귀족권에서는 장애 입은 아이들은 토지와 함께 수도원에 헌상되는 것이 보통이었다. 그래서 13~18세기 동안 엘자스 셀레스타(Sélestat) 도미니크회수도원의 공동묘지에는 나면서부터 신체 장애가 있었던 수녀들의 무덤이 평균 이상으로 많았다(20%라는 높은 비율은 놀라게 한다).[169] 이러한 처사는 귀족 가문에서는 여러 관점에서 부담 경감이었다.

장애 있는 사람을 헌상하는 자체가 무엇을 의미했는지 그리고 그들이 수도원적 삶이 사람의 더 고상한 상태라고 평가하였는지에 대해 우리에게는 알려진 바가 없다. 오늘날 장애요양원에서 살고 있는 사람들의 경우에서처럼, 추측하건대 그 만족도란 폭넓은 스펙트럼을 가지고 있을 것이다.

---

[167] A. Borst, *Mönche am Bodensee* 610-1525, Sigmaringen 1978, s. 102-118.
[168] V. Delattre 외, *Décrypter*, S. 177-179.
[169] V. Delattre 외, *Décrypter*, S. 185-188. 거기에서는 순교이자 완전한 신앙생활로서 장애에 대한 영성화 고찰이 있다.

비평적인 목소리들

일찍이 11세기 클루니의 울리히(Ulrich von Cluny)는 개탄하고 있다.

> 그들 씨족의 관심사에 의해 이 성스러운 시설은 수도원 안의 모든 곱사등의 사람들과 기형아들과 멍청이들[!]과 전망 없는 아이들을 배당하는 부모들의 탐욕을 통해 부패되었다.[170]

그리고 바로 전 구절에 이렇게 기록되어 있다.

> 그들[부모]에게 집안 가득히 아들이 있거나, 또는 그들은 마비나 불구가 되었거나, 귀먹거나 말 못하거나 앞 못 보거나, 꼽추나 문둥병을 가진 아이들, 즉 이 세상에서 별로 원치 않는 흠결이 있는 그러한 아이들을 가진 경우, 부모는 이들을 가장 경건한 서원과 함께 수도사로 봉헌한다.

몇십 년 후 클루니수도원의 원장 페트루스 베르네라빌리스(Petrus Vernerabilis)는 신체와 정신의 장애를 가진 봉함(封緘)된 자들의 수용을 그때그때마다 수도장을 통한 명시적인 인가가 있는 경우에만 허용한다.[171] 그리고 13세기 한 파리 감독은, "마치 어미에게 영양 공급을 받을 수 없는 새끼고양이나 아기돼지를 죽이듯이" 아이들을 "부모와 친척들이 내버렸다[!]"고 개탄했다.

---

170 J. Boswell, *Kindness*, S. 298; J. P. Migne, *Patrologia Latina*, Band 149, Paris 183, Sp. 635-636 (거기에 그런 장애에 대한 심한 어구들을 보라. *semhomines vel ita semivivi*[반인<泮人> 그리고 소위 반생<半生>인들]). 이런 개탄은 이전에 히에로니무스에게(*Brief* 130, 6), 즉 이미 500년이 넘는다는 것을 입증된다.

171 J. Lynch, *Simonialcal entry into religious life from 1000 to 1260. A social economic and legal study*, Columbus/Ohio 1976, S. 43-44. 여기서 *stulti* (어리석은 자들)를 말하고 있다. 또 다른 자료로는, S. Shahar, Childhood in the Middle Ages, London 1990, S. 184.

이러한 사건들은 세상에서 살아있는 일원들의 유산상속을 축소시키지 않으려고 발생한다고 한다.[172] 모든 경우가 그와 같은 부적절한 사유였다고 생각하지는 말아야 할 것이다. 빈번하게는 [고귀한] 동기들이 재정적인 강제들과 연결되었다.[173]

대규모 봉함 제도의 남용과 그로부터 귀결되는 수도원의 과부담으로 인하여 중세 후기의 도시들에서는 특별히 주운 아들을 위한 집들이 활기를 얻게 되었다. 물론 이 시설들 역시도 더욱 과도한 요구를 받았다. 왜냐하면, 이를 지탱해 주는 수도원공동체가 결여되었기 때문이다. 많은 아이들이 얼마 못가 비극적으로 죽었고, 이를 통해 다시 불쌍한 새둥이들(Neuankömmlings)을 위한 자리가 생겨났다.[174]

이스라엘

이러한 사실은 예루살렘성소는 "헌상된" 아이들을 얼마나 많이 지탱할 수 있었는지에 대해 질문하도록 만든다. 이들은 장애를 가지고 있음에도 불구하고 제한적인 작업 능력을 나타낼 수 있었다. 최소한 구약성경 시대에 가난한 나라의 중심지인 예루살렘은 단 한 번도 메소포타미아의 국가성소들에서 보았던 동일한 경제력을 보유하지 못하였다.

이들의 국가성소들은 가장 큰 토지 소유주였고, 경제 사업가였고, 은행

---

[172] J. Lynch, *Simoniacal entry*, S. 42.
[173] 봉함(封緘)된 인들에 대한 저명한 실례는 명문가 출신의 보라의 카타리나(Katharina von Bora, 이후 마틴 루터의 부인)이다. 빈곤한 홀아비였던 그녀의 아버지는 그녀가 9살 때 그 수도원에 헌상하였고, 그녀는 소녀로서 수도원에 있던 특권화된 교육의 가능성을 누렸다. 내 아내와 나 또한 한동안 우리 아들을 수도원으로 보낼까 고려하였다. 왜냐하면, 우리가 관찰하기로, 그 아이는 즐겨 노래하고 예배를 드렸던 반면, 이후 보호 작업장에서 했던 것과 같은 수작업에는 별 흥미를 보이지 않았기 때문이다. 그래도 우리는 그 아이를 평생 수도원 형제들에게 맡기는 것을 부끄러워하였다(우리는 당시 수녀원의 시설의 봉양(Oblation)에 대해 아무것도 알지 못하였다).
[174] J. Boswell, *Kindness*, S. 418-427.

(성전고!)이었고 그리고 고용주였다.[175] 비록 예루살렘 성전이 자기 땅에서 메소포타미아의 성전의 역할과 같았다고 할지라도 성전이 가진 경제력은 훨씬 더 제한적이었다. 비록 개별 가족들의 경제력에 비해 그것은 항상 두드러졌을지라도 말이다.

다시 한 번 새롭게 귀환 가족을 언급하며 그들의 조상을 한 때 네티님(*nětînîm*)으로 성전에 "헌상된" 자들(스 2:43-54)로 기록한 구약성경의 인명록을 살펴보자!

이 목록에서 언어적 장애를 가리키는 이름들이 평균 이상으로 많다는 것이 눈에 두드러진다. 거기에는 "절뚝거리는 사람"(Peseach), "굽은 사람"(Keros),[176] "곱추인 사람"(Chakufa), "귀먹고 말 못하는 사람"(Charscha) 그리고 "정신이 박약한 사람"(Gachar)이 있다. 이스라엘의 인명에서 장애를 지칭하는 이름이 그리 흔치 않다는 점에서 이 자료는 점점 그 중요성을 더한다. 또한 성경학에는 이미 오래전부터 네티님 출신의 지파들이 다른 귀환한 지파들[177]보다 훨씬 빈약하다고 밝힌다. [부분적으로는 계승될 수 있는?] 장애를 가진 이 사람들은 경제적 상황이 좋지 않았고 단명하였다고 생각해 볼 수 있다. 그 결과 그들의 후손의 수는 근근이 남아 있었다.[178]

이러한 조명하에 우리는 이제 위에서 논의했던 구절, 에스겔 45:18-20에서 한 페티(*peti*)의 미숙함을 들여다볼 수 있다. 추측해 보건데 정신적 장애를 가진 사람들 역시 성전 봉사자로서 간단한 조력을 할 수 있었다. 이해력 결핍과 미숙함으로 성전의 부정함을 야기할 수 있다는 위험성 때문

---

175 I. Mendelsohn, *Slavery in the Ancient Near East*, New York 1949, S. 100. 이스라엘에 관련해서는 비교. 레 27:1-7.
176 포로기 전의 아라드(Arad) 케로시인들의 언급을 주의하는 평가를 보라. J. Renz 외, *Handbuch der althebräischen Epigraphik*, Band I, Darmstadt 1995, S. 383.
177 W. Rudolph, Esra und Nehemia, Handbuch zum Alten Testament, Tübingen 1949, S. 23.
178 빈곤은 또 다른 이유가 될 수 있을 것이다. 유럽의 중세에는 가난한 사람들의 가족의 아이들은 더 적었다고 알려져 있다(J. Boswell, *Kindness*, S. 408-410). 비교. 메소포타미아에 대해, G. Gali, *The Lower Stratum Families in the Neo-Assyrian Period*, Leiden 2007, S. 347.

에 매해 특별히 거행되어야 하는 예방적인 속죄 행위가 주어졌다.

이를 통한 성전의 제의적 정결은 다시 세워지거나 보증될 수 있었다. 이것은 성전 봉사자의 직무에 지속적인 감찰이 이루어지지 않음으로 발생하였다.[179] 다른 두 그룹의 사람들이 성전을 부정하게 하는 잠재적인 사람들로 언급되고 있다는 것은 주목할 만하다.

① 비자의적인 "실수"의 위험을 가진 표준 지능인들
② 정신 박약의 사람들[히브리어 *peti*])

네티님(*nětînim*)이 이질적인 출신이었다는 것은 장애명을 지칭하는 것 이외에도 수많은 비이스라엘계 이름들이 나타난다는 것(스 2:43-57)으로 알 수 있다.[180] 예를 들어 후자는 이리저리 흩어졌던 전쟁 포로들이나 전쟁 난민들(아마도 정신 장애가 없이)로 거슬러 올라가는 것을 생각해 볼 수 있다.[181] 헌상된 이스라엘 사람 출신의 족속들은 세대가 경과하면서 레위 계층으로 상승하게 되었다.

여하튼 일부 성경 구절들은 이 방향으로 풀이될 수 있다.[182] 이를 통해 남은 네티님 족속들을 이스라엘 사람들이라고 간주해도 될지는 항상 불확실하다. 미쉬나 탈무드와 같은 성경 시대 이후 본문들 속에 네티님은 그들의 유대적 정체가 의심스럽게 여겨지는 그룹들에 속한다.[183]

---

[179] 겔 45장은 저작 시점에 파괴되었던 성전의 장래 신축을 바라 보는 기획적인 본문이다. 우리는 그 규정들이 어느 정도까지 포로기 이전의 성전의 실제로 소급되는지 알지 못한다.
[180] J. Blenkinsopp, Ezra-Nehemia, *The Old Testament Library*, London 1989, S. 90.
[181] 메소포타미아 증빙 자료로, I. Mendelsohn, *Slavery*, S. 101-102; 150(각주 42).
[182] *nětûnim* in 민 3:9; 8:16-18; 스 8:17 ('케레' 독법은 *nětinim* 으로 읽고 있다.) - 이따금씩 이 가족의 아이들은 곧바로 레위인인 것으로 약속되거나 헌상되었다고 추정된다. 비교. L. E. Stager, *Bulletin of the American Schools of Oriental Research* 260, 1985, S.27-28.
[183] 예; Mischna-Traktat Jebamot 2,4; 6,2; 8,3. - 이미 구약성경의 선지서 에스겔에서는 할례 받지 않은 이방인들을 제의직무 수행을 위해 성소 안으로 데리고 왔다는 것을 비판하고 있다. 그것은 성전의 신성모독으로 평가받고 있다(겔 44:7-9; *nětinim* 과 관련하

14. 부양

고대 문서들에서 인도주의적인 동인의 도급(都給)과 입양(入養)은 아직까지 반증될 수 없다. 성전에 헌상하는 것 역시 이와 동일한 경우이다. 반면 구약성경과 초기 그리스도교 문헌에서 나타나는 특별 부양 관계는 이와는 다르다. 예수님은 하나님의 날에 최고 위대한 명예석을 놓고 겨루던 제자들에게 반응하신다. 한 아이를 그들 가운데 세우시고, 보호의 표시로 포옹하신다.

친족이 아닌 아이들에 대해서 이러한 행동은 당시 통상적이지 않았다(막 9:33-37). "포옹하다"에 해당하는 그리스어 어휘(막 9:36; 비교. 10:16)를 미루어 보건데, 이를 위해 예수님이 우선 스스로 무릎을 꿇어야 하고, 그렇게 하기 위해서는 그 아이와 같은 눈높이 수준에서 움직이셨다는 것을 전제로 한다.[184] 그분은 도발적으로 제자들의 주의력을 존경할 만한 사람으로 간주되지 않았던 한 아이에게로 옮기신다.

"누구든지 그러한 아이들 중 하나를 받아들이는 자는 나(또는 하늘의 내 아버지)를 받아들이는 것이다."[185]

고대 근동에도 구약성경에서도 이와 비견될 만한 것이 언급되지 않는다.

예수께서 여기서 어떠한 유(類)의 어린이들을 의미하시는지, 추정해 볼 수 있다. 십중팔구는 완전한 고아나 주어 온 아이들(Findelkinder)을 생각해 볼 수 있다.[186] 그러한 아이들은 예수님의 공동체 일원들로부터 "받아들

여, W. Zimmerli, *Ezechiel, Biblische Kommentar 13/2*, Neukirchen 1969, S. 1125-1126.

[184] 에브너(M. Ebner)는 그리스어 단어 *enangkalizesthai* (굽어진 팔 안으로 취하다)를 그렇게 이해한다. M. Ebner, Kinderevangelium oder markinische Sozialkritik? Mk 10,13-16, *Jahrbuch für Biblische Theologie* 17, 2002, S. 315-336. 특별히 S. 334-335.

[185] 또는 예수께서 만들어 내신 대립적인 태도는 아이에 관한 돌봄과 연결된 매력이 적은 과제인 것인가?

[186] 그 논거에 대한 논의, C. Tuor, *Nochmals* "Wer eines solcher Kinder aufnimmt." *Ein Beitrag zur sozialgeschichtlichen Auslegung von Mk 9,35-37*, in: G. Gerlardini (Ed.), *Kontext der Schrift* (Festschrift für E. Stegemann), Band I, Stuttgart 2005, S. 87-99.

여"져야 한다. 또한, 교회 공동체가 이 과업을 인식하였다는 것을 문서화하고 있다.

그리스어권의 신학자인 닛사의 그레고리(Gregor von Nisaa, A.D. 400년)는 그의 누이 마크리나(Makrina)가 죽었을 때, 사람들은 그녀를 "어머니와 부양인"으로 애도하였다고 이야기한다. 마크리나는 "기근 시기에 길에서 그들을 주어서 양육하고 길렀었다."[187] 그리고 조금 후에 서방교회의 아우구스티누스는 "부모들이 끔찍하게 유기시켜 거룩한 처녀들이 세례 받도록 데리고 온" 아이들에 대한 그리스도교의 세례를 옹호한다.

아우구스티누스는 자비로운 사마리아인의 비유(눅 10:25-37)로 이에 대한 처녀들의 행위에 자격을 부여하고 있다. 즉 그의 옹호는 단지 세례 가능성만 관련된 것이 아니라, 유기된 아이들의 후속적인 돌봄도 함께 포함한 것이다.

이후 5세기 공회의 결정은 주어 온 아이들의 권리와 그들을 맡게 될 사람들의 권리를 규정하였다.[188] 그것은 우리의 귀를 밝게 해 줄 수 있을 것 같다. 그것은 그런 사례들의 횟수가 엄청나게 많았기에 문제가 되었고, 그래서 해법이 시급하였다는 것을 보여 주기 때문이다.

앞의 예에서 그 해법은 양부들의 권리를 보호해 주어야 하는 데 방점이 있었다. 이것은 당시에는 육신의 부모가 사회적인 위급 상황 중에 그들의 아이를 유기하였고, 절박한 위기가 지나간 이후에는 그들을 되돌려 받으려 한다고 가정하도록 한다. 유기된 아이를 받아들여 가슴으로 키운 (경우에 따라 경제적으로 없어서는 안 되었을) 그 양부들을 위한 권리보호가 없었다면, 아무도 유기된 아이를 받을 준비를 못했을 것이다.

---

187 *Vita Macrinae* 26, 30.
188 인용과 논평, C. Tuor, *Kindesaussetzung*, S. 345. 로마 후기 황제들과 콘스탄틴 시대 이후의 교회의 협력에 대해, J. Evans Grubbs, *Church State and Children: Christian and Imperial Attitudes Toward Infant Exposure in Late Antiquity*, in: A. Cain 외, *The Power of Religion in Late Antiquity*, Ashgate 2009, S. 119-131.

정신적 장애를 가진 사람들에 대해 앞에 언급된 텍스트에서는 명시적으로 언급되지 않는다. 그럼에도 강도들 때문에 땅 바닥에 쓰러진 사람들을 돌보며 가장 멀어 보이는 사람조차도 이웃으로 삼았던 "자비로운 사마리아인"의 윤리는 추방시킨 아이들조차도 사람들이 거리낌 없이 받았을 것이라는 사실을 개연성 있게 설명해 준다.[189] 이에 덧붙여, 정신적 장애는 이따금씩 신앙생활에 있어서 특별한 감흥력을 준다는 것은 사실이다.

15. 지파 내에서 통합

가족의 고통

문헌상으로 볼 때, 뭔가 유별난 것이나 미래 지시적인 것이 없이 가정사가 흘러가는 경우는 아주 드물다. 신구약의 문헌모음들 역시도 이에 해당될 것이다. 무엇인가 일상적인 것들이 부차적으로 덧붙여 언급된 경우, 사람들은 더 밝히 들을 수 있게 된다. 이미 위에서 언급된 구절이 그것이다.

> 미련한 자(Dummkopf, 멍청이)[190]를 낳는 자는 근심을 당하나니
> 미련한 자(Tor, 바보[*nābāl*])의 아비는 낙이 없느니라(잠 17:21; 비교. 17:25).

추측해 보건데, 여기서 한숨짓는 사람은 정신적 장애와 살고 있는 한 아이의 아버지일 것이다.

---

[189] 아우구스티누스가 정신적 장애를 얼마나 결손적이고 한탄스러운 것으로 평가하고 있는지를 생각할 만하다. "교회 내의 파급력: 아우구스티누스와 루터의 과한 언사"(제4장 17.)를 보라.

[190] *kesîl*에서 대해, 윗글에 "또 다른 히브리어적 표현들"(제4장 10.)과 "히브리 언어의 특색"(제2장 10.)을 보라.

만일 그러한 아이가 부모의 희망에서 뒤쳐진 채 있다면, 그것은 부모에게 고통스러울 것이다. 오늘날에도 부모님들은 특정한 상황에서 이 경험을 한다. 이에 사회적인 수치가 더한다. 특별히 산업화되기 전의 시민 사회에서 말이다. 보편적으로 그런 사회에 엄청나게 더 강력한 규정을 가한다. 사회가 처벌하지 않고 그런 사회적 규준들을 제쳐둔다는 것은 [제한적인 한도 내에서] 개인주의적이고 자유로운 문화에서나 가능한 것이다. 사회적인 규준 밖에 놓여 있는 것은 "멍청이"이다.

더욱 나쁜 경우는 장애가 흉악해 보이거나 또는 그렇게 해석되는 이상 행동으로 야기될 경우이다. 마지막의 경우 이따금씩 흉측한 사건들을 연상시키는 히브리어 단어 나발(*nābāl*)을 의미할 수 있다.[191] 이 단어는 시구의 병렬구 중, 종종 첫 번째 부분의 상승효과를 만들어 주는 평행구에 나타나고 있다. 그러한 경우 아주 신속히 그들의 양육을 거절한 부모에게 그 책임이 돌아간다. 이런 까닭에 이스라엘의 교육 문학이 그 어떤 책임추궁을 하지 않고, 그 대신에 그 부모의 고통에 말을 건네고 있다는 것은 대담한 것이다. 이를 통해 그 고통을 진정성 있게 받아들이고 있다.

이스라엘의 문학에서 유사한 두 번째 소견이 발견된다는 것은 주지할 만한다.

> 미련한 아들(*ben kĕsîl*, 멍청한 아들)[192]은 그 아비의 근심[193]이 되고
> 그 어미의 고통(쓰라림)이 되느니라(잠 17:25).

또한, 이렇게 말한다.

---

[191] 예를 들어 사 32:5; 시 14:1과 특별히 명사화된 *nĕbālâ*(창 34:7; 사 19:23-24; 삼하 13:12 등).
[192] *ben kĕsîl*에 대해, 잠 10:1; 19:12을 보라.
[193] 예를 들어 히브리어 단어 *ka'as*는 무자한 여자의 괴로움으로써 언급되거나('한나,' 삼상 1:6,11), 또는 시편에서 사람을 하소연(고소)하는(시 6:8; 10:14; 31:10) 또 다른 인격적인 괴로움에 대한 말이다.

버릇없는 아들('학습불능자')은 아비의 수치이고 되지 못한 [그러한] 딸은 [그에게] 손해를 끼친다(시락 22:3, 공동 번역).[194]

이 세 개의 격언들은 뭔가를 순박하게 이상화시키지 않는다. [아마도 중증] 정신 장애에 직면한 고통과 괴로움을 냉담하게 명시하고 있다. 인간의 삶에서 견뎌야 한다는 현실을 도외시하고서 지혜는 결코 논의될 수가 없을 것이다. 이제 이스라엘의 교육 문학이 그러한 현실을 표현한다면, 이것은 당사자들이 그들의 고통을 숨기지 말아야 했다는 것을 의미하는 것이다.

지성인들의 진술들

명예와 수치(honour and shame)의 문화에서 수치는 (한 집단의 평가로써) "(치)욕"(Schande)뿐만 아니라 (한 개인의 반응으로써) "창피"(Scham)이다. 그러므로 이 양자에 대한 히브리어와 그리스어 어휘들이 있다는 것은 놀랍지는 않다. 이스라엘의 교육 문학이 정신적 장애를 치욕과 창피와 연관시키고 있다면, 이것은 곧 이스라엘의 민감한 지성인들—그들이 부모이던 관찰자이던—이 정신적 장애를 개인의 괴로움으로 경험했다는 것이 분명하다.

이 부분에 있어 지성인들은 단지 쓰라림 중에 있는 어머니들(잠 17:25)뿐만 아니라 저변에 있던 주민들과 그들의 감정을 아주 개연성 있게 공유하고 있다. 사람들은 지성인들로부터 기대할 것이다. 그들이 "치욕"이라는 문제성 있는 관념, 하지만 사회적으로 미리 주어진 그 관념과는 거리를 둘 수 있을 것이라고도 기대할 것이다.

---

[194] 그리스어 판본임. 이 장의 히브리어 본문은 소실되었다. 비교. 시락 22:12-13(표준 지능이 있는 어리석은 자?); 아우구스티누스는 이를 정신적 장애가 있는 사람에 관한 진술로 이해하고 있다. "교회 내의 파급력: 아우구스티누스와 루터의 과한 언사"(제4장 17.)을 보라.

그럼에도 우리는 [오늘날이나 당시에나] 지성인들의 정신적 자유를 높이 평가하지 말아야 할 것이다. 만일 그들이 합당한 치욕과 합당하지 않는 치욕 사이를 구분하는 경우(시락 4:21; 20:23), 우리는 그들을 치욕적 현상들의 배후를 비평적으로 묻고 있는 성경 본문에서도 만나게 될 것이다. 그렇지만 그들이 정신적 장애라는 주제까지 진출하고 있지는 않는 것처럼 보인다.

부모이든 전문인이든 누구든지 정신적 장애를 가진 사람들을 위한 후원에 전력투구하는 사람은 이스라엘의 교육 문학이 그런 사람들의 가치를 "더 긍정적"으로 부각시키지 않는다는 것에 대해 아마도 대단히 실망할 것이다. 하지만 우리는 이 부분에 있어서 우리의 냉정했던 현실을 잊고 있는 것이다. 100년이 채 되지 않는 기간동안 오늘날 우리 사회에서도 가족들이 홀로 그들의 장애아를 전폭적으로 돌보아야 했었고, 빈번히 이를 통한 과도한 요구들을 감내하였다.[195]

또한, 창피의 편재성을 생각해 볼 수 있다. 즉 홀로 그러한 아이들을 돌보아야 하는 부모들은 이 "치욕"을 집 안의 네 벽 안에 숨겨두었다. 그 배후에는 조롱에 대한 공포, 사회의 몰이해와 가족의 입지가 줄어들게 될 것이라는 걱정이 있었다. 스위스 시골 주변에서 지난 세기 중반 넘어서까지 관찰된 사실은 그런 가족 일원들이 집안의 보호벽을 떠나는 것이 허용되지 않았었으며, 상황에 따라 어린이 방 안은 어두운 커튼으로 오욕적인 시선을 차단하였고 그리고 그 커튼 뒤편에서 일상을 보내었다는 것이다. 우리는 그 가족과 그들의 장애인 일원의 위급함을 짐작할 수 있다.

---

[195] 19세기 영국에서, 가족의 핵심 구성원들의 부양부담은 실로 막대했다. 이에 대한 생생하고 인상 깊은 예는 D. Wright, *Family Care of "Idiot" Child in Victorian England*, in: P. Horden 외, *The Locus of Care: Families communities institutions and the provision of welfare since antiquity*, London 1998, S. 176-197에 소개되고 있다. 라이트는, 가족 핵심 구성원이 부양을 더 이상 할 수 없을 경우, 나이든 청소년들의 요양소(Hospital) 입소 때문에 의사들이 제작한 세부적인 프로토콜을 검사한다. 그 본문들은 아주 멀리 있는 친족과 이웃들의 환경에 대해 침묵하고 있다.

이런 경험의 영역은 예수 벤 시락서의 그리스어 판본의 잠언 속에도 분명히 나타난다.

> 학습 불가능한 자를 놀려서, 네 조상들이 오욕 받도록 말라(시락 8:4).[196]

여기서 지파내의 조롱을 다루고 있는가?

그리고 그 조롱하는 사람은 그 자신의 조상의 명예를 실추시키는 것인가?

이 권면은 가족 핵심 구성원을 아주 멀리 떨어진 친척들의 조롱으로부터 보호할 것인가?

우리는 이스라엘에서 정신적 장애를 가진 사람들이 돌봄을 받는 그 출발지가 그들의 가정, 즉 그들의 가족 내였음을 알게 된다. 물론 이것은 구약과 신약성경으로도 입증할 수는 없다.

어떤 측면에서 그러한 일상은 성스럽게 교훈하는 본문에서 언급할 만한 것으로 간주되지 못했던 것일까?

그럼에도 가족을 통한 집안 내에서의 돌봄에 실제적인 대안은 무엇일 수 있을까?

여기서 우리의 시선을 다른 문화권들과의 비교를 위해 옮겨볼 것이다.

고고학적 증언들

우선 나는 중증장애인들이 살아남을 수 있었던 이유가 일 년에서 수년까지 지파 내에서 집중적인 보살핌을 받았기 때문이라

그림 13: 이집트 상형문자로 적은 이름 Akiri

---

[196] "경시, 조롱과 도구화" 제4장 각주 10 참조.

는 고고학적 증거들을 기억하고 있다.¹⁹⁷ 이에 더해 데이르 엘-메디네(Deir el-Medineh)의 어린이 무덤의 또 다른 예가 있다. 이 마을에는 이집트 가족들이 살았는데, 그들은 일꾼과 공예가들로 근처에 있던 왕곡에서 생계를 꾸렸다. 그들은 거기에서 호사 찬란한 부유한 상류층들의 묘지를 세워야 했다.

이와 대비되게 자기 가족들의 무덤은 당연히 아주 소탈하였다. 이곳에는 대체로 장기간의 보살핌 이후에 죽었던 신체 장애를 가진 자녀들의 무덤이 발견되었는데, 그 세심한 매장이 눈에 두드러진다.¹⁹⁸

최중증 장애자였던 대략 세 살 박이 아이는 일상적인 황색과 흙색으로 치장된 나무상자에 뉘여 있었고, 그 상자 위에는 검은 잉크로 인명 'Ariki'라 쓰여 있다(그림 13.: 그 밖의 어린이 묘들은 무명인 것이 빈번하다). 상자 형태의 관 안에는 대략 4살 정도 되어 보이는 수두증을 앓았던 한 소녀의 미라가 매장되어 있었다. 그 소녀는 팔에 생명을 선사해 준다는 갑충석 부적을 하고, 바로 그 곁에서 풍족한 무덤 부장품들(석기 화장용기, 상아와 나무 바늘, 맥주와 견과류가 담긴 그릇, 천연 머리털로 만든 가발이 있는 토기접시, 불태운 점토로 만든 깨어진 인형, 작은 자루와 곡물씨앗이 담긴 잔, 등대, 천으로 된 상자)이 발견되었다.¹⁹⁹

동일 연령의 골반측만인 한 소년도 엮어 짠 바구니에 안치되어 있었다. 그 바구니가 너무 작기 때문에 사람들은 그 아이의 발을 둘 자리를 만들기 위해 한쪽으로 잘라서 개봉하여야 했다. 비용이 많이 들어가는 매장의 꼼꼼함과 사랑이 담긴 무덤 부장품들(그림 14)²⁰⁰은 해당 가족이 그들의 장애

---

197 "유아 사망과 생존 가능성들"(제4장 2.)과 "길거리 아이"(IV.8.)를 보라.
198 L. Meskell, Dying Young. The experience of death at Deir al Medina, Archaeological Review from Cambridge 13, 1995, S. 35-45. 동일한 여류 고고학자의 원리적인 귀결, D. Monstserrat (Ed.), Changing Bodies, Changing Meanings, London 1998, S. 155-156. 발굴보도의 상세한 내용들, B. Bruyère, La nécropole de l'est, Fouilles de l'institu français du Caïre 15, 1937, S. 14, 165-167, 202.
199 R. Zillhardt, Kinderbestattungen und die soziale Stellung des Kindes in Ägypten. Unter besonderer Berüchtigung des Ostfriedhofs von Deir el-Medine, Beiheft 6 der Göttinger Misyellen, 2009, S. 27-28.
200 그 소년의 무덤에는 뚜껑 덮인 바구니 속에 어린이 미라뿐만 아니라, 목이 긴 항아리, 빵과 야자 알갱이들이 담긴 접시 일곱개, 청색 세라믹 유리의 목걸이 한 점(Fayence)

있던 아이에 대한 태도를 분명히 조사(照射)해 주고 있다.²⁰¹ 이 사실은 오늘날 (여전히) 각광받는 가설, 즉 근대 이전 사회에서는 높은 유아 사망률로 인하여 부모와 소아 간의 깊은 감정적 관계가 없었다는 이론에 의문을 던지고 있다.²⁰²

그림 14: 이집트 신체 장애아의 묘

고대 근동 텍스트

메소포타미아의 의료 도서인 『편람』(*Handbuch*)은 우리에게 특별히 장기 질환자들과 장애를 가진 사람들을 주목하였다는 것을 보여 준다.²⁰³ 만일

이 발견되었다. 그 소년에 대한 묘사, B. Bruyère, S. 202: "enfant monstrueux aux jambes torses, au crâne diforme dont les hypophyses n'ont jamais pu se souder et ont doté l'enfant d'un bec de lièvre prononcé"(꼬인 다리와 변형된 두개골을 한 괴물 같은 아이, 그 아이의 두개골은 접합할 수 없었고, 아이의 입술이 갈라지게 하였다).

201 R. Zillhardt, S. 40. - 초기 철기 시대 독일, 6-7세의 수두증 있는 한 어린이의 사랑 가득한 매장에 대해, R. Schafberg 외, Archäologie in Deutschland 19, 2002/2, S.51.
202 메스켈(L. Meskell)은 맥패렌(A. MacFarlane)의 가설을 비평하고 있다. A. MacFarlane, *Death and the Demographic Transition. A note on English evidence on death* 1500-1750, in: S. C. Humphreys 외, *Mortality and Immortality. The anthropology and archaeology of death*, London 1981, S. 249-259. 18세기 독일어권과 스위스어권 조사, I. Ritzmann, *Sorgenkinder*, S. 221-222.
203 J. Scurlock 외, *Diagnoses*, S. 332. - 18세기 유럽에서 중증 장애인을 보살피기 위해 가족 핵심 구성원들이 엄청난 비용을 치르는 것에 대해 리츠만(I. Ritzmann, *Sorgenkinder*, S. 156-157)은 이와 비슷한 그림을 그려 주고 있다. 네안데르탈인들 중에 보호 필요에 대

의사가 장시간 동안 그러한 사람들을 간병해야 한다면, 이것은 동시에 당사자 가족들에게는 재정적이고 부양적인 고비용을 의미한다. 따라서 가정의 경제 상태는 해를 거듭할수록 축소되었음을 생각해 볼 수 있다. 보호가 필요한 일원과 함께 살림살이는 더욱 줄어들어 간다.

구약성경 욥기와 떨어져 있지만 정신적으로 친족성을 지닌 소위 "바벨론 신정론"(babylonische Theodizee)이란 문서는 정신 장애가 해당 가족에게 의미하는 바가 무엇인지 가늠시켜 주고 있다. 이 이야기는 절망하며 하소연하고 있는 고난 중에 있던 한 사람과 자신의 일반적 경험보고에서 위로해보려는 그 사람의 친구 간의 대담으로 이루어져있다. 그의 친구는 고난 중에 있는 친구에게 다음과 같이 위로하려고 한다.

> 첫째 아들은 "릴루"(*lillu*, 즉 정신 장애)로 태어났지만,
> 둘째 아들은 "강한 용사"로 거명되고 있다네.[204]

냉소적으로 작용할 수 있는 이 위로의 의심스러운 성격을 제외하고서라도, 그 진술의 배후에는 "강한 용사"라고 칭송받는 둘째와 비교되는 첫째 아들에 대한 분명한 경시가 있다. 그 첫째 아들이 '무시해도 좋을 양'(quantité négligeable)으로 들러리 서고 있는 만큼, 고통 중에 있는 그 사람은 당시 자신의 곤경을 상대화시키고 더 나은 시간을 희망해야 한다.

이에 더 나아가 다시 한 번 생각해 볼 수 있는 모든 기형적인 출산에 대한 목록을 참조해 볼 수 있다. 비록 이 목록은 교양있는 상류층의 작업이지만, 여기에 표명되는 견해와 평가는 저변층에도 알려진 것으로 추정된다. "기형 출산"(Missgeburt) 중에는, 대략적으로 "릴루"(*lillu*, 남성)와 "릴라투"(*lillatu*, 여

한 아주 통속 과학적인 고려는 이라크 샤니다르(Shanidar) 동굴의 무덤에서 찾을 수 있었다(E. Trinkhaus 외, Die Neandertaler. *Spiel der Menschheit*, München 1993).
[204] W. G. Lambert, *Babylonia Wisdom*, S. 87, Zeilen 262-263.

성)²⁰⁵라는 개념들로 표현하는 정신 장애도 자주 언급되고 있다.

그런 아이의 출산은—단지 사례들 중 많은 경우—부정적인 미래를 지시하는 조짐으로 간주되었다. 이것은 물론 해당 가족들에게는 당연한 귀결이었다. 그들의 이웃과 마찬가지로 가족은 당연히 그러한 출산을 두려움으로 반응했을 것이다.

가족은 어떠한 대가를 치러야 했을까?

그들은 두려워했던 부정적 파장을 피하기 위해 부적의 보호를 신뢰했을까?

그리고 그 아이에게는 무슨 일이 일어났을까?

그런 아기가 죽거나 유기되거나 또는 (이후 시점에) 성전에 헌상되지 않는다면, 보살핌이란 것은 단지 그 가족 내에만 머물렀다. 사례들 중 대다수가 후자의 경우일 것으로 추측되어야 할 것이다.²⁰⁶

정신적 장애아를 가진 가족들은 오늘날에 이르러서야 보살핌에 있어서 과요구를 받은 것만은 아니었다. 우리는 메소포타미아의 상황에 대한 직접적인 정보를 가지고 있지 않음에도—그런 감정은 가능한 경우 숨겨지는 것이 당연하다—일부 작품들은 우리에게 이에 관하여 설명해 주고 있다. 문학적 본문들이 프로토콜은 아님에도 하소연은 당시 중증 또는 만성 질병을 가진 부모들의 감정을 짐작하게 한다.

> 한 사람이 나를 보고 있었다. 그는 한편에서 누르고 있었다.
> 내 가족은 나를 혈족이 아닌 자처럼 다루었다.²⁰⁷

---

205 E. Leichty, *The omen series Šumma izbu* (I 52-53; III 14; IV 49; XI 22-23). 더 나아가 S. Freedman, *If a City* (긍정적인 미래전망을 한 I 87-88); W. von Soden, *Šumma Ea*, S. 114, Zeile 24(여기에 *lillu*는 "듣지 않거나" 말 듣지 않는 한 사람으로 특징화되고 있다).

206 N. Walls, in: H. Avalos 외, *This Abled Body*, S. 23.

207 "나는 지혜의 주를 찬양하리라."(Ludlul bel nemeqi-역주)라는 작품은 한 절망에 빠진 병자와 마르둑(Marduk)이 그를 치료한 것을 묘사한다. *Texte aus der Umwelt des Alten Testaments*, Band 2, S. 824, 줄 9-12.

그리고 일정 부분은 긍정적이고 일정 부분은 수수께끼 같은 어조의 또 다른 예는 다음과 같다.

> 내 가족 전체는 시간 전에 (나를) 문질러 바르려고 모였다.
> (즉 발삼 방부를 하려고?)
> 내 친족 중, 근족들은 애통하며 거기에 서 있었다.
> 내 형제들은 무아경 예언자처럼 그들의 피로 목욕하였다.
> (아마 절망적 행위로?)
> 내 누이들은 포도즙 틀의 기름을 내 위에 흩뿌렸다.
> (나를 임종하는 자처럼 대했다?)[208]

성경 본문들

만일 이스라엘에서 지파적인 사상이 너무나 강하여 양자 제도를 물리칠 만 했다면, 이것은 정신 장애를 가진 사람들 중 대부분은 그들의 가족 들로부터 보살핌을 받았다고 말하는 것이다. 하지만 적어도 중증 장애인 들에 대한 욥기와 일부 시편들[209]의 문학적인 증언들로 추론해 볼 수 있는 바와 같이, 가족의 보살핌은 정황을 말하지 않는다.

욥의 고난에 대한 그의 아내는 "하나님을 욕하고 죽으라!"고 응대한다. 욥은 자신의 대답 속에서 그 중압감을 아주 다르게 판단하고 자신의 아내 가 심각하게 우둔하다고 비판한다(욥 2:9-10).[210] 그리고 그는 자기 친구들 앞에서 탄식한다(욥 19장).

---

[208] 마르둑의 치료법 찬송으로부터: *Texte aus der Umwelt des Alten Testaments*, Band 2, S. 824, 우가릿어로 된, 줄 9-12.

[209] 시 31:12; 38:12; 41:10; 69:9; 88:9.19. 실제 가족들 중, 핵심일원이 언급되지 않는 것이 눈에 띈다.

[210] "그대의 말이 어리석은 여자(*hannĕbālôt*)의 말 같도다."

¹³ [하나님께서] 나의 형제들이 나를 멀리 떠나게 하시니 나를 아는 모든 사람이 내게 낯선 사람이 되었구나(독역-나를 외면하는 구나).

¹⁴ 내 친척은 나를 버렸으며 가까운 친지들은 나를 잊었구나 ….

¹⁷ 내 아내도 내 숨결을 싫어하며 내 허리의 자식들도 나를 가련하게 여기는구나(독역-내 자매들도 내 악취를 메스꺼워하는구나).

¹⁸ 어린 아이들까지도 나를 업신여기고 내가 일어나면 나를 조롱하는구나 (독역-나를 야유하는 구나).

¹⁹ 나의 가까운 친구들이 나를 미워하며(독역-내가 신임했던 모든 자들은 나를 혐오스러워하며). 내가 사랑하는 사람들이 돌이켜 나의 원수가 되었구나.

정신적 장애를 바라 보는 광경은 위에서 언급된 여러 본문을 회상시키고 있다. "바보" 출생에 대한 한숨, "만져 주심을 바라고" 예수께 데리고 왔던 아이들, 예수께 데리고 왔던 "귀먹고 어눌한 자," 그리고/또는 간질을 앓던 소년 등이다. 이 모든 경우, 그 가족이 제거할 수 없었던─그러한 까닭에 그들은 희망으로 가지고 가족 일원을 예수께 데리고 왔다─손실에 대한 경험이 분명히 나타난다.

16. 신앙 공동체를 통한 통합

자신들의 일생 중 자기 장애아들의 교회 통합에 문제를 느꼈던 오늘날의 부모들은 더욱 "장애가 하나님의 심판을 의미하는지," 그리고 "어떤 '죄'로 운명을 '맞이하게 되었는지'"라는 의문에 사로잡힌다.

우리 영혼의 가장 깊은 층에 잠복하고 있는 고전적이고 고풍스러운 이 의문은 나면서부터 맹인으로 사는 한 젊은 남자에 대한 예수님과 그분의 제자 간의 논의에서도 나타난다(요 9:2-5).

제자들은 예수께 묻고 있다.

랍비여, 이 사람이 맹인으로 난 것이 누구의 죄로 인함이니이까, 자기이니까, 그의 부모이니까?

예수님은 장애에 대한 그런 해석에 대해 또렷이 반대하시며 대답하신다.

이 사람이나 그 부모의 죄로 인한 것이 아니라 그에게 하나님이 하시는 일을 나타내고자 하심이라.

그러니까 예수님은 그 맹인뿐만 아니라 그 가족도 보호하신다.[211] 이에 덧붙여 그분의 시선을 그분과 그 제자들에게 위탁된 사명으로 이끄신다.

나를 보내신 이(하나님)의 일을 우리가(!) 하여야 하리라.

이 사명의 시급성은 이어지는 예수님의 말씀을 통해 또 한 번 강조되고 있다.

때가 아직 낮이매(독역-낮인 동안에는) 나를 보내신 이의 일을 우리가 하여야 하리라.

우리는 먼 장래에서가 아니라 바로 지금 그 사람에게, 그 사람과 더불어 일을 행하여야 한다. 예수께서 맹인 된 사람과 관련된 하나님의 일을 성취하신 것처럼—기대치 못했던 대담한 약속!—우리는 예수님의 일을 지속

---

[211] 성경 이후 시대의 (소위, 묵시) 문헌인 위경 클리멘트 설교(A.D. 3천 년)는 이와 달리 생각한다. 성경의 문자적 소리와 반대로 – 여기서 맹인의 출생의 원인이 개인의 죄로 주장하고 있다(*Homil.* XIX 22,5-8). 초기 교회에서 장애의 원인에 대한 일반적인 논의 그리고 (이방인들의 고대 시대에) 사람의 죄와 연관된 모든 경우들에 대한 논의는 켈리 (N. Kelly, in: C. B. Horn 외, *Children in Late Ancient Christianity*, 2009, S. 208-216)의 자료평가를 보라.

한다. 예수님은 다시금 자신과 마주한 사람을 향한 친밀함으로 자신의 침을 사용하신다. 그리고 이 날은 그 맹인에게 빛이 있는 한 날이 되었다.

신의 보호를 구하는 기도들

용기를 주는 예수님의 이 소식을 유감스럽게도, 교회사가 진행됨에 따라 자주 흐려지게 되었다. 오늘날의 사람들에게 이 소식은 신빙성 있게 전달하는 것은 그리 단순한 일이 아니다. 또한, 앞에서 언급되었던 장애 있는 사람들을 위한 구약성경의 선지자들의 사회적인 외침 또한 잊혀지고 있다. 그 대신 오늘날까지 파장을 미치고 있는 것은 예수님의 제자들의 "죄와 벌"이란 사고 도식이다.

또한, 그 사상은 구약성경 중 몇몇 사상의 지지를 받고 있다. 구약성경 본문들은 나머지 고대 근동과 함께하는 일부 고풍적인 사상들을 공유한다 (설령, 본문들은 이들을 빈번히 다른 방향으로 극대화시키지만). 본문이 정신적 장애를 언급하는 경우, 연상 작용은 신적인 처벌이란 방향으로 가지 않고, 그 반대로 신적인 보호로 옮겨간다.

이러한 의미에서 일부 고대 근동의 기도들은 정신적 장애나 신체적 손상으로 인해 신의 보호에 의존하는 사람들을 언급한다.[212]

---

[212] 기도 언어 중, 어떤 정신적 장애를 포함시키고 있는 개념들 중에는 *lillu*를 드물게 접한다(E. Ebeling, *Die akkadische Gebetsserie* "Handerhebung," Berlin 1953, S. 84, Zeile 4). 대부분은 다른 여러 목록에서 종종 장애있는 사람과 연관시켜져 있는 *ulālu* 라는 단어를 사용한다. 사람들은 이 부류의 사람들을 경계석을 부수고 밀어내는 일을 하도록 그릇 이용할 수도 있었다(제3장 10. "메소포타미아에서의 남용"을 보라.). 비교. *ulālu*의 의미에 대해, *Cuneiform Texts* 23, London 1906, Nr. 10, 줄 10.15; "*ulālu*가 자신의 길을 찾지 못하고 ⋯ 자신을 표현할 수 없는 것과 같이"(*kima u-la-lu la imuru kibissu ... la iptû panišu*). 또한 M. Jura, *Geistesschwache in Sippar*, in: Notes assyriologies brèves et utiles 2001, S. 63-64를 보라. - 나는 출판자 R. Roth에게 감사를 표한다. 그녀는 나에게 아직 출판되지 않은 CAD-article *ulālu* 를 접근하게 만들었다.

- 정신적 장애자를 돕는 것은 너에게 속한 일이라(이쉬타르/이난나 찬미).²¹³
- 목청 가장 깊은 곳에서 그 약한 자가, 정신 장애자가, 무력한 자가, 병약한 아이가, 가난한 자가 너에게 간청하고 있느니라(태양신 야마쉬 찬미).²¹⁴
- 너는 정신 장애자와 약한 자를 존중하라, 너는 그들의 기도를 유의하라…(마르둑에게 기도).²¹⁵
- 마르둑, 그는 정신 장애자를 그 손에 붙잡고…²¹⁶
- 당신은 약한 자를 향하고, 당신은 병약한 아이를 강하게²¹⁷ 하도다! 당신은 무력한 자를 일으키시고, 당신은 정신 장애자를 보호하도다(마르둑에게 기도)²¹⁸

마지막 진술은 목자의 활동을 의미한다. 그리고 그러한 점에서 구약성경의 시편 23편을 상기케 한다.

또한, 구약성경에서도 비교될 만한 예를 인용할 수 있다. 도움에 풍성하신 하나님의 성품을 열거하는 시편 기도에서, "여호와께서 '순진한 자'(저자역-정신 장애자)를 지키시나니"(시 116:6; 비교. 또는 앞의 "제2장 10. 구약성경 더 들여다보기," 또한 마찬가지로 시 146:9 šōmēr ... gērîm[국역-"여호와께서 나그네들을 보호하시며"]). 여기에 등장하는 히브리어 단어 페티(*peti*)는 제한된 판

---

213 *Zeitschrift für Assyriologie* 65, 1975, S. 188, 줄 117 (A. Sjöberg). - *ulālu*를 언급하는 구절에서, 같은 여신이 강한 자와 약한 자들의 운명의 뒤바뀜을 일으킨다 (줄 140; 이에 더하여, MVAG 13, 1908, S. 226과 K. Volk, *Die Balaĝ-Komposition ÚRU-ÀM-MA-IR-RA-BI*, Stuttgart 1989, S. 150, 73째 줄을 보라.).
214 W. G. Lambert, *Babylonian Wisdom*, S. 134, Zeilen 132-133.
215 *Journal of the American Oriental Society* 53, 1968, S. 130.132, 5째 줄 (W. G. Lambert)
216 *Beiträge zur Assyriologie und semitische Sprachwissenschaft* 5, S. 363, 6째 줄 (후기 바벨론시대의 기도)
217 또는 *turappaš* 는 "당신은 탁트인 길을 선사하신다"(du schenkst weiten Raum)로 번역될 수 있다.
218 *Archiv für Orienforschung* 19, 1959/60, S. 65, Zeilen 13-14 (W. G. Lambert). - 더 나아가 도시 바벨론에서는 "(마루둑의) 보호가 *ulālu* 에게 선하다"라는 이름의 도로가 있었다 (A. R. George, *Babylonian Topographical Texts*, Leuven 1992, S. 66-67, *Zeile* 65를 보라.).

단력이나 온순함으로 인하여 낯선 목적을 위해 쉽게 도구화되는 사람들을 포함하고 있다.

언급된 예들은 그러한 제한을 지닌 사람들이 메소포타미아와 이스라엘에서 특별한 신적 보호 아래 있다는 것을 보여 준다.[219] 그럼에도 이 보호가 사회 내의 일상적인 교제 중에 어떻게 영향을 미쳤는지에 대해서 아직 말해 주지 않는다. 폭넓은 가능성들의 스펙트럼이 있다는 것이 감사할 따름이다. 신적 보호 하에 그 위치가 이에 상응하는 실생활을 지탱해 줄 수 있을 것이다.

그리고 또한 이것은 사회적 책임을 신에게 밀쳐둠을 의미할 수도 있다.[220] 최소한 이론적인 측면에서 왕은 고아와 과부에 대한 책임을 떠맡고 있었다. 고대 근동에서 신적 보호 하에 있던 사회 약자들도 이와 마찬가지이다.[221] 그럼에도 불구하고 장애 있는 사람들을 위한 그러한 보호가 명시적으로 언급된 경우는 전혀 없다.[222] 물론 그러한 사람들은 [왕에게 지원받는] "가난한 자들"과 "약자들"과 더불어 염두해 뒀을 수는 있었을 것이다. 또한, 마찬가지로 종교가 그러한 사람을 주목하는 유일한 심급(審級)이었다는 것도 생각해 볼 만하다.[223]

---

[219] 신의 존재와 역할에 관한 정신적 장애의 이름으로 더 많이 알고 있었다면, 더 흥미진진한 장이 되었을 것이다. 유감스럽게도 남신인 *Lillu*와 여신인 *Sukkukūtu*(귀먹음)에 관한 본문들은 이들 신들의 장애에 관한 적절한 기능을 알아보기에는 너무나 파편적으로 보존되어 있다. 증빙 자료들은, *Chicago Assyrian Dictionary und im Akkadischen Handwörterbuch; Reallexikon der Assyriologie*, Band 7, Berlin 1987의 소고 *Lil(lu)* 를 보라.

[220] 마지막 추측에 관해, M. Meye Thompson, in: M. J. Bunge 외, *The Child in the Bible*, S. 202의 고대 시대 상술과 비교하라.

[221] 예를 들어 *Texte aus der Umwelt des Alten Testaments*, Band 3, S. 1288을 보라. 구약성경에서는 왕 뿐만 아니라 하나님도 친히 이방인들과 과부와 고아들을 돌보신다(시 68:6; 146:9).

[222] 그럼에도 우트나피쉬팀이 왕에게 한 조언을 보라(Gilgamesch-Epos X 278). 또 다른 예외: 앗시리아 왕 엣살하돈은 그가 "*ulālu*의 손을 붙잡아 준 것"을 그의 선한 성품 중의 하나라고 언급하고 있다(R. Borger, *Die Inschriften Asarhaddons*, Graz 1956, S. 92, Zeile 21).

[223] 사회에서 종종 완전히 파멸국면에 접어든 이들 중에는 밖에 유기된 사람들도 있다. 고

보호 규정들

구약성경에는 사회 약자들을 위한 일부 보호 규정들이 발견된다.[224] 선지자들은 항상 거듭하여 그들의 민족의 양심에 이 명령된 보호가 무시되지 말아야 할 것을 일깨운다. 신약성경은 이에서 더 나가는데, 현실적인 음식공급과 지원 프로그램의 설립을 언급한다(행 6장; 약 1:27). 고령의 과부들은 여집사로서 초기 교회 공동체안에서 봉사함으로 동반자적인 보살핌을 받는다(딤전 5장).

정신적 장애

성경에서는 그러한 맥락에서 보호가 필요한 정신 장애를 언급하지는 않는다. 이것은 신학자 아우구스티누스(대략 A.D. 400년)의 경우와는 다른 것이다. 그는 고도의 주의를 기울여 정신적 장애를 가진 한 남자에 대해 이야기한다. 그는 주민의 대다수보다도 더 강한 한 사람의 그리스도인이며, 만일 표준적인 사람들이 예수 그리스도에 관해서 얕보는 언설을 할 경우

바벨론 시대의 여신 이난나/이쉬타르 찬미는 그러한 전형적인 특성을 다음과 같이 설명한다. "밖에 버려진 그 소녀는 그녀(즉 이쉬타르)의 집에서 어미를 찾고 있다. / 그녀(이쉬타르)는 그 소녀에게 이름을 지어주었고, 그 소녀는 사람들 가운데 그 이름으로 불린다"(*Texte aus der Umwelt des Alten Testaments*, Band 2, S. 722). 이름을 수여함으로 무명의 주운 아이는 인간의 존엄을 얻고 있다. 이 논평의 배후의 사실은 이쉬타르 신전이 주운 여성 아기를 받아들였다는 것으로 추론될 수 있을까? 이와 비슷하게 이집트에서 여러 인명은 그곳 여신인 이시스(와 다른 신들)로 돌려지고 있다. - 그러한 진술들이 신전창기들을 참조하는지는 입증할 수도 논박할 수도 없다. 고대 근동에서 이 제도는 존재했었는지 아니면, 단지 현대 학문의 환상의 작품인지, 상호 바꾸어지는 그에 대한 사색은 최근 모음집, T. Scheer 외, *Tempelprostituion im Altertum: Fakten und Fiktionen*, Berlin 2009를 보라. 더 나아가 신이 "밖에 유기된 자의 손을 붙잡는다"(ṣabit qat naski)라는 어구가 자주 발견된다. 사전 그리고 G. M. Masetti가 *Journal of Cuneiform Studies*에서 다음번에 출판하게 될 새로운 석비, Tell Masaïkh를 보라. 나는 nasku 와 동사 nasāku 를 '유기'의 의미로 이해한다.

[224] 출 22:20-26; 레 19:9-10과 또 다른 구절들.

그는 신앙을 위해 격렬히 방어한다고 한다.[225]

아우구스티누스는 이 남자가 "그 종교에 친숙하게 되었다"는 것을 분명하게 언급한다(우리는 그것이 어떠한 방식으로 일어났는지 알지 못한다). 그 밖에 이 남자는 "온갖 종류의 인격적인 부당한 처사"에 대해 신비롭고도 천진난만하며, 지나칠 정도의 인내심이 있다고 한다. 반면, 예수 그리스도란 인물이나 이름이 모욕될 경우, 그는 돌로 그 모독자를 추격하며 주님(!)을 소중히 하였다고 한다.

아우구스티누스는 이 저돌적인 호교론자를 보호하고, 이에 논평할 만한 가치 있는 신학적 해석으로써 이를 이행한다. [마치 바람의 움직임처럼] 하나님의 영은 불고자 하시는 곳으로 부신다. 여기 한 정신적 장애자에게도 그렇다. 아우구스티누스는 그를 [모독자와 같은 "지옥의 자식들"과는 반대로] "긍휼의 자식들" 중 하나로 여긴다.

그러므로 그 누구도 자기 자신의 이름을 자랑하지 말아야 한다. 하나님은 온갖 은총을 홀로 주시는 분이시다. 하나님은 "우준한 자" 한 명을 훨씬 예리한 자보다 선호하시고 그리고 그분은 그를 미리 작정하셨다. 하나님의 은혜는 "긍휼의 자식들"의 그 어떤 능력도 가볍게 여기지 않으시나 "지옥의 자식들"에게는 그 어떤 종류의 재능도 허무함을 우리에게 입증하시기 위해 그를 창조하셨다. 비록 아우구스티누스가 그런 사람들이 "동물과 유사한 의식"으로 세상에 태어났었다고 이전에 짧기 기술하였지만,[226] 이 높은 칭찬은 정신적 장애자들에게 적합한 것이다.

---

225 *De pecc. mer*. I 32(Sankt Augustinus, der Lehrer der Gnade, Band I, S. 101-102). 아우구스티누스는 정신적 장애의 특징으로 여기서 (그리고 또 다른 곳에서) *morio*라는 개념을 사용한다.
226 여기서 염두에 두어야 할 것은, 고대 시대에 어린이와 동물은, 그들의 생계를 위해 "일"로 기여했던 것 만큼 원리상으로는 유사하게 평가받았다(T. Wiedemann, *Adults and Children in the Roman Empire*, London 1989, S. 18-25). 그렇다고 이를 통해 어린이들과의 정서적 결속을 배제했던 것은 아니다. 아마도 정신적 장애를 지닌 성인을, 말하자면 한평생 어린이로 간주하였다(이 추측에 대해 Brief Nr. 187, 25의 한 구절과 *de pecc. mer*. I 66의 문맥은 지지하고 있다).

고대 문헌이 제기하는 긍정적인 측면은 중요하다. 그럼에도 그 파급력은 현대 우리의 영혼도 포박하고 있는 반대 방향의 고풍적 사상개념[227]을 통해 축소되었다. 특별히 오래된 대비쌍인 "축복과 저주"도 이에 속한다.

"축복과 저주"라는 개념쌍은 기초적인 생활영역에 있는 오늘날의 세속화된 문화에 작용을 하여 성경의 소식이 전해 주는, 자유케 하는 임펄스를 뒤바꾸어 버린다. 오늘날까지도 불행은 사람의 그릇된 행태로 소급시키고 있다. 일부의 경우 이것은 사실에 일치한다(예: 환경파괴). 그럼에도 성경과 고대 근동 본문들은 이 논리를 적용하지 않는다.

부설: "축복과 저주," "죄와 벌"

메소포타미아의 법률모음집(가장 유명한 바벨로니아의 왕 "함무라비 법전")이나 국가 조약은 각기 기나긴 축복과 저주의 열거로 마무리된다. 이미 언급된 명령과 금지를 따랐느냐 무시했느냐에 따라 축복과 저주가 일어나게 된다. 법률모음집과 동일한 구성이 구약성경에도 발견되는데, 전통적으로 모세 오경의 마지막 부분에는 "축복과 저주"가 자리를 차지하고 있다(신 28장).[228]

종종 고대 근동 문헌들에서와 같은 세목으로 명령의 성취나 명령의 무시가 가능케 할 수 있는 효과들을 넓게 노골적으로 열거하고 있다. 그리고

---

[227] 여기에 또한 장애있는 아이들의 존재는 부모의 성교(性交) 중 이상적인 상황이나 금지된 행동으로 소급될 것이라는 사상도 있다(메소포타미아 징조문학의 아주 초기 예는 E. Leichty, *The omen series Šumna izbu*, S. 38, Zeile 69에서 찾을 수 있다). 성경에서 그런 논거는 부재하다. 탈무드는 이에 대해 논의하지만, 결국에서는 그런 사고과정을 거절하고 지탄의 대상이 되는 성교적 변이(變異)를 무죄 방면한다(Traktat Nedarim 20b; 비교. Peaschim 112b; Gittin 70a). 그럼에도 불구하고, 그리스도교에도 그러한 생각을 접하게 된다. - 해당되는 사람들을 낙인찍는 결과들; 이에 대한 중세의 한 예로: 프란체스코 수도회 참회설교자 베르트홀트(Berthold v. Regensburg, 13세기)는 교회 축제기간이나 금식기간에 성교를 경고한다. 이것은 한센병이나 간질병이나, 맹인, 비틀린 증상, 벙어리나 어리석은(!) 자녀를 유발한다(그의 설교의 완전 판, Wien 1862= Berlin 1965, S. 323).

[228] 비교될 만하나, 조금 더 짧은 축복과 저주 목록은 레 26장에서 찾아 볼 수 있다.

마태복음에 편성되어 있는 예수님의 산상 설교의 계명도 이런 문장들로 마무리되고 있다.

> 누구든지 이 내 말을 경청하고(또는 경청하지 않고) 그에 따라 행하는(또는 그에 따라 행하지 않는) 자는 영리한(또는 어리석은) 자에 비유될 수 있을 것이다…(마 7:24-27).

첫 번째의 경우 그는 바위 위에 집을 건축하고 그의 집은 온갖 폭풍우 속에서도 견딘다. 또 다른 경우 그는 모래 위에 건축하고, 그 집은 붕괴될 것이다(마 7:24-27). 그럼에도 만일 우리가 예수님의 말씀을 "착실한 자들에 대한 보상"과 "악한 자들에 대한 처벌"로만 이해한다면, 이를 가볍게 보는 것일 수 있다. 왜냐하면, 전체 산상 설교의 방점은 형통한 삶으로의 안내이기 때문이다. 정반대는 (붕괴되는 집의 예에서처럼) 잃어버린 삶일 것이다.

고대 근동과 성경 본문의 구조 비교는 흥미로운 한 차이를 보여 준다. 메소포타미아에서 축복은 무게감이 적거나 전적으로 생략되어 있어서 저주효과가 현실적인 위협으로 나타난다. 양적으로 본다면, 고대 바벨로니아의 "함무라비 법전"에서 축복은 전체 중 6%인 반면, 구약성경(신 28장)에서는 30%를 차지하고 있다. 신약성경에서 축복과 저주는 그 비율이 "바위 위와 모래 위에 집 건축" 비유에서 볼 수 있듯이, 전체적으로 동일하다.

내용적인 것은 더욱 설득력이 있다. 그 본문으로부터 우리는 당시 사람들이 어떻게 형통한 삶을 생각하였으며(축복), 또한 그들 스스로 그 어떤 경우에도 희망하지 않았던 것이 구체적으로 무엇인지(저주)[229]를 알아 볼

---

[229] 특별히 설득력이 강한 것은, 주문 모음집 Maqlū 의 예에서처럼, 마법을 거는 적들에 대항한 증오로 가득 찬 저주-와 마법의식들이다. "방법론적인 사전 공지"(제4장 1.)에서 인용된 마술(魔術)문은 만족할 만한 분류가 되지는 못한다. 그 마술문은 아쉽게도 그 목적이 불분명한 주문(呪文)의식의 마지막에 있다. 추정되기로는 악령들을 장애자로 묘사하거나, 또는 조롱함으로써 그 악령들이 해를 끼치지 못하도록 만드는 주문을 다루고 있다(주문의 교시적인 예는, 마술접시의 아람어 텍스트이다. J. Segel 외, *Aramaic*

수 있다. 후자의 경우는 언급된 본문을 넘어서 단순한 저주도 주목하여 볼 수 있다. 이것은 경계석 파괴나 무덤 파괴에 대한 엄포와 같은 것으로 개인적인 원수에 대한 마술 의식에서 발견된다.

저주는 아주 다양한 생활 분야에서 효과를 미친다. [사람, 동물과 식물 등에 있어] 결실의 모자람, 전쟁과 가족 관계 안까지 미치는 파괴, 전염병과 개인적 질환, 후손의 멸절과 자신의 이름이 지워짐 등이다. 이따금씩 그런 나열 속에는 여러 장애의 이름들 또한 등장한다. 가장 빈번한 위협적 언사의 경우 "만성적인" 질병, 한센병과 수종(水腫)증과 더불어 맹인이 있다.[230] 언급되는 것으로는 귀먹고 벙어리[231] 되는 것이다.

그런데 놀랍게도 드물게 나타나는 것은—눈에 띄고 극적인 장애가 저주효과를 위해서는 특별히 매력적일 것 같지만—간질[232]이다. 또 다른 눈에 보이는 장애의 종류들, 예를 들면 마비와 같은 것은 전혀 언급되지 않거나 거의 다루지 않는다.

구약성경 선지서에서 여러 장애 지칭들이 심판에서 사용되고 있으며 (자주 비유적으로. 예를 들어 "눈먼 자들처럼," 사 59:10; 습 1:17), 구원은 신체적 장애가 "치유"되는 것으로 기술되고 있다. 그런 진술들은 죄나 불신앙에 대한 처벌이란 의미로 해석되지 말아야 할 것이다.[233]

---

and Mandaic Incantation Bowls in the British Museum, London 2000, S. 29를 보라.). 반면 중상 모략하는 사람들에 대한 저주는 M. Geller, *The Aramaic incantation in cuneiform script*, in: *Jaarbericht Ex Oriente Lux* 35-6, 1997-2000, S. 127-146을 참조하라.

230 증빙 자료, 예를 들어 *Chicago Assyrian Dicitonary*에서 *saharšubbû* 와 *agannutillû*. 더 나아가, S. M. Olyan, *Disablity*, S. 143, 각주 22.

231 절대적으로 경계석의 비문의 증빙 자료들에만, *Chicago Assyrian Dicitonary* 에서 *sakāku* (Band S, S. 68)와 *ṣibtu* (Band Ṣ, S. 163-164).

232 스톨(M. Stole, *Epilepsy in Babylonia: Cuneiform Mongraphs* 2, Groningen 1993, S. 146)은 개인적인 원수에 대한 마술문과 계약 위반에 대한 앗시리아 저주 등, 두 개의 증빙 자료를 언급하고 있다.

233 이와는 반대로, S. Melcher, *With Whom Do the Disabled Associate? Metaphorical Interplay in the Latter Prophets*, in: H. Avalos 외, *This Abled Body*, S. 115-129. 하나님은 가끔씩 이스라엘의 강곽함을 일으키신다. 사 6:9-10에 관해서는, E. Kellenberger, *Die Verstockung Pharaos*, Stuttgart 2006, S. 175-176을 보라.

이와 마찬가지로 메소포타미아의 "내 죄악은 무엇인가?"(*Mīna-arni* 외)²³⁴ 라는 의미의 인명은 죄와 처벌이라는 맥락에 있지 않다. 그런 이름들은 해당 사람의 장애를 알려 주는 것이 아니라²³⁵ 작명에서 읽을 수 있는 것처럼 고위 관직자들에게 중요했던 정치적이고 종교적으로 바른 자세(죄의식)의 표현이다. 해당되는 이름들은 고상한 사회적 신분의 사적 인장에서도 또한 나타나고 있다.

정신적 장애는 성경 내에서도 성경 외에서도 언급되지 않는다. 즉 릴루(*lillu*), 사클루(*saklu*) 또는 울랄루(*ulālu*)라는 개념이 없다. 아마도 이 배후에는 누군가 고령에 눈의 빛을 상실하여도, "바보"가 되거나 "귀먹고 어눌한 자"가 되지 않는다는 경험이 있는 것일까?²³⁶

그럼에도 생애의 과정 중에 덧붙여져 올 수 있는 여러 마비(痲痹·麻痹) 증상은 왜 전혀 저주로 언급되지 않았는지에 대해서는 설명되지 않는 채 남아 있다. 정신적 장애는 저주에 필수적인 상징력을 제시하지 못한다는 가정이 더욱 분명하게 남게 된다. 가시적이고 심적인 현저성들은 여전히 필요했던 상징력을 나타내기 이전까지 저주서술에 있어 최소한 주변적으로 언급되고 있다는 것이 눈에 띈다. "광기/광란"(Wahnsinn/Raserei)과 (겪었던 재난의 정신적인 결과로서) "착란"(Verwirrung)은 각각 구약성경의 저주 목록에 한 번씩 나타나고 있다.²³⁷

---

234 증빙 자료는 K. Watanabe, *Ein neuassyrisches Siegel des Mīnu-ahhti-ana-Ištari*, Baghdader Mitteilungen 24, 1993, S. 289-308.
235 이와는 반대로, D. Cadelli, *Lorsque l'enfat paraît malade*, Ktém 1997, s. 14.
236 이에 상응하는 개념들이 저주본문에는 전혀 없다. "함무라비 법전"의 에필로그는 불충실한 정부책임자(!)를 위협하며, 신이 그들의 "청각능력 내지는 판단력(*uznu*)과 지혜(*nēmequ*)"를 "빼앗아 가시기를" 기원한다. 그럼에도, 여기서 다루는 것은 권력유지의 도구이지, 장애가 아니다(번역: *Texte aus der Umwelt des Alten Testaments*, Band 1, S. 78, col. L, 줄 2). 이와 같은 것은 B.C. 3천 년 왕의 비문에도 나타난다. 지혜의 그 신은 "그의 이해력을 넓히지 마소서"(I. Gelb 외, Die akaddischen Königsinschriften des 3. Jahrtausends, *Freiburger Altorientalische Studie* 7, Stuttgart 1990, S. 260, 줄 183-184).
237 신 28:28, 34: 히브리어 *šiggāʿôn*/*mešuggāʿ*와 *timmāhôn*(비교. 슥 12:4: *immāhôn*은 병거와 기사에 대한 공황상태로 묘사). 내 견해에 따르면, 여기서 중요하게 다루는 것은 정

17. 교회사에서의 파급력: 아우구스티누스와 루터의 과한 언사

아우구스티누스: 도전받는 신학자

아우구스티누스는 사람에 대한 좋은 관찰자였고 우리에게 많은 문헌을 전승하여 주었기에 정신적 장애에 대해 다른 사람이 가지고 있는 태도 이상으로 알고 있다.[238] 그럼에도 일부의 것들은 모순적으로 보인다. 아우구스티누스에 대한 평가는 긍정과 부정을 넘나들고 있다. 그의 저작은—부분적으로 성공하였지만—항간의 부정적인 여러 평가들로부터 싸워 해방을 얻고자 노력하였다고 추측해 본다. (고대 시대의 다른 지성인들처럼) 정신적 장애를 하나같이 결함으로 보는 편파성 또한 아우구스티누스의 것이다. 그는 장애를 여전히 학문적 의미에서 죄가 아니라 "어린아이들의 고난"으로 간주하고 있다.

그리고 이에 대해 아우구스티누스는 자신의 라틴어성경에서 그가 정신적 장애를 가진 사람과 연관시킨 "어리석은 자"(Tor)에 관한 한 구절을 인용한다.

> 어리석은 자에게는 삶이 죽음보다 더 슬픈 것이다(시락 22:12-13).

신적 장애가 아니다. H. U. Steymans, *Deuteronomium 28 und die adê zur Thronfolgeregelung Asarhaddons, Segen und Fluch im Alten Orient und in Israel*, OBO 145, Fribourg 1995, S. 272을 보라. 이와 마찬가지로 심적인 행동이 목적어 *ṭêmu*를 가진 아카드어의 용법 *šanû* 의 배경에 있다(Chicago Assyrian Dictionary, Band 17, S. 407-408의 증빙 자료를 보라.). 이 용법은 히브리어에도 동일한 뜻으로 나타나고 있다(삼상 21:14; 시 34:1).

[238] 증빙 자료: morio(nes) in: Brief 143,3; 166,7; de pecc. mer. I 32; I 66; contra Jul. III 10. ej "*fatuus*로 태어나게 된"이란 어구와 더불어, 더욱 일반적인 개념이 된 *fatuus*(시락 22:12-13)는 enchirid. 103; Brief Nr. 187,25; contra Jul. IV 16; V 18; VI 1-2; opus imperfectum I 54; III 155, 160-161, 191; IV 8, 75, 114-115, 123, 125, 134; V 22; VI 9, 14, 16, 27; 또 다른 개념으로는 op. imperf. III 198; V 1, 11. E. Kellenberger, *Augustin und die Menschen mit einer geistigen Behinderung. Der Theologe als Beobachter und Herausgeforderter*, in: Theologische Zeitschrift 67, 2011, S. 25-36을 보라.

첫눈에 보기에는 이런 입장은 극히 냉정해 보인다. 그럼에도 그 배후에는 이해하기 어려운 아이들의 고난에 대한 영혼상담자와 감독의 특별한 민감성이 있다. 아우구스티누스는 아주 여러 번 잡다한 결함을 명확히 나열하고 있다.

왜 "눈멀고 외눈이고, 눈이 움푹 들어가고, 귀먹고, 벙어리 되고, 절름거리고, 기형과 불구, 충이 갉아먹고, 나병이 들고, 신체 마비되고, 간질병이 있고 기타 장애가 있는 아이들이" 존재하는 것인가?

왜 사람들은 "충동적이고, 성질 급하고, 겁 많고, 건망증이 있고, 생각이 둔중하고 사리가 없고 미련한 어린이와 함께 사는 것보다 차라리 동물과 살기를 좋아 하는가"?[239]

그러한 까닭에 아우구스티누스는 자신의 문헌에서 거듭하여 정신적 장애에 대한 여러 견해와 씨름한다. 그는 당시 동시대 동료들 중 한 사람도 찾아내지 못한 독자적인 여러 관찰과 사색의 스펙트럼을 넓히고 있다. 특별히 하나님이 정신적 장애를 가진 사람들에게 주신 특별한 임무에 대해 질문한다.

아우구스티누스의 노력은 예리한 통찰력을 지닌 신학자의 고유한 사상체계의 본질적 지점이 정신적 장애 현상을 통해 의문시되고 있다는 점에서 점점 더 주목할 만하다. 이 중에는 오늘날 우리에게는 생트집을 잡는 것처럼 보일 수 있는, 그러나 사실상 여전히 현실이고 풀리지 않는 주제도 있다.

아우구스티누스의 질문, "언제 그리고 어떻게 영혼이 사람 속으로 불어넣어지는가?"는 대략 오늘날 우리들의 논쟁과도 상응한다.

'어느 시점에 온전한 가치를 지닌 사람이라고 말할 수 있는가?'

'태어날 때인가 세포 분열의 어느 시점에서인가, 아니면 태아상태의 몇째 달에서인가?'

---

[239] op. imperf. VI 16 (tardicordes, excórdes, fatui). 또 다른 열거들 중에는, 아동심리적 현저성을 의미하거나 간질을 뜻하는, "귀신에 들볶인" 아이들 (Brief 166,16)을 드물게 언급하고 있다(그럼에도 또 다른 구절에서는 이에 대해 lunaticus "몽유병," 또는 epilepticus 라는 어휘를 사용한다).

'본래적으로 사람을 이루는 것은 무엇인가?'
'사람이라고 지칭함에는 어떤 전제 조건들이 있는가?'

아우구스티누스도, 오늘날 우리도 그것에 대해 명확히 대답할 수는 없다.

아우구스티누스는 언제 그리고 어떻게 사람의 신체 속에 영혼이 깃들게 되는가에 대한 네 가지 가능성[240]을 논의한다.

첫째, 영혼은 영원 때부터 하나님께 있는 영적인 형태이다.

영혼은 과오로 인한 벌로써 지상적인 신체 안에 들어오게 된다. 아우구스티누스는 자신의 생이 진행됨에 따라 플라톤과 피타고라스의 사상 세계로부터 기원된 일종의 영혼회귀설(Seelenwanderungslehre)을 말하고 있는 이 견해를 점점 더 거절하게 된다. 그리스도교 권에서는 오리게네스(Origenes)와 맹인 디디무스(Didymus)가 이 견해를 표명한다(후자는 앞의 제3장에 언급되었다).

둘째, 영혼은 신의 일부분(내지는 부분적인 "유출물")이다. 아우구스티누스는 마니교도들에게 등을 돌리고 그리스도인들에게로 돌아선 이후, 이 견해를 신랄하게 거절한다(마니교도들은 무가치한 육신과 신적인 영혼 간의 급진적인 분리를 대변하였다).

셋째, 세 번째 해법도 아우구스티누스는 거절하는데, 이것은 이 해법이 그의 의견에 따르면 너무 유물론적이기 때문이다. 영혼은 부모들의 출산 행위를 통해 번식한다. 신학자 터툴리아누스(Tertullianus)는 대략 이 견해를 표방하였다.

넷째, 네 번째 해법은 아우구스티누스가 대체로 동감한다. 모든 영혼은 출생이 되는 동안 하나님을 통해 직접적으로 창조된다.

---

[240] 주석한 목록, A. Fürst, *Augustinus – Hieronzmus Briefwechsel, Fontes Christiani* 41, Turnhout 2002, S. 60-70.

정신적 장애라는 측면에서 아우구스티누스는 이제 어려움에 봉착하게 된다. 그가 만약 하나님이 매번 친히 각기 영혼을 창조하신다고 말한다면, 이것은 하나님이 정신적 장애를 가진 영혼들도 마찬가지로 창조하신다는 것을 의미한다. 그럼에도 아우구스티누스는 그 어떤 경우에도 그에 대한 책임을 창조자에게 떠넘기고 싶지 않았다. 게다가 그는 "유전죄"(Erbsünde)라는 문제성 있는 교리를 표방하고 있다. 즉 각자 모든 사람의 불완전성과 죄성은 부모들의 출산을 통해 지속해서 유전된다는 것과 그 유전의 사슬의 시작에는 첫 번째 죄인 아담이 있다는 것이다.

하나님으로부터 책임을 돌리려면, 반드시 세 번째 해법을 결정해야 하는 것이 좋다. 출산 행위를 통해 그들의 자녀의 장애에 대한 책임은 배타적으로 그 부모에게만 넘겨진다. 아우구스티누스는 이 문제성을 직시한다. 그러나 확정할 수 없었다. 그는 속수무책으로 자신보다 나이 든 동료인 히에로니무스(Hieronymus)을 향하지만, 그 역시 그를 도울 수 없었다.[241] 어찌할 방도 없는 이런 입장이란 점에서 나는 아우구스티누스에게 동정적이다. 여하튼 그가 수천 년간 셀 수 없이 많은 부모들의 양심에 중한 부담을 주었던 엄격한 주장보다는 인간의 성(性)적 성격과 혼용(混氶)된 그의 원죄교리뿐만 아니라 무세례로 죽은 아이들은 천국에 들어갈 어떤 기회도 없다는 그의 확신에 더욱 공감이 간다. 즉 이 경우들 중, 그 어떤 부분에서도, 아우구스티누스는 자신의 편에서 성경 속에 있는 다양한 진술들을 생각하고 있지는 않았다.

---

[241] 그 토론의 교회사적인 분류에 대해, A. Fürst, *Augustinus' Berufung auf Hieronymus im pelagianischen Streit*, in: Grazer theologische Studien 19 (Festschrift für N. Brox), 1995, 특별히 S. 166-171.

마틴 루터: 신중하지 않고도 신중한 언설들

수천 년이 지난 이후 복음 신학자들 역시도 고도로 문제성 있는 여러 견해로부터 많은 보호를 받은 것은 아니다. 마틴 루터는 식탁에서 자기 학생들과 손님들과 주고받은 사적 대화에서 아주 나쁜 한 예를 남기게 된다. 루터의 식탁 동료들은 선생인 루터의 모든 말들을 굶주린 듯 받아 적거나 이야기로 전해 주었기 때문에, 여러 자료들로부터 우리는 대략적으로 알 수 있다.²⁴²(운 좋게도 받아 적어놓지는 않았지만, 나는 얼마나 많이 무지한 것들을 식탁에서 말하고 있는가?).

그 자리에서 관건이 된 것은 "다만 먹고 싸는"(nur ass und schliss), 더욱이 네 명의 농부만큼이나 많이 먹어치우는 중증 정신 장애를 가진 12세의 어린이었다. 이에 덧붙여 한 자료는 해(亥)가 되는 일일 경우 그 아이가 웃었고 그리고 모든 것들이 정상적으로 돌아갈 경우 울었다고 언급하고 있다. 루터의 의견으로는 그 아이를 질식시켜 죽여야 한다는 것이다. 어떤 근거인지, [추측해 보기로는 노여워한] 한 식탁 동료가 그 이유를 알기를 원했다.

그때 루터의 대답은 우리의 숨을 막히게 하는 것이 아니면 무엇이겠는가? "왜냐하면, 그 아이는 영혼 없는 한 토막의 육체이기 때문이다. 단순히 그 이유 때문에."

글쎄, 더 나쁘게는 루터는 악마가 이 영혼 없는 본체(Wesen)을 창조하였다고 추측하고 있다.

종교 개혁자 루터는 여기서 자기 시대의 생각들을 공유하고 있으며, 악마가 어머니들 몰래 장애아를 밀어 넣었거나, 또는 사람의 유아 대신에 맞교환시킨 "바꿔친 아이"(Wechselbalg)²⁴³를 기정사실로 믿고 있던 것이 분명

---

242 M. Luther, *Tischreden*, Weimar 1912-1921, Nr. 5207.
243 그런 관념들은 루터 자신이 출판한 문헌에서도 이따금씩 나타나고 있다. 주제어로 된 구절색인, "바꿔친 아이"(Wechselbalg)와 "달동이"(Mondkind), *Weimarer Gesamtausgabe*, Band 69-73를 보라. 더 나아가 (자구의 진정성이 의문시되는) 식탁설교들

하다. 루터 시대의 사람들은 엄청난 그런 장애들을 질병의 결과나 자연적 장애의 결과로 상상할 수 없었다. 그러하기에 그들은 그것들을 악마의 것으로 환원시켜야 했다(그런데 루터에게 있어 그러한 사례들은 통상적으로 악마가 문제시된다).

여기서 루터는 그가 발견했던 성경 구절을 잊어버리고 "그 시대의 자녀"(Kind seiner Zeit)로 자신의 동시대 사람들의 가장 문제성 있던 그런 추측을 공유하고 있다는 것이 나를 아프게 한다. 경악하고 상처입기는 오늘날 치료 교육에 참여한 사람만이 아닐 것은 자명하다.

그럼에도 물론 루터가 최소한 그렇게 열심을 가지고 미래지향적인 많은 동인을 가지고 있었다는 사실은 희망을 준다. 단지 루터의 절망스러운 견해들만 아니라 루터의 청각 장애자들에 대한 언설들 중에 그런 긍정적인 임펄스는 발견된다.[244] 그는 여기서 그의 동시대인들에게 반대해 청각 장애자의 완전한 성만찬 참여를 강렬하게 옹호하고 있다. 그의 근거는 다음과 같다. 즉 성령의 일에 끼어들지 말아야 한다는 것이다.

귀먹고 말 못하는 사람들은 우리들보다 내면적으로 더 고차원의 이해력을 가질 수도 있다. 그러한 까닭에 루터는 그의 친구들의 "타협책"(Kompromisslösung)을 거절한다. 그들은 귀먹고 말 못하는 사람들에게는 성별되지 않는 빵을 주길 원했다. 루터는 이를 하나님께서 기뻐하시지 않는 기만

은, Tischreden Nr.323, 2528b, 2529, 3676, 4166, 6831. – M. Miles, *Martin Luther and Childhood Disability in 16th Century Germany, What did he write? What did he say?*, in: Journal of Religion Disability & Heath 5, 2001, S. 5-36은 루터의 시각을 전후맥락에 있게 기술하고 있다. 확장판(2005), in: http://www.independentliving.org/docs7/miles2005b.html (mit Lit.). (특별히 게르만 문화 통속의) '못생긴 아기' 관념의 역사에 대해, J.-C. Schmitt, *Saint Lévrier. Guinefort guérisseur d'enfants depuis le XIII siècle*, 2. Aufl. Paris 2004, S. 109-118를 보라. 조금 다르게는, C. F. Goodey 외, *Intellectual Disability and the Myth of the Changeling Myth: Journal of the History of the Behavioral Sciences* 37, 2001, S. 223-240. 루터의 언설에 대해, N. Peterson, *Geistigbehinderte Menschen*, S. 63-69를 보라.

[244] 이어서 D. Gewalt, *Taube und Stumme in der Sicht Luthers: Luther* 41, 1970, S. 93-100을 보라.

이라고 말한다. 즉 하나님께서는 듣지 못하는 자들과 함께, 들을 수 있는 사람들도 그리스도인들로 삼고 계시고 이로써 이 양자를 평등한 동반자로 만드셨다.

구체적인 경우, 이들 양자들의 "이성"(Verstand)을 "검증"(nachprüfen)하지 말아야 한다. 루터가 이 지점을 관철시켰는지는 자명하지 않다. 종교개혁에서 교회의 성만찬에 관한 이 지침은 중요한 가치를 점하였다. 사람들은 당시 청각 장애인들의 학습에 대해 어찌할 바를 몰랐다.

그밖에 정신적 장애에 관련하여 루터가 다중 장애아를 가진 어머니들의 고된 일과 그 장애아들의 제한된 수명(18-19세)을 깊이 이해하고 있다는 점은 눈여겨볼 만하다.[245] "어머니들이 그런 아이들에게 '다 빨아 먹히고 있다'(ausgesogen)"라는 기이한 고찰과 함께, 다시금 냉정한 관찰을 한다.

어머니들은 이들을 한해 내내 젖먹이고 있었는가?

루터는 어머니들의 '번아웃'(burnout)을 말하고 있는가?

아니면 여기서 미신적인 관념을 다루고 있는가?

18. 사회 내의 통합 가능성들

성경 본문들은 정신적 장애가 있는 사람들이 당시 그 사회에 통합되었는지 그리고 어떻게 통합되었는지에 대한 물음에 그 어떤 대답도 주지 않는다. 우리는 이 현상을 어렵게 해석할 수 있다. 원칙상으로 무엇인가 언급되지 않는 것으로부터 논리적인 결론을 이끌어 내는 것(전문 용어로 이를 침묵으로부터 논쟁[*argumentum e silentio*]이라고 한다)은 매우 까다로운 것이다. 왜냐하면, 쉽게 오(誤)결론에 이를 수 있기 때문이다.

---

245 *Tischreden Nr.* 4166, 4513.

말하자면 성경에서는 여성의 월경에 대해선 종종 언급되지만(레 15:19-24), 메소포타미아의 의학 텍스트에서는 언급이 없다.²⁴⁶ 메소포타미아의 의사들은 여성의 월경에 대해 아무 생각이 없었다는 이상한 결론을 유추하는 사람은 아무도 없을 것이다. 그런 침묵은 우선적으로 일단은 설명하지 말고 두어야 한다. 그렇다고 한다면 이웃 문화권들은 우리의 질문과 관련한 정보를 줄 수 있고, 우리에게 이스라엘에 대한 역추론을 허용하고 있다는 것을 알게 될 것이다.

고대 근동 자료들

우리는 상기 투병의 결과로 사기 자리를 상실하고 엄청난 사회적 고립을 겪었던 한 고위 관직자를 통해 아주 문제성 있는 첫 번째 예를 살펴보면 다음과 같다. 그는 하소연하고 있다.

> 병신이 되는 병이 내 위에 올라탔고,
> 내 앞에는 얼간이(*lillu*)가 있군요.²⁴⁷

장애인들에게 원칙적으로 사회적으로 낮은 특권이 있다는 사실이 여기에 전제되어 있다. 반면 이 문장이 욕설을 다루는지, 아니면 실제 장애를 다루고 있는지는 분명치 않다. 후자의 것으로 가정해 볼 경우, 노동으로의

---

246 무엇보다도 R. Biggs, *The Human Body and Sexuality in the Babylonian Medical Texts*, in: L. Battini 외, *Médecine et médicins au Proche-Orient ancien*, Oxford 2006, S. 39-52 (특별히 42-43)에서는 그렇게 말하고 있다.

247 소위 '바벨론 신정론'에서 발췌된 것이다(*Texte aus der Umwelt des Alten Testaments*, Band 3, S. 150, Zeile 76). 또한 기도에서 이에 상응하는 탄원이 있다(E. Ebeling, *Gebetsserie*, S. 128, Zeile 4; S. 132, Zeile 59; E. Reiner 외, *Journal of Cuneiform Studies* 21, 1976, S. 262). 게다가 인간의 서열이 우화 속에서 나무들에게로 전이 되어 나타난다. 그들 중 한 나무는 "나무들 중 *lillu*"로 부정적인 특징을 지닌다(W. G. Lambert, *Babylonian Wisdom*, S. 165).

장애인 통합을 유추할 수도 있다.

최소한 그런 사람들이 바벨로니아의 도시 거리의 풍경이었음을 우리는 위에서 이미 언급된 의료서적 "편람"(Handbuch)을 통해 추론하게 된다.[248] 의사가 환자를 방문하는 도상에 동물들(개, 돼지, 소 등등)뿐만 아니라, 또한 "무아경자들"(Ekstatiker, 정신병자?),[249] 시각 장애자와 청각 장애자와 같은 불구자들을 만나게 된다. 우리는 여기서 환자를 방문하는 길에 시각 장애인과의 마주침은 불길한 징조로 간주되었다는 것을 듣게 된다. 그리고 청각 장애인은 이 청각 장애뿐만 아니라 왕진 가야 하는 환자의 질병의 유발했던 신에 대한 참조(Hinweis)로 간주되었다.

그런 사람들의 사회 통합은 얼마나 제한적이었는지에 대해 또 다른 자료들을 통해 추론될 수 있다. 메소포타미아에서는 노예를 구입한 차후에 그 노예가 간질병자로 들어날 경우에 대한 규율들이 있다. 이미 고대 바벨로니아의 "함무라비 법전"에는 구입한 것을 기간 내에 물려도 되는 한 달이라는 유예 기간이 있다.[250] 후대 신앗시리아의 구입 증서들은 대체적으로 100일이라는 좀 더 긴 유예 기간을 언급하고 있다("[악령에 의해] 잡힌," 간질과 "광기/광란").[251] 이에 따르면, 연중 1/4분기 내에 발작을 일으키는 노동인력은 가치 없는 것(또는 최선의 경우 낮은 가격으로 매매되어야 하는 것)으로 간주하고 있다. 우리는 그들의 생활비용을 위해 누가 있었는지, 또는 그런 사람들은 구걸로 그들의 생계벌이를 해야 했었는지에 대해 기꺼이 알기를 원한다. 그럼에도 그 자료들은 침묵하고 있다.

---

248 V. Haas, *Aussenseitier und Randgruppen*, S. 31은 R. Rabat, *Traité Accadien de Diagnostics et Prognostics Médicaux*, Leiden 1951, S. 2-7을 지지한다.

249 이른 시절의 '징조-모음집'(S. Freedman, *If a City*, Tafel 1, Zeilen 81-82)은, 많은 "무아경자들"을 나쁜 징조로 여기고 이들이 "그 도시에 고통"을 가져다준다고 본다. 정신병자들이거나 또는 직업명을 다루고 있다.

250 § 278 (Texte aus der Umwelt des Alten Testaments, Band 1, S. 74-75).

251 더 상세하게는, K. Rander, *Privatrechtsurkunden*, S. 173-188; 여기에 ṣbitu, bennu 와 šēhu 라는 개념에 관한 것들이 있다.

사회마다 이 문제를 알고 있다. 우리는 보험체결 전에 구체적인 질병이 있을 경우, 오늘날 생명보험이나 건강보험이 취하는 성과유보를 생각해 볼 수 있겠다. 그렇기에 쐐기 문자 문서에서도 그와 유사한 규정들이 이곳 저곳에서도 나타난다는 것은 전혀 기묘한 일이 아니다. 이집트 사막에서도 반년 간의 해약 기간[252]을 가진, 즉 이 기간 내에 간질이나 한센병(?)이 나타날 경우, 해약할 수 있는 노예 매도 계약이 발견되었다. 자주 "귀신이 쓰인 것"(심리적 특이성?)을 언급하고 있다.[253] 이때 간질이 "거룩한 병"으로 지칭된다는 것도 간질병자들의 노동 가능성을 소멸시키는 규정의 엄격함에는 아무것도 변경시키지 못하였다.

그리스와 유대의 자료들

플라톤 또한 이상 국가의 밑그림을 그린 자신의 법에서 노예 매도를 취소하는 규정들을 공식화하고 있다. 그런 무효선언은 6개월 이내에, 결핵, 결석, 배뇨장애나 전혀 알아 볼 수 없는 장기간에 걸쳐 어려운 치료를 해야 하는 신체의 질병과 정신 질병(!)[254]일 경우 가능하다. 특별히 중한 손상

---

[252] J. A. Straus, L'achat et la vente des esclaves dan l'Égypt Romaine. Contribution papyrologique à l'étude dans une province orientale de l'empire Romain, München 2004, 특별히 S. 153-154.

[253] E. Jákab, Praedicere und cavee beim Marktkauf. Sachmängel im griechischen und römischen Recht, München 1997, S. 203.

[254] Nomoi 916a-b: "정신"에 해당되는 그리스 단어는 심리 보다는 지성과 더 강력하게 연관된 *dianoia*이다. - 그렇기 때문에, 나는 무엇보다도 철학자 플라톤이 정신 장애를 아무런 문제가 없는 어떤 것으로 보았다는 논지(C. F. Goodey, *Mental Disabilities and Human Values in Plato's Late Dialogues*, in: Archiv für Geschichte der Philosophie 74, 1992, S. 24-42)를 의심한다. 소아증인 사람이 덜 지성적이다라는 아리스토텔레스의 견해(*part. animal.* 686b)에 대해 V. Dasen, *Dwarfs*, S. 218(윗글, "베스(Bes) - 정신적 장애를 가진 신?"[IV.10]과 비교)을 보라. 정신 장애를 지닌 사람은 아이와 같다는 아리스토텔레스의 추측(비교. *politica* 1323a; *men. et reminisc.* 453b) 그리고 이 뿐만 아니라 그에 상응한 장래예법에 대해, P. Baker와 S. Francis의 연구와 비교(임시적으로 www.kent.ac.uk/secl/classics/projects/disability.html을 보라; 이 논제는 히브리어 어휘 *peti*를

으로 판단되던 간질의 경우, 유예 기간은 1년이나 지속된다. 그럼에도 구매자가 의사나 체조교사일 경우에는 위의 예들 중 그 어떤 경우에도 취소할 수 없다. 만일 매도자가 구매자에게 진실을 말했을 경우에도, 마찬가지로 적용되다.

탈무드에도 이와 같은 구매가 무효한 상황을 언급하고 있다. 하녀 고용(또는 "구매)과 관련하여 세 가지 경우를 논의하고 있다.

첫 번째 경우, 이전 고용주가 다음과 같이 말했을 경우이다.

> 이 하녀는 (정신적으로 또는 심리적으로) 부적합한 지력을 가지고 있고, 간질병 그리고(!) 정신이 혼란한/정신 박약입니다.[255]

그러나 여기서 그 하녀는 이 결점들 중 하나만 가지고 있었고, 나머지 두 가지는 [미래의 고용주를 속이기 위해] 단순히 덧붙여졌다. 이 경우 이미 시행된 구매나 새로운 고용주를 통한 인수인계가 무효하다.

두번째 경우, 그럼에도 만일 이전의 고용주가 진짜 결점을 하나만을 언급하고 두 가지 [여기서는 언급하지 않은] 결점을 주목할 경우, 새로운 고용주

정신 장애자로 이해한다는 측면에서 흥미로울 수 있다); *Papyrus SB V* 7655, 22번째 줄과 25번째 줄(누군가가 *mōros kai paidion kai anoētos* 로 간주되고 있다)은 이와 동일한 방향을 가리키고 있다. 이에 덧붙여 V. Dasen, *All Children are Dwarfs. Medical discourse and iconography of children's bodies*, Oxford Journal of Archaeology 27, 1908, S. 49-62 를 보라.

[255] Traktat baba Metzia 80a: *šōṭĕ, nikpît, mĕšo 'emet*. 세 번째 개념은 랍비 문헌들에서 단지 드물게 접하게 되는데, 그 의미는 명확하지 않다. — 고대에는 만성 간질과 정신 장애 사이에 상호 가능성 있는 연결선이 있었다는 것을 A.D. 3세기 알렉산드리아에서 활동했던 의사 아레타이오스(Aretaios)가 보여 주고 있다. "(이 병은) 그들을 완전히 멍청하게(*mōraninein*) 할 정도로 그들의 생각(*dianoia*)을 손상시킨다"(*Abhandlung über chronische Krankheiten* I 4, Edition C. Hude, Berlin 2. Aufl. 1958, S. 39). 또 다른 경우, 아레타이오스는 정신 장애를 심리적 원인으로 돌리고 있다(I 5; melancholia; 40a). 아레타이오스가 두개 절개술이 성공적인 치료책이라고 제한하는 것(C. Hude, S. 153: VII 4)은 선사 시대에 간질병 치료를 위한 두 개 절개술이 빈번하게 행해졌음을 추측하게 한다.

는 그 하녀를 되물릴 수 없다.

세 번째 경우, 그 하녀에게 결점 세 개 전부가 있으면 새로운 고용주는 이후에 항의할 수 없다(그는 이미 제대로 안내를 받았다). 실제의 경우, 그런 사례들이 어느 정도까지 나타났는지, 종종 탈무드의 이론적인 분위기를 자아내는 예리한 토론에서 항상 명확한 것은 아니다. 그럼에도 그 배후에 있던 해당되는 사람의 일상의 모든 종류의 문제들을 짐작할 수 있다.

정신 장애

탈무드에서 노동력의 정신 장애는 오늘날 우리의 이해에서도 의문의 여지가 없도록 언급되었던 반면, 로마의 법 자료들은 노예 구매에 있어서 모리오네스(*moriones*)라고 지칭되는 노동력의 결격사유를 말하고 있다. 라틴어 법모음집인 "법학설 대전(大典)"은 유명한 고대의 유스티니아누스 법전(Corpus Juris)의 일부이며, 옛적의 로마 법률가들의 법률 판결을 인용하고 있다. 이들 중에는 A.D. 2세기 비그리스도교인이었던 폼포니우스(Pomponius)가 등장한다.[256]

판매자는 특별히 지적인 노예라는 것을 보증할 필요가 없을 지라도, 그가 노예를 판매했을 경우, 너무나 멍청하거나 어리석어서(*fatuum vel morionem*) 아무것에도 쓸모가 없어질 수 있는지 살펴보아야 한다. 그러나 우리는 "결점"과 "질병"과 같은 지칭을 단지 신체에만 연관을 시킨다는 그 규칙을 준수한다. 이에 반해 판매자는 심리·정신적 결점(*animi vitium*)이 사라진 것을 확신한 경우에만 이를 보증해야 한다. 그 밖의 경우는 그렇지 않다.

여기서—또한 다른 로마 법률가의 경우에도—우리는 신체적 장애와 심리·정신적 장애의 분명한 차이를 발견한다.[257] 다음은 폼포니우스가 비

---

[256] Digest. XXX I,4.3 (라틴어-독일어, in: O. Behrends 외, *Corpus iuris civilis*, Heidelberg 1990-, Band 4, S.5).
[257] 질병(*morbus*)과 결함(*vitium*)의 법률적인 구별을 위해, 아울루스 겔리우스(Aulus Gel-

신체적 장애의 두 가지 예를 보여 준다. 즉 뽑거나 뜯기 좋아하는 남종과 놀라 날뛰거나 때리는 동물이다.

그러므로 (로마의 훈령에서) 빙빙 맴돌거나 도망가려는 종의 경우, 분명한 예외로 하고 있다. 왜냐하면, 그것은 심리·정신적인 결함이지 신체적인 것은 아니기 때문이다. 그러한 까닭에 몇몇 법률가 또한 말하였다. 놀라 날뛰거나 때리는 경향이 있는 수레를 끄는 짐승을 병든 동물로 여기지 말아야 한다. 왜냐하면, 그 결함은 동물적인 심리결함이지, 신체적인 것이 아니기 때문이다.

정신 장애는 여기서—신체 장애와는 반대로—우리가 메소포타미아와 탈무드에서 추측했던 것보다는, 노동 과정에 통합되는데 있어서 방해가 적은 요소인 듯하다.[258] 물론 그럼에도 인용된 본문들은 장애 경중에 있어 여러 종류의 정도를 보여 주기 때문에 비교하는 것은 문제가 있다. 왜냐하면, 폼포니우스의 인용된 구절에서 볼 때, 경증 정신 장애에 관여하고 있으며, 간질과 같은 "중증" 질병은 여기서 제외시키고 있기 때문이다. 그는 또 다른 구절에서 어떤 모리오(morio)나 파투스(fatuus)가 최소한 노예로서 이용할 만한지, 전혀 아닌지를 구분하고 있다.[259]

---

lius, "아티카풍의 밤들" IV 2; A.D. 2세기)의 보고서를 보라. 또 다른 한편, 로마의 법률가들은 심리·정신적 격동된 형태(furiosus)의 현격함과 더 잠잠한 종류(demens) 사이를 구별하고 있다. E. Renier, Oberservations sur la terminolige de l'aliénation mentale, in: Mélanges F. de Visscher IV, Revue Internationale des Droits de l'Antiquité 3, 1950, S. 429-455; 더 나아가, J. F. Gardner, Being a Roman Citizen, London 1993, S. 167-188.

[258] 그리스-로마 시대의 이집트에서 발견된 파피루스 자료들은 장애 있는 사람들의 일상에 대한 특별한 정보를 제공해 주고 있다. 노동 과정에서의 그들의 통합의 가능성과 한계들에 관하여, P. Arzt-Grabner, Behinderung und Behinderte in den griechischen Papyri (Salzburger Kongress, 출판에 들어감)의 증빙 자료들과 비교하라.

[259] Digest. XXI 1,4.5; 1,65.1. 구입한 노예가 절망스러운 결과물을 만들어 내는 경우의 청구소송과 관련된 법률가 울피아누스(Ulpianus, 대략 A.D. 200년)의 견해 또한 시사하는 바가 많다. "만일 한 노예가 5세 이하이고, 자기 주인을 위해 미약(debilis)하거나 거의 불필요할 경우, 그 어떤 것도 조사하지 않는다"(Digest. VII 7,6.1).

개개의 운명들

옛날 자료들로부터 경증 장애를 가진 사람들이 어떻게 통합되었는가에 대한 전망은 그리 장밋빛이 아니다. 어쨌든 그런 사람들은 대다수 하층민에 속하였고, 단지 드물게 문헌에 기록되었다. 인명과 그 해당 이름을 가진 사람의 사회적 위치에 대해 뭔가를 알아보는 방법은 우선적으로는 성공을 기약하게 한다.

메소포타미아에서는 릴루(Lillu)나 사클루(Saklu, 어리석은)라고 불리는 사람들이 탐색된다. 이 이름들은 영수증과 법률 증서에서 발견된다.[260] 어떤 릴루는 추수하는 일꾼이고, 동료 일꾼들과 동일 양(量)의 보리를 받고 있다. 더 적은 분포로 나타나는 소송이나 매매에 있어 사클루라 이름하는 남자들은 증인으로 있다(사람들은 의존적이고 보잘것없는 사람들에게 증인으로서의 의무를 부가하고 있다).

숙쿠쿠(Sukkuku, 귀먹고 어눌한)라고 이름하는 두 남자는 마리의 왕궁에 채용된 사람들로 언급되고 있고,[261] 이들은 인명록 마지막 부분에서 배당되는 의복과 관련하여 나타나고 있다. 그들은 숙쿠쿠와 "두 번째 숙쿠쿠"로 언급된다.[262] 그들의 이름이 진짜 이름을 말하기보다는 그들의 장애에 대한 일반적인 표현이기 때문에, 실제 청각 장애자 두 명이 왕궁에서 일자리를 가지고 있었다고 추정할 수 있다.[263] 그럼에도, 상대적으로 증빙 자료들의 분량

---

[260] 이어지는 내용은 다음의 사전을 보라. J. Kohler 외, *Assyrische Rechtsurkunden*, Nr. 127; Hammurabis Gesetz. *Rechtsurkunden*, Leipzig 1904-1923, Nr. 1263-1264와 "신앗시리아 제국의 인물 연구"(*Prosopography of the Neo-Assyrian Empire*).

[261] O. Rouault, Mukannišum. *L'administration et l'économie palatiales à Mari, Archives royales de Mari*, Band 18, S. 1263-1264. 삭쿠(Sakku)라고 이름 하는 또 다른 인물은 편지 ARM XIV 19,7에서 한 관리의 조수(?)로 등장한다.

[262] 두 번째 자음 중복이라는 언어구조는 여러 다른 종류의 장애를 지칭하는 대다수의 경우 전형적이다.

[263] 경증 신체 장애자나 청각 장애자의 통합이란 측면에서 또 다른 메소포타미아의 임명연구는 이와 비슷한 결론에 도달하고 있다. H. Waetzold, *Der Umgang mit Behinderten in Mesopotamien*, in: M. Liedtke, *Behinderung als pädagogische und politische Herausforderung*, Bad Heilbrunn 1996, S. 77-91.

이 적기 때문에 이름들에 대한 그런 평가를 너무 많이 의존해서는 되지 않을 것이다.[264] 이 방법은 전적으로 위험하지 않는 것은 아니다.

우리가 릴루(Lillu)와 같은 개념들을 전망할 때도 마찬가지로 그 성과는 빈약하다. B.C. 2천년대의 한 발견물은 흥미진진하다. 마리(Mari)에서 왕궁 직원들에게 배당되어야 했던 두 벌의 옷에서 두 인명이 나타난다.

한 여자의 이름은 야디다(Jadida)이고 추가적으로 릴라투(lillatu)라고 지칭하는데, 이것은 그녀가 정신 장애자임을 의미하는가?[265]

이 여자 바로 뒤에 "무아경자" 한 명과 가수 한 명이 등록되어 있다. 그런 다음, 부가적인 지칭이 없는 단순한 이름들이 이어진다. 이런 사람들은 더 낮은 급여를 받고 있고, 특별한 장식이 없는 단지 일반적인 의복만 받고 있다. 언급되고 있는 왕궁의 무아경자는 종종 왕에게 예언을 하는 남녀 무아경 예언자임을 염두에 두어야 한다.[266] 이들은 이따금씩 어질러진 머리카락으로 등장하고 있는데,[267] 이 모습은 2천 년 이후 아우구스티누스가 지진머리를 한 모리오네스(moriones)에 대해 묘사하는 바와 닮았다.[268] 신앗시리아 시대의 두 텍스트에서 왕이 그런 "여 예언자들"을 이쉬타르(Ištar)

---

[264] 울랄라(Ulālu)라는 이름의 왕의 아들에 대해, 앗시리아 약품 영수증으로부터 추론하는 것도 불확실하다(W. Farber 외, *Zwei medizinische Texte aus Assur: Altorientalische Forschungen* 5, Berlin 1977, S. 255-258).

[265] N. Nissan 외, *Prophets and Prophesy in the Ancient Near East*, Atlanta 2003, S. 85.88(ARM XXI 333; XXIII 446).

[266] 닛시넨(M. Nissinen)은 위의 *lillatu* (crazy woman)가 무아경적 행태를 보였다고 추측하고 있다(A. Lemaire (Ed.), *Congress Volume Ljubljana* 2007, Supplements to Vetus Testamentum 133, Leiden 2010, S. 457-458). J.-M. Durand, *documents épistolaires*, Band 3, S. 465-458은 이미 그렇게 판단하고 있다.

[267] 이와 일치한 *etqum*("[대체로 동물과 같은] 털가죽")의 증빙 자료, in: N. Nissinen 외, *Prophets*, S. 50. 65. 이에 더하여, J.-M. Durand, *documents épistolaires*, Band 3, S. 85의 추측: "Il est possilbe que le rêveur ait été un paranormal"(무아경자가 초자연적이었을 가능성이 있다). 이에 덧붙여 무아경 예언자와 "머털이"(Der Haarige)는 다른 신전직원들과 더불어 동일 어휘사전 속에 명명되고 있다(M. Nissinen 외, *Prophets*, S. 186).

[268] *cirrati*에 대해, 윗글 "··· 그리고 로마에서의 남용"(IV.10)을 보라.

신전에 헌상했던 봉함자들이라고 지칭하고 있다.²⁶⁹ 또 다른 사색도 흥미 있겠으나 우발적인 개별 자료들은 사실적인 토양을 떠나도록 유혹할 수 있음을 염두에 두어야 한다.

수메르 신화

지혜의 신 엔키(Enki)와 모신(母神) 님마크(Ninmach)에 관한 수메르 신화에는 또 다른 긴장감이 있다.²⁷⁰ 최소한 두 번째 부분에서 우리는 경탄할 정도로 각양각색의(또한 정신적인) 장애들을 종합해 둔 것을 볼 수 있다. 엔키는 메소포타미아 왕궁에서 장애자들의 일자리를 배정하고 있다.

이 본문을 더 정확히 보면, 여기서 다루고 있는 것은 비능율적인 관료제도에 관한 익살극(Farce)일 것이라는 의심이 싹튼다²⁷¹(그러니까 예전의 스위스 연방각료였던, 크리스토프 플로허[Christoph Blocher]가 행정부를 "보호된 작업장"이라고 조롱하는 것과 같다).

그 내용은 다음과 같다.

> 신 엔키와 님마크는 주연(酒宴)에서 맥주를 마시고 취하였고, 이제 경합에 들어간다. 님마크는 엔키와 똑같이 사람을 만들 수 있다는 것을 입증하기를 원하지만, 엔키는 그 반대라고 확신하며 자신이 그녀가 만든 사람들의 운명을 좋게 정하여 줌으로써 그녀의 오차를 바르게 할 수 있다고 공언한다. 곧이어 님마크는 진흙으로 일곱 명의 사람을 창조하는데, 이들 모두는 정신이나 신체에 장애가 있다.

---

269 M. Nissinen 외, *Prophets*, S. 108. 169(=SAA IX 1.7; XIII 148).
270 *Texte aus der Umwelt des Alten Testaments*, Band 3, S. 386-401, 특별히 S. 393-395.
271 J. Bottéro 외, *Lorsque les dieux fasaient l'homme. Mythologie mésopotamienne*, Paris 1989, S. 196.

첫 번째 사람은 손이 떨렸다. 엔키는 그가 왕을 봉사하도록 한다.

두 번째 사람은 볼 수가 없었다. 엔키는 그를 음악가로 정해준다(실제 고대 근동에서 시각 장애를 가진 하프 연주가와 가수들이 많다).

세 번째 사람은 발이 부풀었다/절뚝거렸다. 엔키는 그를 은장색으로 삼는다(그리스의 헤파이토스를 비교해보기를 바란다).

네 번째 사람은 정신적 장애자(*lillu*)이며 야만적인 민족의 일족이었다(그러니까 정신 장애를 평가 절하시킨 것은 분명하다!). 엔키는 그를 왕의 머리맡에서 봉사하도록 정해준다.

다섯 번째 사람은 계속해서 오줌을 지렸다. 엔키는 그에게 모욕하는 법과 마법적인 주문을 알려 준다.

여섯 번째 사람은 불임인 여성이었다. 엔키는 그녀를 (직조공으로?) 여성의 집에서 일하게 한다.

일곱 번째 사람은 남성의 성기도 여성의 성기도 가지고 있지 않았다. 엔키는 그를 왕을 시중드는 니브루(*nibru*-, 궁신[宮臣, 환관?])로 정한다.

엔키는 자신이 일곱 사람 전부에게 빵벌이를 할 수 있도록 알려 주었다고 자랑스럽게 약평한다.

유감스럽게도 이 익살극의 사실성을 규정하는 것은 어렵다. 낯선 민족의 익살은 그 존재에 있어서 단지 어렵게 어림짐작할 뿐이다. 엔키가 자신 편에 다중 장애를 지닌 한 사람을 창조한 것으로 보인다. 그러나 님마크는 이 사람을 무용한 사람으로 정해버린다(이와 달리, 본문의 또 다른 해석에 따르면, 이 부분의 주제는 신생아의 자연적인 무력이지 이례적인 장애가 아니다). 결과적으로 이 수메르 신화는 장애 있는 사람의 사회 통합을 위해 사용될 만한 증언인 것 같지는 않아 보인다.

오늘날 제3세계로부터의 유비들

그래서 결과적으로 조심스러운 유비적 결론을 위해 제3세계 문화적 관찰을 끌어들이는 방법만이 남게 된다. 여기서는 고대 문헌을 다룸에 있어 적절한 것은 무엇인지, 즉 결과적으로 다른 사람들과 각각 접촉하는 데 있어 적절한 것은 무엇인지 주목해 보아야 한다.

우리의 모든 관찰과 확인은 해석이지, "그것은 그렇다"와 같이 단순히 뒤집어질 수 없는 사실들이 아니다. 해석은 존중되어야 한다. 그러나 이상화해서는 안 된다. 나는 이어지는 서술에서 명망 있는 문화인류학자인 이나 뢰징(Ina Rösing)의 해석에 기댈 것이다. 그녀는 스스로 10년 이상 안데스산맥에 살았고, 그곳의 문화 속에서 무엇보다도—우리들의 범주화에 따르자면—신체나 정신에 장애를 가지고 사는 사람들과 교제를 연구하였다.

뢰징은 여러 구체적인 생활 여정을 이야기하면서, 이 사람들은 그들의 사회 내에서 통합된 것으로 보이며, 일정정도 그들이 분업하는 집단 내에 중요한 부분 과제를 충족시킬 수 있는 한, 그들의 생계에 있어 자립이 된다는 조심스러운 결론에 도달하게 된다.[272] 이런 경우, 심각한 신체 손상보다 경증 장애를 지닌 사람들에게 더 나은 가능성이 있다.

---

272 I. Rösing, *Stigma or Sacredness: Notes on Dealing with Disability in an Andean Culture*, in: B. Holzer 외, *Disability in Different Cultures*, Bielefeld 1999, S. 27-43. 그럼에도, 남자의 사들이 자주 장애를 나타내고 있다는 것(예를 들어 양손이 마름)은 오늘날까지 성경과 고대 근동 문헌들을 통해 반증될 수 없는 한 특징이다. 모세의 "둔중한 혀"(출 4:10-11)에 대해, 비교. E. Kellenbeger, *Die Verstockung Pharaos*, Stuttgart 2006, S. 40-41. 만일 구약의 예언자들을 동시대 사람들이 "미친 자들"(예, 왕하 9:11)로 특징짓고 있다면, 그것은 항상 모멸적인 것을 의미한다. 예언자 에스겔은, 오늘날 이해에 따르면 "미친" 것으로 간주될 법도 한 그의 예언자적인 기질과 활동때문이 아니라, 그의 미적-예술적인 특질로 인하여 평가되고 있다(겔 33:32). 그리고 (단순히 암시적인) 사도 바울의 장애는 고린도 교회에 호평을 받지 못하고 있다(고후 12장에서 바울은 자신을 필히 변호하고 있다. 자신이 사탄의 사자에게 공격을 당하였다고 스스로 언급한다. 하지만 하나님께서는 그에게 장애 중에도 특별한 사명을 나타내시고 있다. 하나님의 능력은 사람의 연약함에서 완성되게 된다). 사 53장의 (마찬가지로 부정적으로 평가되는) 장애 지칭들에 대해, J. Schipper, *Disability and Isaiah's Suffering Servant*, Oxford 2011을 보라.

사회에 통합된 사람들은 그들 스스로가 장애를 가지고 있다고 느끼지도 않고 그들의 이웃도 그들을 장애인으로 인식하지 않는다. 그럼에도 한 가지 장애가 노동 과정에 부분참여를 불가능하게 만든다면, 설령 해당 인물이 가족에게 사랑을 받고 있다 하더라도 그 즉시 엄청난 내적 소외 가운데 살게 된다.

또 다른 출판서적에서 뢰징은 몇몇 아프리카 사회의 관념을 기술하고 있다.[273] 우간다의 니욜라(Nyolas) 사람들의 지성에 대한 표지는 감명 깊은데, 여기서 지성은 인지적인 범주가 아니라 사회적인 범주이다. 그것은 심의성, 목적지향성, 정중함, 대화가능성, 사회적 책임감과 결합시키는 영민함을 아우르고 있다.

한 명의 "온전한 사람"이란 개인이 아니라 사회적 관계망 안에 점유하는 자리를 통해 만들어진다. 동아프리카의 몰로(Molo) 문화권의 종족들은 정신적 장애를 가진 아이들에 관한 두 가지 서로 구별되는 지칭을 가지고 있다(*omienere*와 *obadha*). 이 두 개념은 인지적인 것이 아니라 행위와 관련된 것을 뜻한다.

첫째, 부정적인 개념인 오미에네레(*omienere*, 무용한, 썩은)는 사회적인 역할이나 의무를 충족시키지 못하거나, 주정꾼인 성인(成人)을 가리킨다. 무자한 부부와 미혼자들은 이 범주에 속한다.

둘째, 오바다(*obadha*, 벙어리의)라는 개념은 한 아이가 듣지 못하거나, 그의 두뇌가 제대로 작동되지 않는 것을 의미한다. 그러나 정신적 장애가 있는 아이가 소통하고 반응할 수 있다는 것은 결정적인 것이다. 만약 아이가 기회를 이해하거나 자신의 주변의 임펄스에 관여하고 있다면, 그는 오바다이다.

---

273 I. Rösing, *Intelligenz und Dummheit. Wissenschaftliche Konzepte Alltagskonzepte, fremdkulturelle Konzepte: Ein Werk- und Denkbuch*, Heidelberg 2004, S. 267-268, 360-370. 482.

반면 오미에네레는, 예를 들어 요청을 이해하지 못하고 응하지 않는 것, 그 어떤 존경을 보이지 않거나 어른이 나타났을 때 두려워서 소리를 지르며 달아나는 것을 의미한다. 그러나 학습과정이 나쁜 경우는 오미에네레와 아무런 관련이 없다. 누구든지 의사소통적이고, 존중할 줄 알며, 도울 준비가 되어 있고 순종적인 사람은—그리고 그것으로 몰로 지역에서 대문자로 쓰는 가치들을 충족시키는 사회적 태도를 보이는 사람은—정신 장애에도 불구하고 "총명한"것으로 간주된다. 태평양 미크로네시아에서도 이에 비교될 만한 가치들은 합당한 것이다.

물론 그런 감명 깊은 개념은 현존하는 정신 장애의 종류들 중 단지 일부분만을 사회에 통합할 수 있을 것이다. 예를 들어 우간다에서 간질을 앓고 있는 사람은—우리 서구 사회의 지능지수와는 독립적으로—"멍청한 것"으로 간주되며, 첫 발작 이후 최종적으로 학교 수업에서 제외된다.

산업 사회 문화 이전의 모든 문화를 구별하지 않는 체로는 고대 이스라엘에 관한 조심스러운 평가라 할지라도 단 하나도 이루어질 수 없다. 그것은 모든 경우의 공통점을 구별하여 주목하는 것도 마찬가지이다. 이스라엘 또한 한 개인은 자신의 지파(대가족)에 의해 정의되는 하나의 종족 사회였다. 그래서 모르는 사람에게는 이름이 아니라 출신을 묻는다.

> 당신은 누구에게(어느 지파에) 속해 있습니까(창 32:18; 룻 2:5; 삼상 17:55-58).

구약에서 긴 내러티브는 자주 계보나 족장을 언명함으로 시작하는데, 이를 통해 주인공의 정체는 확인된다(삼상 1:1). 이스라엘의 종족 사회는 씨족, 대가족과 핵심 가족으로 구분되기 때문이다.[274] 예를 들어 한 여자는 경우에 따라서는 왕이나 군사령관이 제공했던 대변(代辯)을 포기할 수도 있었다(왕하 4:13).

---

274 히브리어로는 *mišpāḥâ*, *bêt-'ab* 과 *bêt*.

이 사회 구조로 인하여 고대 이스라엘에서 가족 내에서 통합과 사회 내의 통합은 구별할 수 없다. 통합은 지파 내에서 발생했다. 관계망에서 떨어지는 사람에게는 전체 사회가 그를 지원해 주리라는 희망이 적었다. 거기에도 동일한 가치관이 지배적이었다. 이 가치관이 당연한 한, 성경 본문 속에는 거론될 필요가 없었다. 그러니까, 성경 본문이 장애를 가진 사람들의 통합에 대해 그 어떤 것도 알려 주고 있지 않을 경우, 이로부터 너무 성급한 결론을 끄집어내지 말아야 한다. 반면 일정 정도 주의를 가지고 산업화 이전의 다른 문화권의 정보들을, 특별히 그 정보가 상호 수렴될 경우 끌어들일 수 있다.

대략 간질병자나 그들의 가정의 곤궁함은 단지 오늘날의 우간다만 아니라 예수님의 이야기와 고대 메소포타미아 문화에서도 입증될 수 있다. 통상적인 가치관은 숙명적인 배제를 유발하였다. 그럼에도 경증 정신 장애를 가진 사람들은 통합될 수 있었다. 그렇기 때문에 그들은 자료에서 언급될 필요가 없었다. 농경 사회는 그런 사람들을 고용할 수 있었다.

이것은 20세기에 들어서기까지 스위스의 농촌 변두리에서도 관찰될 수 있다. 오늘날 우리는 당사자(와 우리들)에게 만족을 줄 수 있도록 하는 보호된 작업장이 필요하다. 그들에 대한 누군가의 필요가 있고 그들도 의미 있는 기여를 할 수 있다.

오늘날처럼 당시에도 사회 네트워크에서 떨어져 나온 사람들은 엄청난 고립에 빠지게 된다. 일찍이 고대 근동에서 왕정(국가)과 신전은 통합되지 않은 사람들을 위해 최소한의 원조를 해야만 했었다. 왜냐하면, 그렇지 않을 경우, 전체 사회가 불안정화되는 위협이 있기 때문이다. 그래서 고대 근동 전체의 왕들은 소외된 빈자들과 과부 그리고 고아들에 대한 책임을 스스로 포기하고 있다. 이스라엘에서 예를 들어 시편 73편이나 미혼모에 대한 솔로몬의 사법상의 구제("솔로몬의 판결," 왕상 3장)를 상기해 볼 수 있다.

이에 더 나아가 신전들은 "헌상된" 사람들을 받음으로써 본질적인 기여를 하였다. 물론 이스라엘서는 왕정과 성전은 경제적으로 이들 신전들보다는 더 적은 잠재력을 가지고 있어서 그들의 원조가 철저하게 결정적이기보다는 일시적일 수 있었다. 그러기 때문에 (비록 장애자들에 대한 언급이 부재한 부분일지라도) 이스라엘의 예언자들은 항상 거듭 빈자들에 대한 사회적인 책임을 일깨웠다.

그럼에도 불구하고 장애를 가진 사람들에 대한 지원은 너무나도 가벼운 것으로 평가되었다. 우리가 이미 보았던 바와 같이 이런 태도의 배경은 그런 사람들을 놀리거나 심지어 죽이는 것을 금하는 종교적 목소리가 형성되어 있었기 때문이다. 종교 기구들은 이렇게 함으로써 유의미한 저항력(抵抗力)을 형성시키게 되고, 추측해 보기로는 당사자들에게 빈번히 고통을 겪게 했던 주민들의 부정적 가치관을 효과적으로 만회시켰다.

제5장

오늘을 위한 교훈들

———— ∙∙∙ ————

우리는 다양한 지역, 부분적으로는 지금까지 연구되지 않은 영역으로 우리를 안내했던 기나긴 부설의 끝에 서 있다. 이제 그 성과들을 함께 취합하여 오늘날의 상황을 바라 보며 결산해 볼 필요가 있다.

1. 삶의 그림책

놀랍게도 다채로운 한 폭의 그림이 보인다. 우리는 서슴없이 인간의 삶의 절대 특징과 같이, 가장 다양한 가능성이 있는 아주 넓은 스펙트럼을 가진 그림책을 말해도 될 것이다. 우리가 색칠할 때 더 밝은색, 특별히 더 어두운 색들이 눈에 들어온다. 인용되었던 성경과 성경 밖의 문헌들은— 기대와는 달리—우리에게 흠이 없는 세상을 믿게 하지 않는다.

오늘날 우리들의 (자본주의) 체제는 곧바로 파라다이스는 아닐지라도 적어도 "모든 가능한 세계 중 최고의 세계"를 조성한다고들 한다. 이런 전망은 사실의 한 중요한 한 부분을 은닉하고 있다.

우리는 우리의 두 눈으로 끊임없이 증가하는 하위계층의 생활 현실을 어디에서 인식하는가?

우리 곁에도 있는가?

당사자들의 수치와 우리의 보호된 환경이 서로 혼합되어 짙은 안개를 이루고 있다. 이와 정반대로 고대 문헌들은 우리에게 당시 생활 조건이라는 것이 얼마나 열악했는지를 아무런 가식 없이 보여 주고 있다. 이따금씩 일대기적 요소를 추측해 보도록 하고 있다.

이전 장에서 묘사되었던 삶의 가능성들은 동시에 지적 장애가 없는 사람들에게도 동일하다. 반대로 말하면 지적 장애는—특별히 중대한 피해를 다루는 것이 아니라면—오늘날보다 당시 사람들의 운명에 덜 결정적이었다. 그들의 운명은 장애가 없는 사람들의 운명과 마찬가지로 다양하였다.

그림 15: 고대 시대 (풍자적인) 멍청한 표정 점토 모형들

고대 이스라엘의 불운한 운명을 거명해 볼 수 있다. 유기(지적 장애도 있는?), 방치, 거리 부랑아들과 구걸하는 이들, 조롱, 도구화, 도급, 성적 남용 등이다. 더 긍정적인 경우에는 딱 맞는 노동 가능성을 가지고 자기 지파 내에서 성장, 성전 직원을 통한 수용(또는 이후에는 그리스도교적인 입장의 간병인들을 통해), 절대적 종교의 통합적인 효과 등이다. 물론 이런 다양한 생의 운명에 대한 통계적인 수치에 대해 아무것도 말할 수 없다.

지적 장애를 가진 사람들을 고대—그리고 각별히 성경—문헌들이 얼마나 드물게 거론하고 있는지 어안이 벙벙할 정도이다. 그럼에도 이 문헌들 대다수의 침묵으로 당시에 지적 장애는 인지하지 못했을 것이라는 결론에 도달하지 말아야 할 것이다. 고대 시대의 멍청한 표정을 조소(彫塑)한 수많은 회화적 연출들은 신체적으로 볼 수 있는 지적 장애의 전형적인

특성에 대한 의식을 보여 주고 있다(그림 15-16.).[1]

그림 16: 클랍펠 신드롬

고대 시대 이방세계에서 유래되는 그런 회화적 묘사들은 풍자적인 스타일을 독보적으로 보존하고 있다.[2] 이것은 조롱이라는 맥락을 참작하게 한다. 어쨌든 묘사된 장애는 위험스러운 귀신에 대한 위협으로 사용되었다.

우리는 이로부터 지적 장애는 경우에 따라 어떠한 감정을 불러일으키는지 알아챌 수 있다. 그런 경시와 도구화들이 나타났다는 것은 그림책의 더 어두운 면이다. 다른 한편, 고대의 일부 종교적 문헌들은 그런 태도에 대해 분명하게 저항하고 있다는 점을 간과하지 말아야 할 것이다(아래를 보라!).

---

[1] 풍자적인 의도가 확실치 않은 그림 16.은 다른 맥락에 있는 것으로 보인다. 여기에 추측해볼 수 있는 "클리펠 신드롬"(Klippel-Feil-Syndrom)은 청력 상실이나 지적 장애를 유발할 수 있는 출생시 경추결함이다. 우리는 신경에 가해지는 압력은 큰 통증을 유발함을 점토 모형에서 읽어낼 수 있다(M. Grmek 외, malades, S. 209-210). 미라를 통한 고고학적 입증에 대해, W. Westendorf, *Handbuch*, S. 463을 보라.

[2] 1963년 루브르의 한 통계는 병리학적인 외양을 가진 267개의 점토 모형을 언급하고 있다. 이들 중 "34 faciès d'idiots divers"(34개의 얼굴의 다양한 바보들에 관해, D. & M. Gourevitch, *Terres cuites Hellénistiques d'inspiration médicale au Musée du Louvre*, Presse Médicale 71, 1963, S. 2751-2752을 보라. 그리고 소두증, 수두증과 유전성 백치병을 가진 사람들의 멍청해 보이는 연출에 대해서, W. E. Stevenson, *The Pathological Grotesque Representation in Greek and Roman Art*, Ann Arbor 1978, S. 184-185. 192-195을 보라. - 더욱이, 폴레몬(Polemon)이 "Physiognomika"에서 멍청해 보이는 사람들에 대한 골상학적인 표현이 있다. 예를 들면 A5.6.10, B29.58.60 (번역 본문, in: S. Simon 외, *Seeing the Face, Seeing the Soul. Polemon's Phsyiognomy from Classical Antiquity to Medieval Islam*, Oxford 2007)에서 말하고 있다.

2. 사람들을 범주로 구분한다?

고대 문헌에서 지적 장애의 명칭을 기록한 경우가 별로 없는 것은 명백히 장애에 대한 다른 종류의 인지를 나타내고 있는 오늘날 우리의 언어관습과는 기이하게 대조적이다. 오늘날 지적 장애는 그런 사람들과 특수한 교류를 요하는 특별한 존재형태로 간주된다. 그에 따라 그 경계는 당연한 규준인 일치하는 사람들과 이 규준을 충족시킬 수 없는 이들 사이를 달리고 있다.

반면 성경과 그 밖의 현대 이전의 문명은 그 경계선을 "더 사실적으로" 긋고 있다. 그 경계는 누군가 사회적 규준을 충족시키는 계기와 그것을 충족시킬 수 없는 계기들 사이에 그어진다. 이에 특정한 한 규준을 지속적으로 충족시킬 수 있는 사람은 아무도 없다. 저마다 한번 "어리석게," 다른 한번은 용감하게, 또 다른 한번은 아이 같고/유치하게 행동한다.

고대 문헌들은 정신 지체와 정신적인 질병 사이를 적게 구분하거나 심지어 구분하지 않고 있다. 이 사실은 다음 사실을 반영하고 있다. 경악스럽게도 정신 지체를 가진 사람들 중 많은 이들이 정신적 질병을 앓고 있다. 이것은 반드시 걸맞지 않은 진료나 적당하지 않은 강요의 결과는 아니다. 아주 빈번하게는 다중 장애를 생각해 보아야 한다. 고대 문화들은 단순히 낡아버린 견해를 대변하는 것이 아니라, 마지막까지 정신 지체에 대한 사실적인 접근을 보여 주고 있다.

오늘날의 "정신 지체"(geistig behindert)라는 지칭은 결코 정밀하지 않다.

정신(der Geist)이 장애를 입고 있는가?

물론 또 다른 표현들을 탐색하는 것도 만족스러운 결과를 도출하지는 못한다. "지적 장애"(intellektuell behindert)라는 지칭은 사실 자체에 대한 허용할 수 없는 제약이며, "인지 장애"(kognitiv behindert)는 시각 장애자들에게도 해당된다.

비평적인 돋보기로 본다면, 오늘날의 흐름들은 현행의 "장애"와 "비장애" 사이의 구별 범주를 가장 좋게는 폐기하고픈 동기나 욕구가 있다.

여기에 중요한 것은 그렇게 하지 않는다면 정신 지체 장애인의 유익을 위해 사용되어야 하는 재정적인 투자를 이러한 방식으로 절감하려는 것이 아닐까?

또는 사람들이 세상을 장밋빛으로 보기 원해서 구체적인 장애의 실제 무게를 가볍다고 이야기해야 하는 것인가?

장애자와 비장애자들을 정밀하고 깔끔하게 구분하자는 문의는 이 또한 다른 방향에서 동일하게 비평받을 수 있다.

이것은 강제적으로 장애자들에게 숙명적 평가절하를 유발하고 있지 않는가?

신학자 울리히 박흐(Ulrich Bach)는 대학 시절 소아마비를 겪었고, 그 이유 때문에 단지 휠체어로만 움직여야 했다. 그는 치료 효과를 극단화하여 다음의 것들을 "인종차별 사고"(Apardheidsdenken)라고 말하고 있다. 한편에는 건강한 사람, 다른 한편에선 이웃사랑의 대상이라고 여겨지는 장애인들이 있다.[3] 그 배후에 은폐된 관념은 단지 건강한 자만이 하나님으로부터 선택된 사람이고, 그래서 장애자는 자동적으로 예외 인물이나 주변 인물이 된다는 것이다.

박흐는 그러한 "사회 인종주의"(Sozialrassismus)에 반대하며, 예외 없이 모든 사람이 도움이 필요한 사람하며, 각각 저마다의 방식으로 도울 수 있어야 한다는 견해를 견지하고 있다. 그러한 관점은 위로부터 아래로 내려오는 그 어떤 차별적 경사를 알지 못하며, 동시에 푸른 눈(순진한)의 무차별 평등주의(Gleichmacherei)를 불가능하게 한다.

성경의 진술들은 박흐의 견해와 일치한다. 유일한 창조주요 인류의 보존자이신[4] 하나님에 대한 기억은 인간적인 가치들을 신격화시키는 것만

---

[3] U. Bach, "Gesunde" und "Behinderte." *Gegen das Apardheidsdenken in Kirche und Gesellschaft*, München 1994; Derselbe, *Getrenntes wird versöhnt: Wider den Sozialrassismus in Theologie und Kirche*, Neukirchen 1991.

[4] 예를 들어 사 41:20; 42:5; 45:7; 시 54:6; 116:6; 119:116을 보라.

아니라 건강에 대한 통상적 신격화를 불가능하게 한다.
　이런 신격화에는 일반적으로 질병뿐만 아니라 장애의 반대편에 있는 "건강"에 대한 숙고가 무시된 채로 있다. 누구든지 "건강은 최고의 선이다"라고 가볍게 따라 말하는 사람은 건강을 문제성 있게 바라 보는 사람들의 가치 하락을 각오해야 한다. 당연히 생명을 사랑하고 건강하고자 하는 것은 올바르고 중요하다. 그러나 만일 우리가 반드시 건강해야 한다고 생각한다면 ─ 왜냐하면, 건강하지 않는다면, 생은 더 이상 "살 가치"가 없기 때문에 ─ 그 건강은 생(존)에 적대적인 우상이 된다.
　예수님께서는 병이 있거나 장애가 있는 사람들에게 물으셨다.

　　너는 건강하게 되고자 하느냐(요 5:6; 막 10:51).

　베드로가 자기 스승을 치유를 기다리는 또 다른 병자들에게로 안내하려 할 때, 예수께서는 놀랍게도 이같이 말씀하신다.

　　가까운 여러 고을로 가자. 거기에서도 내가 말씀을 선포해야 하겠다. 나는 이 일을 하러 왔다(막 1:38, 새번역).[5]

　만일 사람들이 예수님의 이 같은 거절을 일반적인 뻔뻔함이라고 해석하지 않으려 한다면 단지 이 결론만 남는다. 즉 치유와 건강은 분명 예수님께 '반드시'가 아니다.[6]

---

[5] 이와 비교될 만한 것은 막 3:9에서 관찰된다(예수께서 병자들에게 더 이상 몰리지 않기 위해 보트에 발을 들이신다). 박흐(U. Bach, *Getrenntes*, S. 50)는 막 9:43로부터 다음과 같은 해석을 끌어낸다. 네가 장애자로 생을 사는 것이, 양 손(또는 두 눈)을 가지고 비장애인으로 있는 것과 지옥에 들어가는 것보다 너에게 더 나은 것이다.

[6] 막대한 기적신앙으로 거칠어졌기는 하지만 성경 시대 이후의 (소위 묵시 문학인) "베드로 행전"(Akten des Petrus, A.D. 200년 말엽)에서 이와 비슷한 견해가 발견된다. 누군가 베드로에게 다른 이들의 여러 가지 장애는 치유하였지만, 왜 마비 장애를 겪고 있는

3. 유일신 종교들의 목소리

우리의 건강 신격화는 생(존)에 위협적이다. 왜냐하면, 그것은 안락사 사상과 숙명적으로 근접하기 때문이다. 만일 건강 상실이 생명이 '살 가치'가 없는 것으로 보이게 한다면, 왜 그러한 사람이 엄청난 시간적, 인력적 그리고 재정적 비용 지출로 '생을 유지'해야 하는지를 논거하는 것은 아주 어려워진다. 그리고 만일 사회가 아직도 생에서 '즐김'(fun)을 우선시 한다면, 건강하지 않는 당사자에게는 '즐김없는' 존속(존속해야 됨)의 의미를 이해하기가 어렵게 된다.

이런 방식으로 논쟁한다면, 그런 사람은 자기 회의로 괴롭힘을 당할 것이다('나는 무엇을 위해 살아 있지?'). 그리고 최종적으로는 사회로부터 홀로 버려지게 될 것이다. 그는 낙오되며, 자신의 사람됨에 대해 배신당했다고 할 것이다.

그는 어디로부터 자신의 생의 의미를 발견하는 힘을 얻어야 하는가?

조만간 그는 목숨을 내동댕이쳐서 자신과 사회를 '더 가볍게' 해야 한다는 것에 찬동할 것이다.

우리 미래 사회는 이 문제성에 대해 점점 더 많이 열중하게 될 것이다. 만일 사회가 단지 넋 놓고 결손되어 있는 측면만을 보고 있다면, 사회 내 여러 다른 그룹들과 관련해 아무런 대책 없이 움직이고 있는 것이다.

예를 들어 만일 노년의 사람들이 점점 신체적 정신적 노년허약증과 마주하게 된다면, 미래의 노년의 문제에 대해 정신 지체인들을 떨어트려 놓고는 어떻게 "풀"[7] 수 있는가?

본인의 딸은 치유하지 않는지 묻는다. 베드로는 하나님께는 자신의 선한 계획 속에 이 장애를 미리 보고 계셨다는 의견을 제시한다. 그런 다음, 베드로는 하나님께서는 능력 없지 않으시다는 것의 증거로 자신의 딸을 치료한 후 곧바로 그녀가 절름발이 상태로 되돌아가도록 한다(W. Schneemelcher, *Neutestamentliche Apokryphen*, Band 2, 6. Aufl. 1997, S. 256-257).

7   놀랍도록 성공적이며 참여적인 대안들의 예들은 M. Buchka, *Ältere Menschen mit geistiger Behinderung*, München/Basel 2003을 보라.

이런 운명적인 발전에 대한 자료들을 세 개의 유일신 종교들은 고집스럽게도 상기시키지만, 아직도 잊힌 채로 묻혀 있다. 생명의 유일한 창조자와 보존자는 하나님이시다. 생명을 열거하는 다른 방향의 모든 시도들은 우상 숭배이고, 우상 숭배는 미래가 없고 공허한 것이며 죽음을 가져온다. 그러한 까닭에 그 밖의 분야에 있어 이 세 종교의 대단한 상이성에도 불구하고 유대교, 그리스도교, 이슬람은 이 점에 있어서는 일치하고 있으며, 장애인이나 노인 살인과 마찬가지로 신생아 살해를 금하고 있다. 그리고 마찬가지 경우로, 장애가 있는 사람들에 대한 경시와 도구화는 하나님의 뜻에 합치할 수 없다.

그리스도교의 목소리는 단지 우리 교회들에서 뿐만 아니라, 심지어 이따금씩 교회적 참여를 하지 않는 사람들로 지칭되는 이들과 그런 것을 조금이라도 기대할 수 없던 사람들에게 더욱 분명하게 울려 퍼진다. 그리스도교의 소식은 항상 '가장 신자다운 사람들'에게 포착된 것은 아니었다.

일찍이 예수께서는 엘리트 신자들을 향한 날카로운 비평 중, 이점을 주목하셨다(마 8:11-12; 눅 18:14). 그리고 우리는 프랑스 혁명이 ["무신적"으로 제스처를 취하는 나폴레옹과 함께], 당시 교회권에서보다 모든 인간의 평등권을 위해 더 많은 것을 행했다는 것을 받아들어야만 한다. 하필이면 17세기와 18세기의 계몽주의 운동은 교회권에서 심각하게 생각하지 않았던 가치들의 자양분으로 자라났다. 오늘날의 '계몽화된' 사람들은 종종 그들이 가장 사랑하는 신념들의 일부가 얼마나 성경의 뿌리로부터 자양분을 받고 있는지 그리고 성경의 유산으로 떠난 지점이 얼마나 적은 부분인지를 전혀 의식하지 못하고 있다. 성경에 근접과 소원함은 이어지는 단락에서 계몽 시대에 정형화된 개념, "인간 존엄"(Menschenwürde)에서 제시되게 될 것이다.

4. 현대 시대의 진보와 쇠퇴

"인간 존엄"이 의미하는 것이 무엇인지[8] 더 잘 이해하기 위해서, 이 중요한 관념의 파란 많은 역사를 추적하는 것이 유익하다. 철학과 다른 정신사적인 발견은 책장 사이에 묻혀 있는 것이 아니라 시대가 지남에 따라 일반 의식으로 흘러들어가고 한 문화의 자명한 구성 요소가 된다. 이것은 더 이상 애당초의 아이디어와 동일하지 않은 형태로 발현되는 경우가 빈번하다.

인간 존엄이란 관념은 두 가지 다른 원천에서 양분을 공급받고 있다(고대 시대와 성경). 그리스 시대는 모든 사람의 고귀한 존엄이라는 감명 깊은 아이디어를 발전시킨다. 물론 여기에는 이 존엄이 사회적 신분이 낮은 사람에게까지 미치는지에 대한 적절한 논쟁이 있다. 그리고 장애인은 실용적인 면에서는 제외되어 있다.

구약성경은 모든 사람을 하나님의 동(同)형상(Gott-Ebenbildlichket)이라 말하고 있고(창 1:26과 다른 구절들), 그럼으로써 각 사람의 존엄을 승인하고 있다. 이와 동시에 구약에서는 사람이 불완전하며, 다치기 쉬우며, 거절하고 좌절할 수 있음을 말하고 있다. 그럼에도 불구하고, 하나님의 동(同)형상의 개념이 처음부터 세력이 있었고, 원칙상으로는 모든 사람에게 유효하였다. 그것은 "좋은 성과"(gute Leistung)를 상당히 행한 후에서야 얻어지는 것이 아니었다. 하나님께서는 나쁜 사람에게나 좋은 사람에게나 그분의 햇빛을 비추어 주시고 그리고 그분은 축복이 가득한 비를 불의한 자들과 마찬가지로 의인에게도 베풀어 주신다.

이것을 우리는 신약성경에서도 읽고 있다(마 5:44). "장애가 있는 사람과 없는 사람도 이와 마찬가지이다"라고 우리는 당연히 덧붙일 수 있다. 설령 교회사의 진행 과정에서 항상 동일하게 이를 의식한 것은 아닐지라도 말이다.

---

[8] 교시적인 정보들, "Handbuch Ethik im Gesundheitswesen," Band 5 (Ethikdialog in der Wissenschaft), Basel 2009, S. 45-57 (T. Rehbock).

계몽 시대 동안(17세기와 18세기) 다음 단계가 진행된다. 사람의 이성(오성)에 새로운 중대성이 있게 된다. 이것은 정신 지체인 사람에게는 숙명적이었다. 왜냐하면, 이제부터는 이성의 승리 걸음에 함께 할 능력이 없는 사람은 누구든지 계몽가들의 이해를 희망할 수 없기 때문이었다.

영국에서 영향력이 지대한 존 로크(John Locke)의 글을 예로 들 수 있을 것이다. 1690년의 이 대작은 오늘날까지 이어지는 정신사에 강력한 영향을 주었다(그림 17). 로크는 똘레랑스 사상(관용 사상!)의 중요한 개척자였는데, 정신 지체를 이성의 부재(이에 비해 정신 질환자의 경우, 이성은 간헐적으로 효력을 상실한다고 한다)로 정의하고 있다.

로크에 따르면 그런 사람들은 구별하고 비교하고 추상화할 수 없어서 그들은 인간의 언어를 올바로 이해하지도 상용하지도 못하였다.

그 결과로 로크는 본인이 계속해서 "바꿔친 아이"(Wechselbälge, changelings)라고 지칭하는 장애인들의 인간됨을 거절한다. 그리고 이들을 위해 사람과 동물 사이의 특별 범주를 만들거나, 심지어 장애인의 단계를 원숭이나 코끼리 정도로 하고 있다.⁹

그림 17: 존 로크, 『인간지성론』(*An Essay Concerning Humane Understanding*, 1690) 표지

---

9   J. Locke, *An Essay Concerning Humane Understanding* (1960) II 11, 12-13; III 6,26; IV 4, 14-16. - 비교. C. F. Goodey, *John Locke's Idiots in the Natural History of Mind,* in: *History of Psychiatry* 5, 1994, S. 215-250. Derselbe, *The Psychopolitics of Learning and Disablity in Seventeenth-Century Thought,* in: D. Wright 외, *From Idiocy to Mental Deficiency. Historical perspectives on people with learning difficulties,* London 1996, S. 93-117. 그림 7b(원숭이와 장애아의 근접성)를 로크의 분류와 비교할 수 있을까?

이제부터는 신체적 모양이 아니라 이성의 정도에 따라 한 사람을 인간으로 봐도 될 것인가 아닌가를 결정하게 된다. 이 인식은 계몽 시대의 개척자들에게 진보[10]로 생각되었다. 물론 그것은 정신 지체를 가진 사람들의 대가로 이루어졌다. 불행을 초래하는 로크의 결정은 우리가 사람을 표준능력자들과 정신 지체인들로 분류할 때 극히 당연한 것으로 오늘날까지 효력을 미치고 있다.[11]

임마누엘 칸트

일천 년이 지난 이후 계몽 사상은 임마누엘 칸트에 의해 고전적 각인이 만들어진다. 그는 정신 지체인들을 바라 봄에 있어서 약속하는 바가 많을 뿐만 아니라, 또한 문제성 있는 동인들을 몰고 온다. 칸트는 이성적인 사람의 성숙과 자율성은 그의 존엄의 근거라고 해설한다. 그러하기에 그는 비성숙하게 머물고자 하는 안락함을 처벌한다. 그는 서슴없이 인간이 자신의 이성을 사용하는 것이 의무라고 설명한다. 만약 오늘날 정신 지체인들의 자율성을 촉진시키기 위해 성공적인 노력을 도모하고 있다면, 그것은 칸트에게 소명될 수 있는 약속하는 바가 많은 잠재성에 있는 것이다.

이와 동시에 우리는 이 가능성의 한계를 필히 보아야 한다. 왜냐하면, 그 외에 칸트의 자유적인 충동력은―차후에 적어도―숙명적인 덫에 걸리게 되기 때문이다. 칸트의 이해 속에 이 자유는 단지 고귀한 사람이나

---

10 그리스와 로마의 고대 시대에 괴물성(성기의 부재, 손가락이 더 있음 등등)은 하등인간으로 간주되었고, 그 밖의 신체적, 정신적 장애 종류보다 더욱 나쁜 것이었다(메소포타미아"[제4장 4.]의 각주 50을 보라.).

11 일찍이 J. 로크 보다 일천 년 앞선 시대의 아우구스티누스 또한 *moriones*를 동물들 보다는 약간 더 높은 위치에 두었다는 것을 상기해 보는 것이 우리에게는 더욱 공정할 것이다. 그럼에도 아우구스티누스의 지적 탁월성은 성경적인 동기를 통해 중대한 긍정적인 진술이 발견될 수 있다는 것이다. 그러한 의미에 그의 부정적 평가는 상대화될 수 있다 (위의 "정신 지체인들"[제4장 14.]을 보라). 반면 로크에게는 그런 반대적 힘이 부재하다.

강한 사람뿐만 아니라 자유를 위해 애쓰고 있는 한 모든 사람에게 유효하다.¹² 이를 중단하는 사람은 누구나 심판을 받게 된다.

"그러나, 자신을 벌레로 만든 사람이 이후에 스스로 발에 밟히고 있다고 하소연 할 수 없다."¹³

이 지점에서 칸트는 안락한 사람들을 고찰한다. 그 당시는 정신 지체 장애 때문에 그런 일침을 충분히 따를 수 없는 사람들에 대한 주의력이 없었다. 그러니까 이후의 칸트는 그런 "저능한" 사람들을 향하여 영혼이 없는 것으로 말하고 있다.¹⁴ 계몽 사상의 전철(前轍)은 정신 지체인과 정신 지체가 아닌 사람들에 대해 상반된 가치를 가지는 결과를 야기하고 있다.

인간 존엄의 넓은 한 측면이 칸트에 의해 조명되고 있다. 내 자신의 인간 존엄과 다른 사람의 인간 존엄은 동시적이며 동등 가치로 존중되어야 한다. 이것은 너무나도 이성적으로 들리고, 아름답게 울린다. 하지만 오늘날 현장 의료의 발전의 결과는 다중적으로 나타나지만 전혀 해소될 수 없는 딜레마는 돕지 못한다.

출생 전 진단을 통해 중증 병이나 중증 장애에 해당하는 위험이 확실시 될 경우, 어떤 목적을 위해 태어난 아이에 대한 부모의 의무는 필요한가?

여기에는 인간 존엄과 상치하는 또 다른 인간 존엄이 있는가?

---

12 여기서 결정적인 것은 수행이지, 재능(능력)이 아니다. 재능이 완전할 정도가 아니라면, 그 수행도 단지 있는 재능에 적당하게 되어야 한다. 자유, 권리, 재능이 많아질수록, 책임, 의무와 과제도 많아진다.

13 I. Kant, *Metaphysik der Sitten* (1797), II § 12 (http://www.korpora.org/Kant/aa06/437.html).

14 I. Kant, *Anthropoligie in pragmatischer Hinsicht* (1798), § 49 마지막 부분 (http://www.korpora.org/Kant/aa07/212.html): "자신의 생명력의 동물적인 사용에 족하던지 (발리스 주민들의 클레틴병의 경우처럼), 아니면 여러 가능한 동물적 행동들을 통해 (썰기, 파헤치기 등등) 단순히 외적이고 기계적 모방에 족하던지, 총체적 심성의 약함은 저능성이라고 일컬으며, 영혼의 질병이기 이전에 영혼상실로 제목을 붙일 수 있겠다." 더 나아가 § 18 (S. 155)에서는 귀먹음에 대해서. - 계몽가이고 일반적으로 관념론자로 간주되고 있는, J. J. 루소(J. J. Rousseau)도 이와 흡사한 문제성 있는 평가를 하고 있다. O. Speck, *Menschen mit geistiger Behinderung. Ein Lehrbuch zur Erziehung und Bildung*, München 10. Aufl. 2005, S. 16-17을 보라.

그리고 의료적 연구가 성경적으로 진전되는 동안 인간됨에 대한 우리의 이해가 주변 부분에서는 점점 더 일그러지기 시작한다.

막 수정된 난자는 "이미" 사람인가?

그리고 수년간 코마 상태에 있는 환자는 "아직도 여전히" 사람인가?

이들에게 모든 사람들에 합당해야 할, 인간 존엄은 합당한 것인가?

그것은 아직도 아닌 것인가?

아니면 더 이상 아닌 것인가?

우리는 인간 존엄의 기대와 대치를 이루는 그런 문제들을 결정하기에는 무능력자로 입증된다.[15]

그러는 와중에 보편적인 인간의 존엄성에 대한 이해는 더 큰 구멍이 뚫리는 위험에 처해진다.

사람은 가령 범죄적인 행위나 어떠한 "삶의 질"을 상실함을 통해 인간의 존엄성 또한 상실할 수 있는가?

일찍부터 일부 윤리학자들은 그러한 결과로도 상실할 수 있는 "특수성 지향"의 인간 존엄에 대한 이해에 대해 토론하고 있다. 이를 통해 인간 존엄의 의미는 기초에서부터 수정되고 있다. 그리고 사람을 그룹별로 나누기 이전—성경의 하나님 동형이라는 견지나 칸트에서도 여전했던—인간 존엄은 '모든' 사람에게 합당하다는 의식이 사라지고 있다.

---

15 의료적 연구의 기초들에 대한 예를 들어 http://www.ethique.inserm.fr/을 보라. 세속적인 오늘날의 토론에 대해서 요약하여, C. Frevel, *Gottesebenbildlichkeit und Menschenwürde. Freiheit: Geschöpflichkeit und Würde des Menschen nach dem Alten Testament*, in: A. Wagner (Ed.), *Anthropologische Aufbrüche*, Göttingen 2009, S. 255-274. 제들러마이어(F. Sedlmeier)에 따르면, 시편과 욥기서에서 인간 존엄은 상실될 수 없는 것이지만 동시에 위협받는 산물이다. 그리고 이 현상 자체는 한 사회에 특별한 책임을 맡기고 있다는 냉정한 사실을 보여 주고 있다(*Quaestiones disputatae* 237, 2010, S. 300-316).

5. "아래로부터의 안락사"

국가 사회주의 시대의 안락사 프로그램처럼, 국가적인 안락사 프로그램은 오늘날 서구 사회에서는 도저히 생각할 수 없는 것이다. 그럼에도 기구들과 전문 인력 확충과 아울러 국가적인 재정 동원으로 이룩된 엄청난 호황은 분명한 말을 하고 있다. 만일 경제력이 강하게 하강될 시점에 정신지체 장애인에 대한 비용 지출을 총구로 겨눌 경우 오늘날 확산되고 있는 "비용 대 이용 분석"(KNA, "Kosten-Nutzen-Analyse)은 장차 아킬레스의 발꿈치의 정체를 드러낼 수도 있다.

우리는 인간 존엄에 대한 현생의 관념으로는 또 하나의 논쟁에 잘 무장되어 있지 못한 것 같다. 이 사람들의 보호를 위한 논거들은 순식간에 바닥을 드러낼 것이고, 사람들은 장애인들(과 그들의 부모들)에게 필히 "살아야 한다"(Leben-Müssen)는 비인간적인 원칙을 강요할 것이고, 그들의 자주적인 결정권을 재단하는 것이라는 비난이 신속히 생기게 될 것이다. 그런 다음, '기댈 만할 곳이 없다'라는 "열등한 삶의 질"의 논의가 끼어 들어올 것이다.

사람들이 이따금씩 "아래로부터의 안락사"(Euthanasie von unten)라고 명하는 하나의 새로운 발전이 오늘날 이미 나타나고 있다. 미래의 부모들은 출산 전 진단을 통해 앞으로 일어날 일들에 대한 가능성을 인지하고, 만일 그 테스트가 어떤 장애 위험을 가리킬 경우(특히 트리소미 21은 이른 시기에 감지될 수 있다), 그들은 스스로 임신중절을 결정할 것이다.

그런 결정들은 오늘날에 시간적으로 인간적으로 큰 압박하에 일어나고 있다. 만일 당사자들이 한 장애아와 함께 하는 미래에 직면하여 그들의 부대 환경으로는 확실히 잘 감당할 수 없다고 느껴질 때, 이 현상은 더욱 강화될 것이다.[16]

---

16 이 주제에 대한 다채로운 측면들이 휘를리만(D. C. Hürlimann) 외, *Der Beratungsproyess in der Pränatalen Diagnostik*, Bern 2008 의 모음집에서 토론되고 있다. 그 중에, 특별히 맹인으로 태어나서 직접 당사자가 된 사람들의 기고들은 주목할 만하다. J. Spielmann, Kinder, *die es nicht geben darf – Ein ethischer Grundlagentext zur Pränatalen Diagnostik*, S. 215-269.

그런 스트레스 환경 속에서 부모들은 지난 세기 동안 장애와 더불어 사는 삶의 개선을 위한 성공적으로 도모된 노력이 무엇인지 지각할 수가 없게 되었다. 오히려 그들은 스스로 우리 사회의 (다소를 불문하고 은밀하지만) 지배적인 가치들이라고 여겨지는 것에 순응하고 있다.[17]

그래서 그리스-로마의 고대 시대에 영아살인이나 영아 유기의 형태로 있었던 것들이 오늘날에는 현대적인 형태로 (그리고 사정에 따라서는 더 적은 양심상 가책으로) 지속되고 있음이 관찰된다. 고대에는 신체적인 현격성이 더 위험한 것이었던 반면에, 요즘에는 정신 지체 장애를 가진 아이들이 더욱 빠르게 운명의 톱니바퀴 안으로[18] 들어간다.

이에 더해 안락사와 관련된 숙고에서 위독한 병일 경우 "안락사 팀"에 관한, 감정이 강하게 뒤섞인 공적인 현장 토론이 큰 관심을 유발하고 있다. 왜냐하면, 유감스럽게도 임종과 함께 진통의학과 안락사는 자주 구별되지 않고 있기 때문이다. 그런 토론들은 언젠가는 침해나 정신 지체 장애인들에게로 확장될 수 있을 것이고,[19] 경우에 따라서는 그런 추가 논쟁들이 발발될 것이고, 이런 사람들의 "비용 대 이용"과 같은 삶의 질에 대한 일편향적인 고려를 통해 날카로워질 것이다. 그것으로 "위로부터의 안락사"(Euthanasie von oben)라는 유혹은 다시 생각될 수 있다.

지난 세기에 그런 심각한 사태가 발발했을 때, 최우선적으로 성경의 기본 토대에 기대어 자신들의 삶을 위험한 지경에 두었던 종교적 동인이 된

---

17 크리스텐(M. Christen, *wissenschaftlicher Mitarbeiter am Institut* "Dialog Ethik," Zürich)은 그런 임신중절의 빈도가 오히려 다시 감소하고 있다는 최근의 관찰을 나에게 말해 주었다(물론 그 책에서 이를 지지하는 통계가 없다). 그에 따르면, 임산부들의 연령이 증가함에 따라 지금 그 아이를 잃어버릴 경우 또 다른 출산에 대한 더 이상의 기회가 없다는 것을 감안하는 딜레마가 그 배후에 있다고 한다.
18 지금까지 정신 지체 장애들 중 몇 종류만 출산전 진단을 통해 식별되고, 그 후 경우에 따라서는 임신중절로 출산을 "피하고 있다." 그럼에도 이것이 정신 지체에 대한 우리 사회의 입장에 주시 심리학적인 시그널효과는 결코 낮게 평가 될 수 없다.
19 정신병자들도 운명의 톱니바퀴 속으로 빠질 수 있다. 이 사람들의 로비 활동은 다른 사람들보다 더욱 적기 때문이다.

사람의 저항이 있었다. 이성적인 인간의 이상에 안착되어 있던 계몽된 인문주의의 저항은 이 지점에 있어서 분명 더 약하였다.

종교의 목소리가 더군다나 체계적으로 약화되고 그 영향력이 억제된다면, 장래에는 어떻게 되겠는가?

이 트렌드는 누구에게 유익을 주는 것일까?

그리고 이로 인해서 운명의 톱니바퀴로 들어가는 이들은 누구일까?

6. 사람됨의 기본 전제: 필요 요구

이성이 사람됨의 공동의 기본 가치가 될 때 그것은 문제가 된다. 왜냐하면, 그 기본 가치는 정신 지체 장애인들을 제외시키고 있기 때문에 나는 또 다른 하나의 기본 가치를 제안하는 바이다. 그리스도교 전통의 변화될 수 없는 특수성에는 사람됨이란 특별한 방식으로 하나님이 친히 인간이 되셨다는 점에서 분명해 지는 견해가 있다. 말하자면 필요 요구가 있는 사람이 되신 것이다. 예수께서는 처음부터, 그러니까 소위, 이미 그분이 첫 호흡을 내쉬기 이전부터 인간적인 돌봄이 필요하셨다. 그분의 어머니는 그분을 출산하고, 포대기로 감싸고 가슴에서 젖을 먹이셨다. 그분은 성인으로서 남녀 제자들의 지원이 필요하였다.

이에 더하여, 그들은 배회 설교자들로서 늘상 숙박이 필요하였다. 그들은 이 부분에 있어 겸허한 거부를 하기도 하였다(마 10:14; 눅 9:53). 그들에게 재정적인 지원이 필요하였다는 것은 최후로 언급할 일은 아닐 것이다(눅 8:1-3은 세 명의 유복한 여인들을 거명하고 있다). 예수께서는 자신의 생애 중 가장 괴로움의 극치인 마지막 시간에 말씀하신다.

내가 목마르다(요 19:28).

그 "하나님의 아들"은 추측하기로는 스스로 신적인 능력으로 뭔가를 얻지 않으시고 필히 모든 것을 내어놓아야 했다. 정확히 원칙상 필요 요구가 있는 예수께서 인류의 조력자가 되신다.[20]

누구든지 오늘 돕고자 하는 자는 예수님의 필요 요구를 기억하고 잘 행하는 것이다. 누구든지 자기 자신의 필요 요구에 관해 아는 자는 또한 다른 사람의 필요 요구에 대해서 금치산(禁治産) 선고를 내리지 않고 더욱 동반자적으로 교제할 수 있다. 동반의 기본 토대에는 각각의 사람들은 필요 요구가 있으며 모든 이들은 그들의 방법에 따라 도울 수 있다는 것이다.

정확히 정신 지체가 있는 장애인들은 단지 도움이 필요할 뿐만 아니라 본질적인 것과 도움되는 것들을 원하며 그리고 그들 또한 그런 것들을 베풀 수 있다. 물론 환경이 그들에게 신뢰를 주지 않기에 이것을 전혀 인식하지 못한다.

7. 미래적 발전과 도전들

이전 시대의 역사적인 전후 관계를 되돌아 볼 때, 일반적인 진보에 대한 현행의 견해는 지속적인 하강에 대한 견해와 마찬가지로 의심스럽다. 그 대신 '오르락-내리락'이 관찰되고 있다. 수적으로는 한정적이지만, 각양의 삶의 가능성들이 수백 년 동안 번갈아 찾아오고 있으며 반복되고 있다. 이 현상은 인간의 정신이 결국에는 얼마나 제한적인지에 우리로 참작하게 한다. 이 오르락-내리락 현상은 자주 이기적인 욕구로 남용되고, 결과적으로는 과이용의 토대가 되었고, 그 결과 대안을 찾아야 할 상황이 된다.

---

20 사도 바울은 스스로와 장애에 더불어 살면서 자신과 우리가 참여할 몫이 부활에 나타난 하나님의 능력뿐만 아니라, 십자가 못 박히신 그리스도의 "약함"에도 있음을 서술하고 있다. 이와 유사하게, M. Albl, *For Whenever I Am Weak: Then I Am Strong. Disability in Paul's Epistles*, in: H. Avalos, *This Abled Body*, S. 145-158.

이에 대한 한 예가 중세 시대의 봉함(Oblate, 封緘)이라는 제도이다. 그러니까 이것은 수도원으로 선물된 아이들을 말한다. 귀족들은 그들의 유산을 그대로 모아두기를 원하였고 장애아들을 내쳤기 때문에 결과적으로 수도원들은 엄청난 수의 봉함인들로 가득 찼다. 그 대안이 된 고아원들은 허약한 발전기반에도 불구하고 내쳐진 아이들을 받아야 했었다. 특히 다른 사회 계층들 역시도 귀족들의 예를 따랐다.

근래에 실업 보험과 상해 보험을 가진 사회제도들에서 이에 비견될 만한 과요구가 발생했다. 이 제도들이 재정적으로 과요구되어, 그 결과 보장범위를 가능한 한 축소하기까지 고용 회사는 증가하는 노동 압박에 더 이상 부응하지 못하고 점점 더 많은 수의 사람들을 국가 사회 보험으로 이송시켰다. 그런 다음 동일한 사태가 모든 장애인들의 종사 분야에도 일어나게 된다.

또 다른 요점은 산업화 이전의 지파 문화권의 생활 환경은—여기에는 고대 이스라엘도 속해 있다—본질상 오늘날 우리의 서유럽과 아메리카의 생활 양식과 구별된다는 것이다.

후자의 경우, 개인주의가 강력하게 각인되어 있다. 정신 지체를 가진 사람들은 오늘날 여러 견지에서 일반적으로 산업화 이전의 모습 속에 살고 있고 그리고 이런 모습을 사회에서는 '정상'이라고 여기고 있다는 사실은 우리를 더욱더 깜짝 놀라게 하고 있다. 왜냐하면, 경향상 점점 더 작은 규모가 되어 가고 있는 오늘날의 소가족과 정반대로, 우리 요양원들의 구조를 보면 전적으로 전근대 사회의 대가족의 형태를 지향하고 있기 때문이다.

대가족 제도는 절대로 오늘 표준 재능인들에게는 당연한 권리라고 스스로 요구하며 예술적인 모든 규칙들로 축하해 주는 그와 같은 동일한 개인화를 허가해 주지 않는다. 그러한 이유로 앞으로 요양원이나 구호시설에 머물러야 하는 나이 들어가고 있는 많은 표준 재능인들에게는 잿빛이기만 하다. 그럼에도 바로 이 생활 양식이 정신 지체 장애인에 관련된다면, 그 즉시 당연하게 그것은 정상적이고 원하는 바라고 판단되어 버린다. 그리고 당사자인 장애인들에게는 아무런 반대 없이 산업화 이전의 구조 속에서 일반적으로 적응해야 하는 한 [그리고 상황에 따라서는 그 장점도 발견할 수 있는 한] 이것이 옳다고 보인다.

그들은 오늘날 산업화 이전의 생활 양식에 노예가 된 [되어야 하는] 마지막 주자가 아닐까?

또는 이와 정반대로 그들은 아마도 첫 주자들이고 그리고 현행의 "만인을 위한 개인주의"가 더 이상 재정 지원될 수 없어 보이자마자, 표준 재능인들이 만들어준 그룹 단위를 따라야만 하는 것은 아닐까?

그렇다고 한다면, 표준 재능인들은 이 생활 양식의 적응에 있어서 마찬가지로 유동적인 것은 아닐까?

학교 교육을 점점 개인화하는 것 대신에, 학교에서 가능한 한 많은 지성의 정도와 장애의 정도를 동일 학급에서 함께 모아 교육하는 오늘날의 요구는 그 경향에서 볼 때는 산업화 이전의 모습이다.[21] 이를 통해 관용이 훈련되고 배타성을 피하게 된다면, 그 배경은 고도의 윤리적 요청의 가시화일 것이다.

그럼에도 불구하고 성인들의 개인주의가 제어되기는커녕 지속되고 있는 것은 기이한 현상이다. 직접적인 맥락이 입증하기는 어렵지만, 급여 차이는 점점 더 넓게 벌어지고 있다는 사실은 최종적으로는 아마도 슈퍼부자들에서 시작되어, 더 낮은 위치에 있는 사람들에게만 헌정되어 있지 않는 자기 중심적이고 비유대적인 생활 양식과 일치하고 있다.

이미 성인들이 유행처럼 살고 있는 것을 이제 자녀들이 이와 반대로 살게 한다면, 이에 대한 동인은 나쁜 양심이 아닐까?

또는 오늘날의 부모들이 자녀들의 장애를 (눈에 보이기에) 더 심각한 장애 아이들과 분리시킴으로써 최소화 한다면, 단지 자기 자신들을 위한 미래만 보고 있는 것은 아닐까?

---

21 그럼에도, 지적 장애를 가진 청소년들의 인문고등학교 통합을 말하고 있지는 않다. 이는 현재 다루는 주제와 앞뒤가 맞지 않다. 반면에, 고 재능이 있는 학생들을 위한 특급반 설립은 토론되고 있다.

이 모든 관찰로부터 나는 장애와 함께 한 삶은 비가치적인 것으로 (또는 최한 매력적이지 않는 것으로) 판단하며, 사회의 견해에 따르면 그런 사람들은 불필요하거나 그 어떤 이익도 던져주지 못하기에 어쨌든 더 이상 보호하지 않는 그런 숨은 경향[22]을 추측해 본다. 유일신을 믿는 세 종교의 경고하는 목소리와 옹호하는 목소리가 권위를 상실하면 할수록, 우리 사회는 그 경향상, 고대 그리스와 로마의 실용성으로 아무런 거리낌 없이 더욱 더 다가가게 될 것이다.

8. 선물로서의 생

본서를 마무리하면서, 직접적인 당사자들—젊은 부모와 장애인들—의 몇 가지 경험들은 정신 지체 장애를 가진 삶 역시도 우리 모두에게 하나의 선물일 수 있음을[23] 분명히 해 줄 것이다. 이어지는 번뜩이는 플래시의 장면들은 서로 다른 신앙견지를 가진 사람들로부터 빛나고 있다. 나는 개인적으로 이들과 접촉을 취하였거나 수십 년 동안 그들을 알고 있다.

---

22 프라이부르크대학교의 (치료 교육과) 교수 담당자인 누퍼(N. Nufer)는 대화 중, 나에게 주지시키기를, 내가 제기하던 미래적인 발전상이 (구체적으로 증거를 대기 이전에 감각적으로 생각해 볼 때) 이미 일정 지점 현재적으로 관찰되고 있다고 한다. 페터젠(N. Petersen)도 나에게 마찬가지로 말하였다(그는 함부르크 대학의 작업장 '교회와 도시'의 연구 사업가이며, 이전에 장기간 동안 장애인 작업장을 운영했다). 한 사람의 작업력을 그 삶의 정당성으로 삼은 것은 오랜 전통이다. 저명한 그리스와 로마의 철학자들은 만성 환자들을 위한 의사들의 노력의 의미를 부인하고, 만일 그런 상황일 경우에 자살을 두둔하였다. 플라톤의 이상 국가 이후 인상 깊은 문서 기록들을 크와즈맨(T. Kwasman, in: A. Karenberg 외, *Heilkunde*, Band 2, S. 263-276)은 남기고 있다.
23 물론 이 관념이 농경적인 사회, 즉 이스라엘과 같이 자신들을 집단적으로 이해하는 사회에서도 동일하게 생각될 수 있는 것이 아니다. 그럼에도 우리는, 무엇보다도 제2차 세계대전 말 이래로 가능했던 것과 같이 오늘날 개인화의 결실도 긍정적으로 발전하도록 해야 하지 않을까?

어떤 한 아버지는 그의 첫 아들의 복잡한 출생 과정 이후 그 아이가 트리소미 21로 살아야 할 것이란 사실에 머리를 쳤다. 그는 기대되는 즐거움과는 전혀 다른 입장에 놓이게 되었다. 10년이 흐른 후, 그는 고백하였다.

> 나는 성과 지향적으로 훈육 받았고 화학을 공부하였습니다. 장애인인 내 딸 나디야(Nadja)는 내가 그릇된 것들에서 나의 정체를 찾고 있다는 것을 가르쳐 주었습니다. 나디야는 그녀의 성과, 성공이나 뭔가를 못한다는 것으로 정의되지 않습니다. 그녀는 알고 있습니다. 하나님이 자기를 사랑하시기 때문에 자신이 귀중한 존재란 것을, 내 정체가 하나님으로부터 온 한 선물임을 자유하며 알게 됩니다.

한 젊은 어머니가 두 번째 아이를 임신하고 있을 때, 부인과 의사로부터 초음파 검사가 장애아라는 강한 의혹을 주고 있다는 소식을 접한다. 그 때문에 임신중절이 고려되어야 했다. 그 어머니가 말한다.

"저에게는 정신 지체 장애를 가진 형제 한 명이 있습니다. 그것은 전혀 나쁜 일이 아니랍니다. 나는 내 아이를 받고 싶어요."

몇 주가 지난 후 그 아이가 모태에서 소멸되자 그 어머니는 아주 애통해 하였다. 많은 이들이 그녀를 위로하기 위해 찾아왔다.

"너는 아직 젊고, 다시 임산부가 될 수 있어!"

이 말에 그녀는 상처 받고서 말한다.

"그런데 '이번' 아이는 죽었답니다!"

베른하르트 K.는 수년 동안 항상 거듭해서 말하고 있다.

"나는 행운아야!"

그러던 중 그는 또 말한다.

"나는 행복한 사람이야!"

그리고 그 부모에게도 말한다.

"당신은 행복한 사람입니다!"[24]

이와 같은 예들이 그들의 장애로 인해 말로는 다 표현할 수 없지만, 명랑하게 빛나는 표정으로 표현하는 사람들에게도 일어나고 있다.[25]

---

[24] 페터젠(N. Petersen)은 중요한 비평적인 논평으로 이를 보충한다(E-Mail, 2010.7.22.): "그러나, 여기서 행복함과 행복하지 않음은 생이 살 가치가 있거나 그렇지 않거나 결정하는 기준이 되지 말아야 합니다. 많은 비장애인들은 행복해하지 않지만, 그렇다 하더라도 총으로 자결하지 않습니다. 생은 항상 하나님의 선물입니다. 자신의 부서지기 쉬움 조차도 하나님의 손 안에 있습니다. 그리고 아무도 우리에게 이것을 앗아갈 권리가 없습니다." -정신 지체 장애인들의 구별되는 상황에 관하여 감동적인 수많은 자기증언들이 아름다운 M. Kellersberger 외, Der Mensch hat eine Unterschrift, Ittigen 2010 의 모음집에 수록되어 있다.

[25] 어떤 한 어머니의 보도가 아주 감명 깊은 한 예일 것이다. A. Gujer 외, Anna. Das Mädchen: das mit den Augen spricht, Basel 2008.

참고문헌

Avalos, H. u.a. (Hg.), *The Abled Body. Rethinking Disabilities in Biblical Studies*, Altanta 2007.

Boswell, J. *The Kindness of Strangers: The Abandonment of Children in Western Europe from Late Antiquity to the Renaissance*, Chicago 1988.

Brunner, H. *Alägyptische Weisheit. Lehren für das Leben*, Zürich 1988.

Dasen, V. *Dwarfs in Ancient Egypt and Greece*, New York 1993.

Delattre, V. u.a. (Hg.), *Décrypter la différence: Lecture archéologique et historique de la place des personnes handicapées dan les communautés du passée*, (Paris) 2009.

Durand, J.-M., *Les documents épistolaires du palais de Mari*, Band 3, Paris 2002.

Freedman, S. *If a City is Set on a Heigh: The Accadian Omen Series Šumma Alu*, Philadelphia 1998.

Gerstenberger, E. *Das 3. Buch Mose Leviticus, Das Alte Testament Deutsch*, Band 6, Göttingen 1993.

Grmek, M. u.a. *Les maladies dans l'art antique*, Paris 1998.

Heessel, N.P. *Babylonisch-assyrische Diagnostik*, Münster 2000.

Hübner, U. *Sterben überleben leben: Die Kinder und der Tod im alten Palästina*, in: C. Karrer-Grube (Hg.), Sprachen-Bilder-Klänge (Festschrift für R. Bartelmus), Fribourg 2009.

Karenberg, A. u.a. (Hg.), *Heilkunde und Hochkultur*, Band 1-2, Münster 2000/2002.

Kessler, R. *Sozialgeschichte des alten Israel*, Darmstadt 2006.

Kohler, J. u.a. *Assyrische Rechtsurkunden in Umschrift und Übersetzung*, Leipzig 1913.

Koskenniemi, E. *The Exposure of Infants among Jews and Christians in Antiquity*, Sheffield 2009.

Lambert, W. G. *Babylonian Wisdom Literature*, Oxford 1960.

Leichty, E. *The omen series Šumma izbi*, Locust Valley 1970.

Michel, A. *Gott und Gewalt gegen Kinder im Alten Testament*, Tübingen 2003.

Olyan, S.M. *Disability in the Hebrew Bible. Interpreting mental and physical differences*, Cambrige 2008.

Petersen, N. Geistigbehinderte Menschen im Gefüge von Gesellschaft, Diakonie und Kirche, Münster 2003.

Prosopography of the Neo-Assyrian Empire, hg. v. K. Radner u.a., Helsinki 1998-.

Radner, K. *Die neuassyrischen Privatrechtsurkunden als Quelle für Mensch und Umwelt*, Helsinki 1997.

Ritzmann, I. Sorgenkinder. *Kranke und behinderte Mädchen und Jungen im* 18. Jahrhundert, Köln 2008.

Salzburger Kongress 2008, H. Breitweser (Hg.), *Disablement in the Ancient World: Studies of Early Medicine* 4, University of Nottingham 2012.

Scurlock. J. & Andersen, B. R. *Diagnoses in Assyrian and Babylonian Medicine: Ancient Sources, Translations and Modern Medical Analyses*, Chicago 2005.

Soden, W. von: Die 2. Tafel der Unterserie *Šumma Ea liballiṭ-ka* von *alandimmû*, Zeitschrift für Assyriologie 71, 1981.

Kaiser u.a, (Hg.) *Texte aus der Umwelt des Alten Testaments*, Gütersloh 1982-2001: Neue Folge 2004-.

Tuor, C. *Kindesausetzung und Moral in der Antike*, Tübingen 2009.

Wahl, J. u.a. *Das römische Gräberfeld von Stettfeld I. Forschungen und Berichte zur Vor- und Frühgeschichte in Baden-Württemberg* 29, Stuttgart 1988.

Weiler, I. u.a. (Hg.) *Soziale Randgruppen und Aussenseiter im Altertum*, Graz 1988.

Westendorf, W. *Handbuch der altägyptischen Medizin*, Band I, Leiden 1999.

Wunsch, C. *Findelkinder und Adoption nach neubabylonischen Quellen*, Archiv für Orientforschung 50, 2003/4.

Young, A. *Theology and Down Syndrome*, Waco/Texas 2007.

부록

에드가 켈렌베르거의 아들, 베른후르트 양육기

. . .

베른하르트 생후 8개월 때
첫 입양의 기쁨과 달콤한 눈맞춤

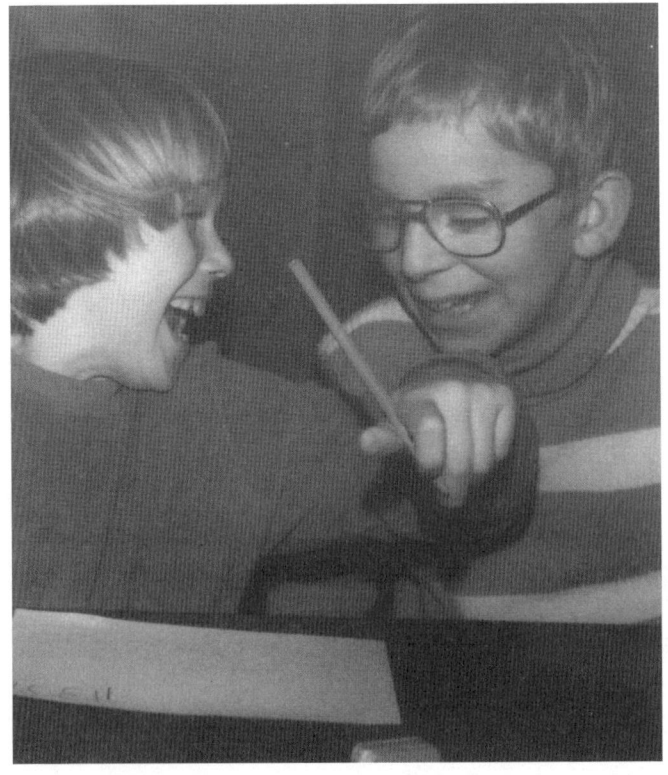
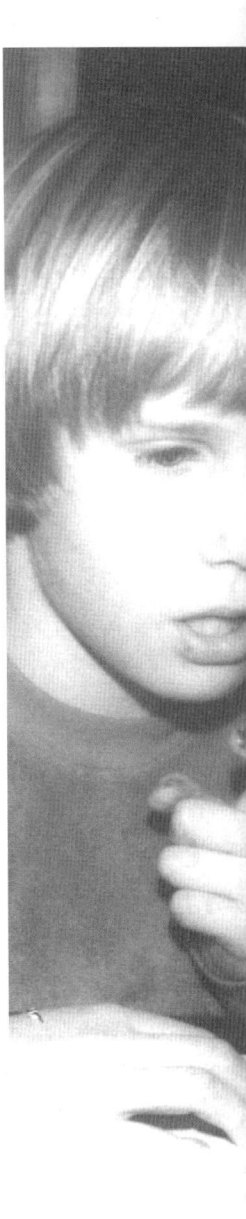

베른하르트 10세 때.
7살 난 여동생 가브리엘라와 함께
그림(글자) 쓰기의 경이로움을 나누다.

베른하르트 13세 때.
보이스카우트 길 찾기 그룹 활동 중, 또래 친구들 함께 협동력을 발휘하다.
베른하르트는 그들의 절친한 친구였다.

부록 에드가 켈렌베르거의 아들, 베른후르트 양육기 227

베른하르트 40세 때.
집 앞뜰 정원에서 상쾌하게
연구자적 사진을 촬영하다.

승마연습. 그 말은 장애인들을 위해 조련된 말이었다.

부록 에드가 켈렌베르거의 아들, 베른후르트 양육기   229

베른하르트 43세 때.
아버지 켈렌베르거와 어머니 코리나와 함께 정겨운 가족의 모습의 스케치를 남기다.

2019년 자기방 책상에서.
매일을 잡지를 읽을 때에는 늘 장난감 인형이 함께 했다.
베른하르트의 독서 노력은 외로운 것이 아니었다.

부록 에드가 켈렌베르거의 아들, 베른후르트 양육기   231

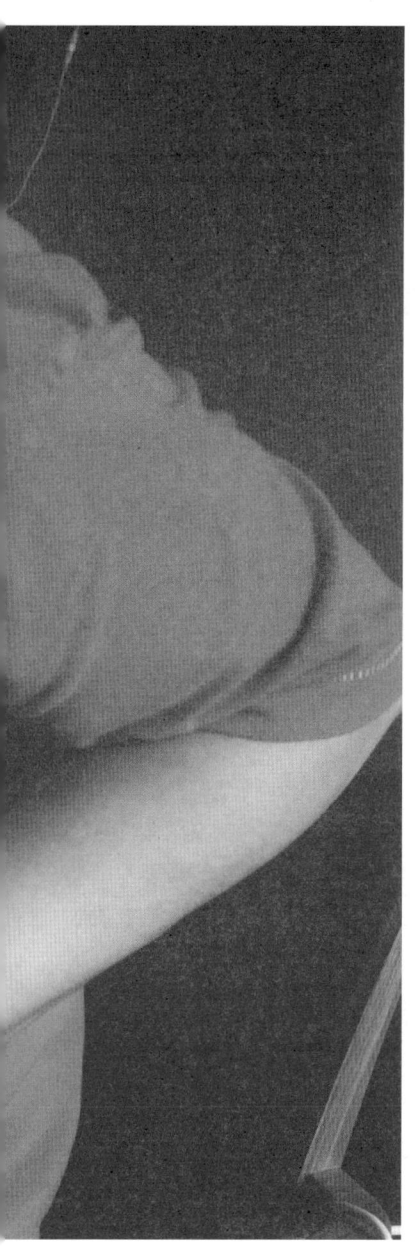

삶의 경계를 넘어가다.
베른하르트의 장례식 때 함께 해 주었던 친구들의 환송식.

원서 표지/ 25세 정신지체 장애인 롤프 N.(약명)의 회화